애니미즘과
현대 세계

다시 상상하는 세계의 생명성

애니미즘과
현대 세계

유기쁨 지음

ㄴㄹㄱ
ㅁㄴ

일러두기

1. 이 책에서 별도의 출처 표시가 없는 사진들은 모두 저자가 직접 촬영한 것이다.
2. 이 책은 저자의 그간의 연구를 기반으로 하고 있으며, 다음을 수정, 보완, 발전시킨 내용을 포함한다.

유기쁨, 「남산의 근현대 수난사: 종교적 상징의 이식과 '空間化' 과정」, 『종교문화연구』 21호, 2013.

유기쁨, 「사이버공간-새로운 기술환경과 종교적 욕망의 발현」, 『종교문화비평』 6집, 2004.

유기쁨, 『생태학적 시선으로 만나는 종교』, 한신대학교출판부, 2013.

유기쁨, 「인간적인 것 너머의 종교학, 그 가능성의 모색 : 종교학의 '생태학적 전회'를 상상하며」, 『종교문화비평』 35호, 2019.

유기쁨, 「'병든 지구'와 성스러운 생태학의 귀환 – 생태와 영성의 현실적 결합에서 나타나는 종교문화현상의 비판적 고찰」, 『인문과학연구』 39권 2020.

유기쁨, 「발 플럼우드의 철학적 애니미즘 연구: 장소에 기반한 유물론적 영성 개념을 중심으로」, 『종교문화비평』 42호 2022.

유기쁨, 「북미 심층생태학의 전개와 특성: 생태학과 종교/영성의 결합을 중심으로」, 『종교문화비평』, 36호 2019.

유기쁨, 「애니미즘의 생태주의적 재발견: 믿음의 방식에서 삶의 방식으로」, 『종교문화비평』 17집, 2010.

유기쁨, 「해제」, 에드워드 버넷 타일러, 『원시문화: 신화, 철학, 종교, 언어, 기술, 그리고 관습의 발달에 관한 연구』 2권, 유기쁨 옮김, 아카넷, 2018.

유기쁨, 「잊힌 장소의 잊힌 존재들: 생태적 위험사회의 관계 맺기와 종교」, 『평화와 종교』 4권, 2017.

유기쁨, 「현대 한국 종교의 '생태 영성'과 의례: 비인간 동물에 대한 생태적 감수성을 중심으로」, 『생명연구』 29권, 2013.

차례

1.

한반도 남쪽의 작은 시골마을로 이주한 지 햇수로 8년째다. 시골에 오기 전에는 대형마트와 영화관, 도서관과 병원, 지하철역에 걸어서 갈 수 있는 도심 한복판에서 살았다. 도시에서 살 때 내 주위에는 온통 인간들, 그리고 인간이 만든 사물들이 가득했다. "인간(적인 것)들"로 이루어진 세계가 내가 의식하는 세계였다. 물론 도시에서 살 때에도 주위에 가로수를 비롯한 식물이 있었고 새나 길고양이를 비롯한 동물이 있었지만, 유심히 주의를 기울여 관찰하거나 혹은 소통하려는 노력은 기울이지 않았다. 나 말고도 많은 도시인들에게 자신이 키우는 반려식물이나 반려동물을 제외하고는, 움직이지 않고 자리를 지키는 식물은 그저 인간 세계를 이루는 배경에 불과하고, 움직이는 비인간 동물은 그 세계에서 이따금 눈에 띄는 단역에 지나지 않을 것이다.

　사실 이처럼 인간만이 이 세계라는 무대를 활보하는 배우로 상상하고 나머지는 무대장치나 일종의 배경, 혹은 소품으로 여기는 것이 오늘날 한국 사회의, 아니 현대 세계의 주류적 세계관이 된 것 같다. 이 세계에서 유의미하게 말하고 행동하고 영향력을 발휘하는 이는 오로지 인간이며, 무대는 인간의 독백으로 채워진다. 나 역시 인간(적인 것)들로만 이루어진 세계만을 감지하고 또 무의식적으로 상상하며 살아왔던 것 같다.

그런데 시골로 이주하고 난 후 많은 것이 달라졌다. 도심에서 살 때엔 보지 못했던 것들이 보이기 시작했고, 듣지 못했던 소리가 들리기 시작했다. 인간적인 것보다 더 큰 세상이 새롭게 열리고 있었다.

2.

이주 초기에 닭을 키웠던 적이 있다. 시골에서 알게 된 어른들의 도움으로 오골계와 청계가 햇빛을 보고 흙을 밟으며 자유롭게 지낼 수 있는 닭장을 만들어서 닭을 키웠다. 닭들은 보살피는 인간들의 어설픈 손길에도 불구하고 아주 잘 자랐고, 마침내 알을 품기 시작했다.

　닭이 얼마나 치열하게 알을 품는지 본 적이 있는가?

　나는 정말 놀랐다.

　생각 없는 사람을 "닭대가리"라고들 하는데, 그 말은 아주 잘못된 것임을 그때 깨달았다. 닭들은 잠시도 자리를 비우지 않고 알을 품기 위해 물도 마시지 않고 모이도 먹지 않고서 밤낮으로 자기 자리를 지켰다. (그래서 암탉 앞으로 모이그릇과 물그릇을 가져다주기도 했다.) 나는 암탉들에게서 뚜렷한 목적을 가지고 치열하게 전력으로 투신하는 존재의 눈빛을 보았다.

그런데 흥미로운 점이 또 있었다. 모든 암탉이 그렇게 치열하게 알을 품는 것은 아니었다. 어떤 암탉은 정말 치열하게 알을 품는 한편, 알을 낳아서 슬쩍 밀어두고서 놀러다니기만 하는 암탉도 있었다. 수탉의 경우도 사정은 마찬가지다. 어떤 수탉은 낯선 외부인이 오면 앞으로 나서서 가족을 보호하는데, 우리 집 수탉은 낯선 사람이 오면 암탉 뒤로 숨기에 바빴다. 그러니까 무슨 말이냐 하면, 닭들은 저마다 뚜렷한 개성을 가지고 있다는 거다. 마치 "사람처럼" 말이다. 그래, 사람처럼.

오래지 않아 닭 냄새를 맡은 족제비의 침입으로 인해 닭 키우던 시절은 끝이 났지만, 그때의 기억은 지금도 생생하다.

닭뿐만이 아니었다. 마당에 종종 찾아오던 고양이들, 이런 저런 사연으로 우리 집에서 살게 된 거대견 네 마리, 심지어 추운 날에는 천장 위에 숨어들던 쥐들에 이르기까지 각각의 개체들은 저마다의 뚜렷한 개성을 보여주었다. 그리고 온갖 종류의 새들, 곤충들, 뱀, 지렁이, 개구리 등 수많은 존재들을 인식하게 되면서, 세상이 조금씩 더 입체적으로 보이기 시작했다.

3.

더욱 놀라웠던 건 시골에서 살면서 비로소 식물의 세계를 새롭게 발견하게 되면서부터다. 도시에서 살 때에는 그저 무심히 지나치던 풍경에 불과했던 식물의 생명성을 시골에서는 강렬하게 느낄 수 있었다. 무화과는 가지를 뚝 잘라내어 땅에 꽂기만 해도 빠르게 자라나 열매를 맺었고, 도시에서 맛있게 먹었던 복숭아는 씨앗을 심었더니 마당에서 큰 나무로 자라서 해마다 백 알 이상의 맛있는 복숭아를 돌려주었다. 포도덩굴의 덩굴손이 빨랫줄을 감아 나가는 속도, 그리고 줄을 꽉 잡은 힘은 나를 놀라게 했다.

그리고,

우리 집 마당 한쪽에는 커다란 호두나무가 있었다. 무성하게 자라는 커다란 호두나무는 우리 집을 특별하게 만들었다. 동네 어귀에서부터 우리 집 호두나무가 보였고, 봄여름가을겨울 사계절 언제나 호두나무는 멋졌다. 여름밤에 마당을 걷다가 호두나무 근처에 가면 마당임에도 마치 숲에 온 것 같은 기분이 들었다. 태풍이 올 때면 무성한 잎과 가지가 비바람에 마구 흔들렸다. 잎이 다 떨어진 겨울에는 파란 하늘에 맨가지를 뻗어 올렸다. 우리는 튼튼한 가지에 그물그네를 매어두고 거기 앉아 있곤 했다. 그런데 몇 년 전 겨울에 지역 토박이 어르신이 집안의 나무가 너무 크게 자라면 좋지 않다면서 호두나무 가지치기를 해주시다가, 나무 몸통만 남기고 그 많던 가지를 다 잘라내셨다.

호두나무의 생육이 왕성하던 시절에는 호두나무 그늘 밑에서 거의 모든 나무와 풀이 제대로 자라지 못했다. 호두나무 홀로 우뚝 서 있었다. 그런데 호두나무의 가지가 다 베어지고 나서 몇 달이 지난 어느 날, 나는 탄성을 질렀다. 호두나무 둥치 곁에서 엄청난 기세로 올라온 광나무를 발견했기 때문이다. 언제부터인지 모르겠지만 광나무 씨가 떨어져서 자연 발아한 것 같다. 아마 호두나무가 왕성하던 시절에는 기를 못 펴고 있다가 호두나무가 거의 죽어가는 듯하자 마치 틈을 놓치지 않으려는 것처럼 엄청난 속도로 자라기 시작한 것이다. 한두 해 전에 우리가 마당 다른 곳에 심은 광나무 묘목들은 더디게 자라서 아직 자그마한데, 호두나무가 왕성하던 시절에는 거의 눈에 띄지도 않던 광나무가 갑자기 2미터 이상 솟아올라서 나를 놀라게 했다. 호두나무는 인접한 식물의 생장을 억제하기 위해 뿌리에서 이차대사물질을 분비하는 타감작용allelopathy이 활발한 대표적 나무 중 하나이다. 우리 집 광나무는 호두나무의 타감작용이 약해진 틈을 놓치지 않고 빠르게 성장한 것 같다.

호두나무 둥치에서 다시 싹이 나고 가지가 자라나면서 광나무와 호두나무는 한동안 미친 듯이 경쟁하더니 결국 호두나무가 더 높이 올라와 있다. 그렇지만 광나무도 호두나무가 기세를 회복하기 전에 (타감작용이 왕성해지기 전에) 자리를 잡은 듯하다. 그렇게 광나무와 호두나무의 공존이 시작된 것이다. 1년이라는 비교적 짧은 시간에 호두나무의 생명력 및 주변 나무와의 역동적인 상호작용을 목격한 셈이다.

시골에서 살면서, 식물이 생존과 번식을 위해 빛, 중력, 접촉, 소리, 화학적 자극을 포함한 일련의 환경 요인들을 능동적으로 인식하고 반응한다는 것을 조금씩 실감하게 되었다. 그리고 나는 식물이 주변 환경에서 수집한 감각 정보를 사용해서 다른 유기체들과 끊임없이 소통한다는 점이 흥미로웠다. 특히 우리 집 마당에서 일어난 호두나무와 광나무의 성장 경쟁은 식물 사이에서 일어나는 일, 그리고 생존과 번식을 위한 식물의 전략에 관심을 갖게 된 계기가 되었다.

4.
이 책의 구상은 그렇게 시작되었다. 시골에 와서 생명 세계가 얼마나 역동적인지, 얼마나 다채롭고 풍성한지를 경험하면서, 나는 "인간적인 것보다 더 큰 세계"에 새롭게 눈을 뜨게 되었다. 그리고 시골에서 만나게 된, 생명 세계에 기대어 삶을 일구어 나가는 농부와 어부 들은 비인간 존재들의 생명성을 예민하게 인식하는 일의 중요성을 일깨워주었고, 나는 예부터 전해오는 공존과 공생을 위한 삶의 지혜를 조금씩 전해 듣게 되었다.

5.
시골 생활 초창기에 나는 에드워드 버넷 타일러의 『원시문화 : 신화, 철학, 종교, 언어, 기술, 그리고 관습의 발달에 관한 연구*Primitive Culture : Researches into the Development of Mythology, Philosophy, Religion, Language, Art, and Custom*』 (1871, 이하 『원시문화』)를 번역하고 있었다. 타일러는 그 책에서 동서고금의 풍부한 사례들을 통해 (땅에 밀접하게 깃들어 살아가는 사람들에게서 많이 발견되는) 동물의 영혼, 식물의 영혼, 물체의 영혼에 대한 믿음을

"애니미즘"이라는 용어로 지칭하면서 인류 문화에 관한 거대한 이론을 전개했다.

그런데 흥미롭게도, 1871년에 출간된 타일러의 그 책에서 나온 사례 중에는 150여 년이 지난 후 한반도 남쪽의 시골에서 전해지는 이야기와 겹쳐지는 내용들이 적잖게 있었다. 가령 우리 집에 놀러 오신 시골 토박이 어르신은 이 지역에서는 집안에 누가 죽었을 때 부고 종이를 벌통에도 한 장 끼워놓는 관습이 있었다는 이야기를 해주셨다. 그렇게 꿀벌에게 소식을 알리면, 꿀벌 몸에 (마치 죽은 이를 추모하는 노란 리본처럼) 노란 띠가 생겨서 한동안 그렇게 띠를 두르고 날아다녔다는 것이다. 그런데 『원시문화』에도 그 비슷한 이야기가 나온다. "우리 영국에서는 집안의 남자주인이나 여자주인이 죽었을 때 지키는 '벌들에게 말하기'란 애처로운 관습이 알려져 있다. 그렇지만 그러한 관념은 독일에서 더욱 완전하게 나타난다. 곧 슬픈 소식을 정원의 모든 벌통과 마구간의 모든 짐승에게 전해야 할 뿐 아니라, 모든 옥수수 자루를 건드리고 집안의 모든 것을 흔들어서 주인이 세상을 떠난 것을 알게 해야 한다." 유럽에서 벌을 치던 농부들 사이에서도 한국 남녘에서 벌을 치던 농부들 사이에서도 비슷한 관습이 있었다는 게 너무나 흥미로웠다.

그러한 관습들, 전해지는 이야기들을 그저 어리석고 고리타분한 관습과 이야기로 여기지 않고 다르게 접근할 수는 없을까?

6.

나는 이 책에서 "애니미즘" 개념을 다양한 방식으로 새롭게 사유함으로써 시골에서의 나의 경험과 그간의 나의 공부를 하나로 엮어보려고 시도했다. 그 과정에서 많은 분들의 도움을 받았다. 이 지역에서 처음으로 땅을 살리는 유기농법을 시작한 김부일 선생님, 외딴 섬에서 홀로 살면서 땅과 바다에 기대어 소박한 삶을 영위해온 김동관 선생님을 비롯해 시골에서 만난 많은 분들은 도시의 삶의 방식에 익숙해진 내게 직간접적으로 생생한 생명의 가르침을 전해주셨다. 내가 해이해질 때마다 애니미즘 연구의 끈을 놓지 않도록 격려해주신 조경만 선생님과 학계의 여러 선생님들에게 받은 은혜는 이루 말할 수 없다. 2020년부터 "생태철학과 환경윤리", "생활 속의 생태학" 수업에 함께한 학생들은 이 세계의 생명성을 새롭게 느끼고 상상하라는 나의 초대에 기꺼이 응해주었고, 발랄한 모험담과 종종 감동적인 일화를 나누는 가운데 우리의 사유를 풍부하게 해주었다. SNS에서 수시로 생각과 경험을 나누어온 친구들에게 고마운 마음을 전한다. 원고를 보기도 전에 출판을 제안해주신 눌민출판사의 정성원 선생님께도 감사드린다. 초고를 읽어주신 전성원 황해문화 편집장님의 격려와 조언은 큰 힘이 되었다. 사랑하는 가족 상언, 예린, 찬영이 늘 곁에서 지지해주고 시골생활의 '모험'을 함께 해온 덕분에 이 책이 세상에 나올 수 있었다.

　우리 집에 찾아와서 운명처럼 함께 살게 된 거대견 봄, 여름, 드루리, 설리번, 마당에 놀러오던 고양이 나비, 까망이, 치열하게 알을 품으며 나를 놀라게 했던 암탉 청순이를 비롯한 많은 비인간 동물에게 감사의 마음을 전한다. 마당의 호두나무, 복숭아나무, 포도덩굴을 비롯해 새로운 세계를 열어 보여준 식물에게도 고맙다고 말하고 싶다.

* * *

이 책을 마무리할 즈음에는 매일매일 논밭 사이로 긴 산책을 했다. 같은 길을 걸어도 매번 새로운 세상이 펼쳐졌고, 그 사실이 놀랍기도 했다. 그 길에 직간접적으로 함께해 준 많은 존재들에게 사랑과 감사의 마음을 전한다.

　인간들만이 무대 위 주인공이고 인간이 아닌 다른 존재들은 인간을 위한 소품이나 배경이라고 여길 때, 세상은 단조롭게 경험된다. 그러나 비인간 존재들의 생기와 활력을 민감하게 인식하기 시작할 때 인간적인 것보다 더 큰 다채롭고 풍부한 세계가 우리 앞에 펼쳐지기 시작한다.

그러니 우리, 같이 걸을까.

다시 호명되는 애니미즘

생태 위기는 현대인들에게 더 이상 낯선 말이 아니다. 오늘날 우리는 대다수 현대인에게 일상화된 삶의 방식이 점점 더 생태 환경을 위태롭게 하고 있다는 것을 알고 있으며, 위기의식을 느끼고 있다. 우리는 마치 지구상에 인간만이 존재하는 듯이 여기고, 지구상의 인간이 아닌 존재들은 모두 인간을 위해 존재하는 듯이 여기는 인간 중심적인 세계관과 문화를 영위해왔다. 오늘날 걷잡을 수 없는 환경오염, 생태 문제들을 경험하면서, 우리는 그러한 인식, 세계관, 문화, 삶의 방식에 문제가 있다는 것을 온몸으로 깨닫고 있다.

이 책은 인간과 '자연'의 좀 더 평화로운 공존을 위해, 인간과 세계의 분리가 아니라 연결을 상상하는 애니미즘적 세계관과 삶의 방식에 주목하고 이를 재발견하는 것을 목적으로 한다.

애니미즘이란 용어는 타일러^{E. B. Tylor}가 『원시문화』에서 "영적 존재들의 교리"로 그 용어를 정의한 이래 오늘날까지 150여 년 가까이 생명력을 이어오면서, 타일러가 처음 그 개념을 사용했을 때와는 다른 맥락에서 매우 다양한 의미로 사용되고 있다.

나는, 오늘날 다양한 주체들이 저마다의 의도에 따라 애니미즘이란 용어를 사용하고 있지만, 그 용어에 담긴 의미의 층위들을 깊이 파고들고 면밀히 구별해서 사용하려는 시도는 드물다는 데 주목한다. 이 책에선 애니미즘이란 논의의 시작점부터 그 용어가 새롭게 재발견되고 있는 현대에 이르기까지 애니미즘 용어가 사용되어 온 역사와 그 용어를 통해 전개된 철학적 사유의 함의를 이해하고, 특히 세계의 생명성, 존재의 관계성에 초점을 맞추어 애니미즘 개념을 새롭게 사유함으로써 생태적 위기에 직면한 현대 사회를 비판적, 성찰적으로 고찰하는 문화비평적 기능을 수행하려 한다.

왜
애니미즘인가?

애니미즘 개념의 역사와 철학적 함의 찾기

놀랍게도 『원시문화』에 실린 타일러의 애니미즘 개념은 150여 년이 흐른 오늘날에도 매우 강력하게 살아남아서 일반인들의 일상에서, 그리고 학문적 담론에서 대단히 광범위한 의미를 가지고 계속해서 등장하고 있다. 애니미즘은 가장 근대적인 시각에서 비근대적인 타자를 고립시키고 비판하기 위한 용어로서 흔히 사용된다. 그런데 어떤 집단이나 현상의 '원시성'을 비난하기 위한 꼬리표로 애니미즘이 사용되기도 하지만, 최근에는 근대 문명의 잘못을 극복하기 위한 대안적 세계관으로서 애니미즘이 호명되고 있다는 점도 눈에 띈다. 예를 들어, 비록 소수이지만 근대성의 부정적 측면을 극복하고 대안적인 문명을 추구하는 생태 운동의 현장에서도 애니미즘에 대한 관심이 직간접적으로 나타나고 있다. 그러한 관심은 일부 생태 운동가들이 근대 서구의 문명의 대안으로서 비근대, 비서구 문화에 대해 가지는 낭만적 기대를 보여준다.

그러나 이때 애니미즘이 정확히 무엇을 의미하는 것인지는 모호하다. "병든 지구를 되살리기 위해, 만물에 신성이 있다는 믿음을 회복할 필요가 있다."는 생각이 막연하게 드러날 뿐이다. 학자들의 테이블에서, 생태 운동가와 사상가 들의 이야기에서, 나아가 농부들의 입에서도 애니미즘이란 단어가 튀어나오지만, 애니미즘 용어의 개념과 역사적 변천을 깊이 파고든 연구가 부재한 상황에서, 많은 사람들은 애니미즘이란 용어에서 서로 다른 것을 보고 있는 것이다.

그렇다면 그러한 "애니미즘"에 대한 이해들은 어떻게 구별되는 것일까? 이 책에선, 애니미즘이란 용어를 자신의 문화 이론에 도입한 타일러의 논의에서부터 오늘날에 이르기까지 그 용어가 사용되는 주요 갈래들을 체계적으로 서술함으로써, 애니미즘이라는 개념이 어떠한 맥락에서 어떠한 의미를 가지고 출현하였고 오늘날 생태 논의의 최전선에서는 어떠한 의미 범위에서 사용되고 있는지를 보여주고자 한다.

인간이 세계와 맺는 관계의 성찰

오늘날 우리가 직면한 생태 위기 상황을 고려할 때, 애니미즘적 세계관과 실천은 근대적 기획의 한계를 가장 첨예하게 보여줄 수 있다. 인간과 인간-외-세계의 분리를 가정하고, 세계 내 존재하는 인간 이외의 모든 것을 객관적 지식의 대상으로 바꾼다는 근대적 기획에는 한계가 있으며, 결국 이 정복적인 기획은 우리 자신이 세계와 맺는 관계를 황폐하게 만들었다. 우리는 현대 사회의 작동 방식을 돌이켜 성찰하고, 생태 위기 시대에 지속 가능한 미래를 꿈꾸기 위해 세계의 생명성, 공동체성을 다시 사유할 필요가 있다.

애니미즘은 "생명, 숨, 영혼" 등을 의미하는 라틴어 '아니마anima'에서 유래한 용어이다. 아니마를 '영혼'과 연관 짓고, 애니미즘을 무생물 속의 영적 존재를 믿는 원시적인 종교로 규정하는 용법은 아직도 우세하다. 그러나 최근 인류학, 철학, 종교학 분야의 생태 논의의 최전선에서는 아니마에서 생명의 의미를 강조하고, 애니미즘을 살아 있는 존재들이 관계 맺으며 살아가는 세계에서 공존하는 삶의 방식으로 여기는 "새로운 애니미즘" 논의가 활발하다. 이러한 논의에서 애니미즘은 세계의 생명성, 공동체성을 다시 사유하기 위한 유용한 도구가 된다. 무언가를 살아 있는 존재로 여긴다는 것은 관계로 들어가는 첫걸음이며, 고립된, 분리된 자아로부터 지역적 관계와 상호 관계 들의 열려 있는 그물 속으로 관심의 방향을 옮긴다는 뜻이다.

이 책은 이 같은 애니미즘의 관계적 독법을 통해 인간이 지구상 다른 존재와의 관계 맺는 방식에 대해서, 그리고 인간의 독특성과 연결성에 대해 생각하도록 유도할 것이다. 뿐만 아니라 독자가 애니미즘적 세계관과 실천을 통해 살아 있는 세계의 생명성을 다시 상상하고, 관여하고, 참여하고, 관계 맺을 수 있도록 초대하고자 한다. 근대 문명의 한계를 극복하고 대안을 찾기 위해, 인간적인 것보다 더 큰 세계 안에서 인간의 자리를 숙고하고, 다른 존재들과 '함께' 살아가기 위한 삶의 방식을 모색하는 것이 이 책의 주요 목적이다.

관계적 존재론으로서 애니미즘의 재조명

현대 사회에서 애니미즘에 대한 관심이 특히 근대 문명의 한계를 느낀 사람들 사이에서 높아가고 있지만, 애니미즘에 대한 관심이 단지 "원시"의 부활을 꾀하는 것인지 혼란이 일어나고 있고, 일각에서는 애니미즘과 소비주의를 결합한 상품화의 양상까지 나타나고 있는 실정이다. 근대 문명의 한계를 비판하면서 나타나는 이른바 에코트렌드의 부정적인 측면이다.

이 책은 "원시 종교"나 소비주의와 결합된 개인의 영성 함양으로서가 아니라 관계적 존재론으로서 애니미즘을 재조명하고, 이를 통해 독자들의 지적 욕구를 충족시킬 뿐 아니라, 근대 문명의 한계를 지양하고 오늘날 파편화된 개별적 삶의 양식에서 벗어나 함께 하는 삶의 방식을 모색할 수 있는 계기를 마련하려 한다.

＊ ＊ ＊

애니미즘이란 용어는 지금껏 다양한 맥락에서 다양한 주체에 의해 다양한 의미로 사용되어 왔지만, 그 모든 용법에서 핵심적으로 발견할 수 있는 것은 동일성과 차이에 대한 물음이다. 이러한 물음은 살아 있는 것과 살아 있지 않은 것의 차이에 관한 물음에서 시작해서 인간이 세상의 인간 이외의 다른 존재들과의 관계를 어떻게 상상해왔는가에 관한 이야기로 이어지며, 더 나아가 인간이 세계와 맺는 관계의 물음으로 확장된다. 이 점을 염두에 두고, 이 책에서는 애니미즘 논의를 크게 세 갈래로 나누어서 각 갈래의 핵심이 되는 물음을 제시하고, 그러한 물음을 둘러싸고 전개된 애니미즘 논의의 맥락과 중심 내용을 풍부한 사례를 통해 살피고자 한다.

제1부를 관통하는 물음은 "무엇이 우리와 그들을 다르게 만드는가?"이다. 이는 타일러의 "야만인들"이 품었음직한 산 자와 죽은 자의 차이에 대한 물음뿐 아니라 근대적 자아가 상상한 타자성의 문제와도 연관된다. 이와 대조적으로, 제2부를 관통하는 물음은 오히려 "무엇이 우리와 그들을 하나로 묶는가?"이다. 근대적 시각에서 규정된 타자성에 대한 비판적 성찰을 바탕으로, 인간이 인간적인 것보다 더 큰 세계와 맺는 관계를 특히 비인간 동물 그리고 식물과 맺는 관계를 중심으로 성찰하는 것이 2부의 핵심을 이룬다. 제3부에서는 현대 하이테크놀로지 시대를 배경으로 인간과 물질, 인간과 기계의 관계를 살피

고, 생명의 연속성과 비연속성에 대한 물음을 제기한다. 각 부에서 다룰 내용을 대략적으로 제시하면 다음과 같다.

제1부. 그들의 애니미즘: "무엇이 우리와 그들을 다르게 만드는가"

알프 혼보리^{Alf Hornborg}는 객체의 세계와 의미의 세계를 분리하면서 근대적 기획이 출현했다고 지적한 바 있다.[1] 애니미즘은 이른바 근대적인 '우리'와 그러한 우리가 이해하기 힘든 타자와의 관계를 배경으로 등장한 개념이다. 중요한 것은, 차별화된 '근대'의 생산을 위해 타자의 원시화가 요구되었다는 점이다. 제1부에서는 애니미즘이란 용어가 차이의 물음을 바탕으로 낯선 타자를 규정하는 방식으로서 타자의 원시화와 결합되어 사용되는 경우를 살펴보고, 그 함의를 여러 각도에서 생각해 보려 한다.

1부에서 주로 다루는 것은 타일러의 애니미즘 논의이다. 타일러를 사로잡고 있던 것 역시 차이와 관련된 물음이었다. 왜 세계 도처의 수많은 사람들은 빅토리아 시대의 과학적 정신으로는 즉각 이해되지 않는 것들을 믿고 또 행하는 것일까? 타일러는 고대 역사가들, 선교사들과 여행자들의 기록 등등으로부터 얻은 동서고금의 자료를 토대로 그러한 물음에 대답하려 했고, 이는 종교가 작동하는 원리(논리)에 대한 이론으로 발전되었다. 타일러는 그간의 종교 정의들은 특정 발달 단계

---

[1]   Alf Hornborg, "Animism, Fetishism, and Objectivism as Strategies for Knowing (or not Knowing) the World", *Ethnos*, Vol. 71:1, March 2006, p. 21.

의 종교 현상에 집중된 것이라고 비판하였으며, "영적인 존재들에 대한 믿음"을 최소한도의 종교 정의로 제시하고 그것을 애니미즘이란 이름하에 연구할 것을 제안하였다. 그리고 비록 애니미즘이 인류의 매우 하등한 부족들에게서 특징적으로 나타나며, 그것이 전달되는 과정 속에서 많이 수정되었지만, 처음부터 마지막까지 깨지지 않는 연속성을 보유하고서 고등한 근대 문화의 중심에까지 이어진다고 주장했다.

제1부의 1, 2, 3장에서는 상상된 근대성을 전제하고 낯선 타자를 설명 혹은 규정하는 방식으로서 애니미즘 용어가 사용되는 맥락과 철학적 함의를 살피고, 타일러의 애니미즘 논의가 출현하게 된 맥락과 주요 내용, 의의를 제시하며, 애니미즘이란 용어가 낯선 타자에게 꼬리표처럼 붙게 된 변천의 과정, 거기서 파생되는 효과를 살필 것이다.

제2부. 우리의 애니미즘: "무엇이 우리와 그들을 하나로 묶는가?"

제1부에서 다룬 애니미즘 논의가 근대적 '우리'와 타자의 차이에 관한 물음을 물으며 주로 "그들의 애니미즘"을 규정하는 것이라면, 제2부에서는 오히려 우리와 타자의 연결성을 되묻는다. 근대적 세계관에 대한 비판적 성찰을 바탕으로 특히 인간과 인간 외 존재, 나아가 인간적인 것보다 더 큰 세계와의 관계를 성찰하는 것이 제2부의 핵심을 이룬다. 제2부의 애니미즘 논의에서는 영적 존재들에 대한 믿음이나 숭배 등 낡은 의미는 탈락되고, 세계의 생명성에 대한 사유가 펼쳐질 것이다.

먼저 4장에서는 생태 위기의 문제의식이 확산되는 가운데 대안을 모색하는 사람들 사이에서 애니미즘이 새롭게 부각되게 된 맥락을 살필 것이다. 5장에서는 "인간–사람"과 "비인간–사람"이라는 낯선 개념을 주로 다룬다. 브뤼노 라투르는 "우리는 결코 근대인이었던 적이 없다."고 말한 바 있다. 여러 함의가 있는 말이지만, 무엇보다도 그 말은 객체의 세계와 주체의 세계가 분리 가능하다는 관념은 사실상 처음부터 환상이었다는 점을 상기시킨다. 오늘날 많은 이들이 인간과 자연의 분리, 우리와 타자의 분리를 전제하는 근대적 기획의 한계를 생태 위기의 심화를 통해 경험하면서, 인간과 세계 내 다른 존재의 연결을 묻는 물음이 오히려 부각되게 되었다. 인간은 세계 내 다른 존재들과 어떤 관계를 맺고 있는가? 인간이 세계 내 다른 존재들과 어떤 관계를 맺으며 살아가는 것이 적절한 것일까? 오늘날 그러한 물음을 묻는 사람들 사이에서, "사람person"이란 용어가 살아 있는 존재를 가리키는 의미로 적극적으로 재발견되고 있다. 여기서 중요한 것은 비인간 타자들도 반응하는 행위 주체로 여기면서 존중하는 가운데 소통하려는 태도이다. 새롭게 애니미즘을 논하는 학자들은 북아메리카 원주민들을 비롯해 "자연"에 기대어 생계를 유지해온 사람들이 그들 주위의 존재들에 대해서 경의를 표하면서 살아가려고 애쓰는 모습을 유의미하게 조명한다.

6장과 7장에서는 현대 사회에서 비인간 동물과 식물의 자리를 고찰하고, 토착 애니미스트들과 동식물과의 관계에 비추어 인간과 동식물

의 연결됨에 대해 생각해볼 것이다. 그리고 인간과 "동물―사람", "식물
―사람"이 함께 거주하는 세계의 모습을 사례를 통해 구체적으로 살필
것이다. 6장에서 핵심적인 물음은 음식, 특히 육식과 관련된다. 동물까
지도 인간과 마찬가지로 일종의 "사람"으로 여길 때, 잡식동물인 인간
이 다른 "사람"의 생명을 취함으로써 삶을 이어가야 한다는 역설은 어
떻게 해결될 수 있을까? 동물을 죽여서 음식으로 취해야 하는 상황에
서, 인간이 다른 동물을 "사람"으로 여긴다는 것은 무슨 의미일까? 이
장에서는 다른 생명을 먹음으로써 생명을 유지하는 동물인 인간의 딜
레마에 대해 다각도로 고찰하며, 애니미스트 수렵인들의 실제적 대처
가 현대 소비 사회에서 음식 역시 일종의 상품으로 소비하는 우리에게
주는 함의를 생각해볼 것이다. 7장에서는 현대 식물학의 연구 성과를
바탕으로, 식물을 "사람"으로 보는 시각의 함의를 숙고하고, 그러한
시각이 근대적인 세계관과 삶의 방식에 어떻게 도전하는지를 살필 것
이다.

8장에서는 4, 5, 6, 7장의 논의들을 수렴해서, 비인간 존재들과 관계
맺는 삶의 방식으로서 애니미즘을 새롭게 조명할 것이다. 동물 뿐 아니
라 식물까지도 비활성 객체로서가 아니라 소통 가능한 주체로서 여길
때, 우리가 살아가는 방식은 달라지게 된다. 애니미즘적 존재 양식은
근본적으로 세계를 향해 열려 있을 뿐 아니라, 세계의 계속되는 탄생
에 동참하고 있다는 의식에서 나오는 경이와 경탄의 감각을 수반한다.
근대 과학은 이러한 경탄의 감각을 추방시켰지만, 토착 애니미스트들

에게서 종종 발견되는 이러한 경탄의 감각과 살아 있음에 대한 역동적인 감수성은 오늘날 인간 중심적 사고의 경계를 넘어서 인간을 포함한 더 큰 생태계라는 틀에서 세계를 해석하고 행동하고자 하는 생태주의적 삶의 지향과 연결될 수 있다.

이때 핵심적인 것은 세계의 생명성을 포착하고 그에 대해 민감하게 반응하는 감수성이다. 낡은 애니미즘 논의에서는 애니미스트들을 영혼이 없는 것에 영혼을 불어넣고 생명이 없는 사물에 생명을 '불어넣는' 어리석은 유아기적 인간들로 여기는 경향이 있지만, 여기서 애니미스트들은 오히려 세계의 생명성을 민감한 감수성을 가지고 '감지하는' 사람들로 재조명된다.

그렇다면 애니미즘의 역동적인 세계를 지탱하는 중심 원리는 무엇일까? 이러한 물음을 가지고, 8장에서는 비인간 사람을 주체로서 존중하는 애니미즘적 시각과 선물의 교환을 중심으로 하는 호혜적 관계 맺기에 대한 마르셀 모스의 통찰을 최근 국내외에서 한창 논의되는 생태계서비스Ecosystem Service, ES 개념과 연결해서 살피고, 서로 "선물"을 주고받는 살아 있는 세계에서 우리 인간이 적절한 방식으로 관계에 참여하는 방식을 모색할 것이다.

제3부. 하이테크놀로지 시대의 생명성에 대한 새로운 상상

제3부에서는 현대 하이테크놀로지 시대를 배경으로 인간과 사물, 특히 인간이 만든 인공물과의 관계를 고찰한다. 근대 세계는 인간과 타

자, 특히 사물과의 정서적 얽힘을 기본적으로 배제하지만, "결코 근대인이었던 적이 없는" 우리에게 애니미즘적 시각이 실은 낯설지 않다는 것을 제3부에서 살필 수 있을 것이다. 이미 인간은 주위 환경에서 친숙한 사물에게 말을 걸고 있다. 그 현실을 포착하고 함의를 성찰하는 것이 제3부의 내용이 될 것이다.

　이 세상은 자동차, 스마트폰, 각종 첨단 테크놀로지의 산물로 둘러싸여 있다. 식물이나 인간 외의 동물을 살아있는 존재로 느끼지 못하고 생명에 대한 감수성이 둔감해지는 것이 현대 사회의 한 단면이기도 하다. 이러한 시대에 애니미즘의 감수성은 무엇을 의미하는 것일까? 이러한 물음을 가지고, 9장에서는 먼저 인간과 물체의 관계를 여러 각도에서 숙고할 것이다. 10장에서는 이른바 기계의 아니마를 상정하는 오늘날의 첨단 기술 상품들과 그러한 현상의 함축적 의미를 고찰할 것이다. 11장에서는 하이테크놀로지 시대에 강력히 대두되는 기계의 생명성에 관한 물음이 동식물의 생명성에 대한 보다 전통적인 감각과 어떻게 조화될 수 있는지 그 가능성을 탐구하고, 특히 생태 위기를 경험하면서 생명성에 대한 감각의 조정 혹은 확장이 의미하는 바는 무엇인지 생각해볼 것이다.

* * *

영적 존재들에 대한 믿음이라는 타일러식 "낡은" 애니미즘 논의를 넘어서는 "새로운" 애니미즘 논의가 이미 학계에서 다양하게 전개되고 있다. 그레이엄 하비Graham Harvey의 제안처럼,[2] 애니미즘을 살아 있는 다른 존재들을 향해 어떻게 적절히 행동할 것인지를 아는 "관계적 존재론"으로 새롭게 읽어낼 때, 그러한 접근법은 생태 파괴적인 위험한 방식으로 수행되어온 근대성의 기획을 비판적으로 극복하는 데 도움이 될 수 있을 것이다. 빠르게 변화하는 현대 세계에서 인간이 세계 내 존재들과 맺는 관계도 계속 변화하고 있다. 살아 있는 다른 존재들과 적절히 관계 맺음으로써 더 큰 세상 속으로 걸어갈 것인가. 아니면 인간만을 위한 울타리를 치고 더 좁은 시야로 후퇴할 것인가? 나는 독자에게 다시 연결되는 세계를 상상하자고 제안하고 싶다. 그러한 상상은 중요하다. 우리가 홀로가 아님을 상기하도록 유인하기 때문이다.

살아 있기 때문에, 흐린 경계는 늘 움직이고 끝이 보이지 않는다. 위대한 이론들은 종종 완결된 해답을 제시했기 때문에가 아니라, 물음의 적절성이 우리의 사유를 확장하는 데 이바지하기 때문에 중요하다. 그런 의미에서 애니미즘 이론은 생태 위기의 시대를 살아가는 오늘날 여러 각도에서 재발견되고 재조명될 필요가 있는 논의인 것이다.

---

2   Graham Harvey, *Animism: Respecting the Living World*, New York: Columbia University Press, 2006을 참조하라.

제 1 부

그들의
애니미즘

"무엇이 '그들'과 우리를 다르게 만드는가"

1장

차이의 물음

1. 새로운 세계와의 조우

낯선 존재들의
만남

정체를 알지 못하는 낯선 존재와의 만남은 언제나 경계와 긴장을 불러일으킨다. 낯선 상대가 나를 해칠 수 있는 적인지 아닌지 파악해야 하고, 나와 상대와의 관계를 설정해야 한다. 낯선 존재와 조우했을 때 그의 정체를 파악하기 위하여, 우리는 흔히 나 혹은 우리 자신을 기준으로 놓고 비교를 감행한다. 비교를 통해 우리와 그들 사이의 동일성이나 차이를 발견하고 그러한 동일성/차이의 까닭을 설명하려고 시도하는 가운데 인간에 관한 인류학적 물음이 생겨나고 기초적인 인류학 이론이 탄생하게 된다.

유럽에서 근대 학문으로서 인류학이 탄생하게 된 배경에는 유럽이 새로운 세계와 조우하게 된 "대항해 시대"가 자리하고 있다. 대항해 시대란 15세기부터 17세기에 이르기까지 유럽인들이 미지의 세계를 향해 해상 항로를 개척해나간 항해와 탐험의 시대를 일컫는 말이다.

알려진 바와 같이, 유럽이 먼저 해상 항로를 개척해온 것은 아니다.

일찍이 15세기에 이미 중국의 명나라, 아메리카의 잉카, 동남아시아의 자바 등이 활발히 해상 탐험을 하고 있었다. 그러나 전 세계를 해상으로 서로 연결하고 서로 다른 문명의 만남을 촉진한 것은 바로 유럽인들이었다. 포르투갈과 에스파냐를 필두로 유럽은 경제적, 정치적, 종교적 이유뿐 아니라 미지의 세계에 대한 호기심을 안고 낯선 세계로 탐험을 떠났다.

유럽인들은 이때 아프리카, 아메리카, 아시아 등으로 가는 항로를 발견하였고, 세계를 서로 연결하였다. 유럽과 아메리카, 아프리카, 아시아 등 여태 서로 잘 알지 못하던 낯선 존재들이 조우하게 되었고, 비교적 고립되어 발전해왔던 각 문명권들이 바다를 통해 접촉하고 교류하게 되었다. 그리고 새롭게 발견한 현상들, 나아가 인간을 설명하는 보편이론을 수립할 필요성이 높아지게 되었다.

새로운 땅에 도착한 이방인으로서 유럽인들과 그곳의 원주민들과의 첫 만남을 상상해보자. 피부색도 다르고 몸집도 다르고 차림새도 다르며 관습도 다른, 모든 것이 낯선 존재들과 마주했을 때, 이들은 어떻게 반응했을까? 모르긴 하지만, 아마 "이들이 과연—우리와 같은—인간인가?"라는 것이 서로 중요한 인류학적 물음이었을 것이다.

원주민이 낯선 백인을 만났을 때,
"하늘에서 온 사람들"

『콜럼버스 항해록』을 보면, 생소한 말을 하며 새로운 문물과 함께 등장한 흰 피부의 침입자들을 만난 원주민들이 유럽인들을 둘러싸고 "자신들과 마찬가지로 살과 뼈로 이루어져 있는지 아닌지 알아보려고 여기 저기 만져보았다."는 이야기가 나온다.[1] 당시 가톨릭 선교사들이나 여행기 작가들의 기록을 보면, 원주민들이 백인을 보고 흥미롭게도 "이들은 아마 사람이 아닐 것이다."라고 판단한 일화가 눈에 띈다. 가령 많은 원주민들은 낯선 백인들을 신이나 초자연적 존재로 여겼다. 콜럼버스가 마주친 곳곳의 원주민들은 낯선 백인들을 몹시 두려워하여 달아나는 경우도 있었지만 그들을 "하늘에서 온 사람들"로 여기고 환대하는 경우도 많았고, 이때 선원들이 준 작은 유리 조각 같은 하찮은 물건도 경이로운 것으로 여기고 기뻐했다고 한다. 또한 에스파냐인 정복자 코르테스Hernán Cortés, 1485~1547가 멕시코에 도착했을 때, 아즈텍인들은 낯선 백인인 그를 동쪽에서 온 아즈텍의 전설적인 신 케찰코아틀이 되돌아온 것으로 여기고 환대했다는 이야기도 잘 알려져 있다. 코르테스는 그러한 상황을 악용해서 아즈텍을 손쉽게 정복했고, 나아가 에스파냐인들은 아즈텍인들을 사금 채취를 위한 강제노역에 동원

---

1   라스 카사스 엮음, 『콜럼버스 항해록』, 박광순 옮김, 범우사, 2000, 130쪽.

하거나 대대적으로 살육하고 그들의 문화를 유린하였다.

또한 『원시문화』에 나온 몇 가지 예를 살펴보면, 사람이 죽으면 그의 영혼이 새로운 인간으로 탄생한다고 여겼던 원주민들은 강력한 힘을 가진 창백한 얼굴빛의 백인들을 처음 만났을 때, 자기네 조상의 영혼이 되돌아온 것으로 여기기도 했다. "애버리지니"로 불리던 오스트레일리아의 원주민들은 그들의 땅에 온 영국인들을 저승에서 되돌아온 그들의 죽은 친척들이라고 생각했다. 또한 뉴칼레도니아의 원주민들은 백인들이 질병을 가져오는 망령이라고 생각했다. 백나일강의 바리족은 그들이 본 최초의 백인들이 죽은 자의 영들이 지상으로 되돌아온 것이라고 여겼다. 이처럼 많은 원주민들은 자기 땅에 들어온 온통 낯선 존재인 백인들을 신이나 조상의 영 등 초자연적 존재로 여겼다.

물론 당대의 가톨릭 신부들이나 탐험가들이 전해준 이야기들에는 과장이나 섣부른 해석이 개입되기 일쑤였으니, 이를 곧이곧대로 받아들이기는 어려울 것이다. 다만 낯선 이들을 신이나 조상의 영으로 여기고 환대하거나 조심스럽게 대접한 원주민들의 방식과 유럽인 정복자들이 취한 태도는 상당히 대조적이다.

침략자 유럽인들이 그 땅의 원주민을 만났을 때,
"영리하고 훌륭한 하인"

대항해 시대가 열리기 전까지 유럽인들은 미지의 동쪽 세계를 일종의 유토피아로 상상하기도 했지만, "야만인"들이 사는 미개하고 끔찍한 곳으로 상상한 경우도 많았다.[2] 막상 피부색이 짙은 낯선 원주민들과 조우하게 되었을 때, 유럽인들도 스스로에게 물었을 것이다. "이들이 과연 우리와 같은 사람일까?" 유럽인들의 대답에서는, 적어도 "우리와 같은 종류의 사람은 아니다.", "우리보다 매우 열등한 존재이다."라는 생각이 대부분을 차지했던 것 같다. 유럽인들을 자신들이 "발견"한 땅을 그들 자신의 땅으로 여겼으며, 그곳의 황금과 향료 등 값진 물건을 탐하면서도 그곳에서 살아온 원주민들을 동등한 인간으로 여기기보다는 열등한 존재, 함부로 대하고 약탈해도 되는 존재로 여겼던 것이다. 콜럼버스는 1492년 첫 항해 때 만난 원주민들에 대해 그들이 매우 아름답고 잘생겼다고 말하면서도, "영리하고 훌륭한 하인이 될 것이 틀림없다."고 평했다. 또 다른 부족에 대해서는, 자신들을 하늘에서 온 사람들로 여긴 원주민들이 먹을 것과 마실 것을 갖다 주면서 환대했다고 기록하면서도, 곧이어 부하 50명만 있으면 그들 모두를 복종시킬 수도 있고, 뭐든 원하는 대로 행동하게 만들 수 있다고 단언한다.

---

2   임호준, 『즐거운 식인: 서구의 야만 신화에 대한 라틴아메리카의 유쾌한 응수』, 민음사, 2017, 21쪽..

거기에는 경제적, 정치적 맥락이 들어 있다. 아메리카에 진출한 에스파냐를 필두로 유럽 각국은 식민지 확장 경쟁에 뛰어들었다. 『콜럼버스 항해록』을 보면, 콜럼버스가 낯선 땅에 들어갔을 때마다 그 땅에 살고 있던 원주민의 권리 같은 것은 아랑곳하지 않고, 그곳을 곧 자신들이 정복한 땅으로 여기는 것을 볼 수 있다. "이 땅에 기지를 건설하고 인디오들에게 무엇이든 명하시기만 하면 되기 때문에, 이 섬뿐만 아니라 다른 섬들도 모두 카스티야와 마찬가지로 두 국왕 폐하의 영지라는 것을 믿어 주시기 바랍니다. [...] 그들은 명령을 내리거나 일을 시키거나, 작물을 심게 하거나 필요한 그밖의 모든 일을 시키기에 아주 적당합니다."[3] 그리고 국왕에게 보여주기 위해 많은 원주민들을 붙잡아서 강제로 배에 태웠다. 이후 황금과 노예를 얻기 위한 원정이 본격화되었다. 1495년에는 노예사냥에 나선 콜럼버스 일행에 의해 원주민 1,500명이 붙잡혔고, 그 가운데 500명이 배에 실렸고 200명이 항해 도중에 사망했다. 또한 콜럼버스 일행은 황금을 찾기 위해 원주민을 부리면서, 선원들에게 황금을 가져오지 못하는 원주민을 죽이고 저항하는 원주민을 잔인하게 살해했다. 성 도미니크회의 라스 카사스 신부는 1494년에서 1508년까지 에스파뇰라 섬에서 300만 명 이상의 원주민이 전쟁, 광산, 노예 노동으로 목숨을 잃었다고 말한 바 있다.[4] 식민지 경쟁이 가열되는 가운데, 유럽인이 진출하는 곳곳에서 원주민의 착취와 대량 학

---

3   라스 카사스 엮음, 『콜럼버스 항해록』, 박광순 옮김, 범우사, 2000, 188쪽.

4   하워드 진, 『미국민중사』 1권, 유강은 옮김, 이후, 2008, 27쪽.

살이 일어나게 되었다.

그런데 원주민의 착취, 노예화, 나아가 대량 학살을 정당화하기 위해서는 원주민과 자신들 사이에 넘을 수 없는 선을 긋고 원주민을 비하하는 작업이 있어야만 했다. 이와 관련해서 1550년에 스페인의 바야돌리드에서 일어난 라스 카사스와 스페인 신학자 세풀베다Juan Ginés de Sepúlveda 사이의 논쟁을 주목할 만하다. 이들은 아메리카 신대륙의 원주민들에게 영혼이 있는지, 그들도 인간인지 아닌지를 두고 논쟁을 벌였는데, 세풀베다는 아메리카 원주민들이 "이성과 영혼이 없는 존재, 인간으로서의 자질이 없는 저급한 인류"라고 주장했다.[5]

이처럼 유럽인들이 세계 곳곳에서 발견한 원주민들은 식민지 정복을 정당화하기 위해 종종 열등한 인종 혹은 무시무시한 야만인으로 낙인 찍혔다. 가령 남미 원주민들의 경우 그들은 사람을 먹는 식인종이라는 소문이 초기 정복자들에 의해 널리 퍼졌는데, 그 사실은 대항해 시대 에스파냐와 포르투갈의 왕실이 원주민을 노예로 삼는 일을 금지했지만 식인종의 경우는 예외였다는 점과 무관하지 않을 것이다.[6]

나아가 많은 원주민들은 유럽인들의 구경거리가 되었다. 17, 18세기는 백인들이 기이한 존재의 출현에 환호하던 시기였다. 15세기 무렵부터 시작된 지리상의 발견으로, 유럽인들은 백인이 아닌 낯선 사람들,

---

5   이재원, 「식민주의와 '인간 동물원Human Zoo'-'호텐토트의 비너스'에서 '파리의 식인종'까지-」, 『서양사론』 106호, 2010, 9쪽.

6   임호준, 『즐거운 식인: 서구의 야만 신화에 대한 라틴아메리카의 유쾌한 응수』, 민음사, 2017, 12쪽.

낯선 문화, 낯선 생명체들에 접하게 되었다. 백인들이 낯선 타자들과의 만남 속에서 보여준 주된 자세는 오만과 폭력이었다. 그들은 그들에게는 한없이 기이하게만 보이는 타자들을 물건처럼 전시하고 구경하였다.

유럽인들이 세계 각지의 원주민들을 구경거리로 삼는 관행은 19세기까지 이어졌다. 남아프리카 케이프타운 근처에는 코이코이족이 살고 있었다. 1810년, 코이코이족의 한 젊은 여성이 영국인 의사 던롭 William Dunlop의 손에 이끌려 유럽으로 향하는 배를 탔다. 21세의 젊은 여성이 배를 타게 된 내적 동기는 자세히 전해지지 않는다. 그렇지만 영국인이 그 여성을 런던에 데리고 간 목적은 분명하다. 유럽인들이 보기에 눈에 띄게 큰 엉덩이와 성기를 가진 코이코이족 여성을 '전시'함으로써 많은 돈을 벌려는 욕망이 깔려 있었던 것이다. 런던에서 사라 바트만이라는 서구식 이름을 부여받은 그녀는 "호텐토트(코이코이의 네덜란드식 표기라고 한다)의 비너스"라는 별칭으로 불리면서 길거리에 전시되었고, 사람들은 벌거벗은 그녀의 몸 구석구석을 구경하면서 돈을 지불했다. 유럽인들은 낯선 그녀를 자신들과 같은 인간으로 생각하지 않았고, 우수한 침팬지 정도로 취급했다. 영국 각지에서 그녀를 전시한 뒤, 사람들은 그녀를 파리로 데리고 갔다. 그곳에서 연구를 빌미로 생물학자들은 그녀의 몸을 샅샅이 조사했고 생식기를 스케치했다. 비참한 삶을 이어가던 그녀는 결국 1815년에 죽고 말았다. 사람들은 이 우수한 침팬지에게 자비를 베푼답시고 세례까지 주었지만, 죽고 나서도 그녀는 땅에 묻히지 못했다. 죽은 뒤에도 사람들은 그녀의 자궁을 들어내어 석고로 본을 뜨고, 시신을 방부처리해서 박물관에 전시했다. 죽은 지 200여 년이 지난 2002년에서야 박물관에서 구경거리가 되던 그녀의 시신이 본국으로 송환될 수 있었다고 한다.

19세기 초 유럽인들은 사라 바트만을 인간을 닮은 기이한 동물로 여겼기에 그러한 취급이 가능했다. 백인들의 신체 구조, 백인들의 문화, 백인들의 종교, 백인들의 사회만 알고 있던 그들은 자신과는 언어도 다르고 신체적 특징도 다른 코이코이족을 "존중해야 할 '우리' 인간"이 아닌 존재, 곧 침팬지로 여겼고, 따라서 무시하고, 경멸하고, 학대하고, 유린해도 된다고 생각했던 것이다. 그 외에도 남미 투피남바족이 프랑스로 끌려가 루앙의 동물원에 진열되는 등, 많은 원주민들은 유럽인들에 비해 열등한 존재 내지는 신기한 구경거리로 여겨졌다.[7]

낯선 부족들, 낯선 문화들, 낯선 종교들을 단지 우월한 시선으로 깔보고 호기심어린 구경거리로 삼는 풍조에 대한 반성은 19세기 후반에 이르러서야 비로소 가시화되었고, 근대 유럽인들이 대항해를 통해 낯선 존재들을 만나면서 던진 인류학적 물음과 그에 대한 대답을 탐구해간 과정은 근대적 학문인 인류학과 종교학의 탄생으로 이어지게 되었다.

---

7   임호준, 『즐거운 식인: 서구의 야만 신화에 대한 라틴아메리카의 유쾌한 응수』, 민음사, 2017, 33쪽.

2. 근대 과학의 탄생

법칙에

지배되는 자연

15세기 말부터 유럽에서는 중요한 발견과 발명이 이루어지면서 그에 따른 근본적 변화가 일어나고 있었다. 한편으로 대항해 시대가 열리면서 지리상의 발견이 이어지고, 낯선 타자들, 낯선 문물에 대한 자료가 축적되고 있었다. 다른 한편으로, 16~17세기에 망원경, 천체망원경, 현미경 등 각종 관측 기기가 새롭게 발명되어 유럽인들 앞에는 또 다른, 매우 멀고 매우 크거나 작은 새로운 세계가 열리게 되었다. 지식인들은 망원경을 통해 발견되는 달의 표면이나 광대한 우주에 압도되었고, 현미경을 통해 발견되는 세포는 전에 알지 못하던 미시 세계를 열어 보여주었다.

　진보한 기술과 각종 관측 기기를 통해 자연에 대한 새로운 관측 자료들이 많아지면서, 그리스도교 신학이나 각종 신비 사상을 바탕으로 한 폐쇄적 논증을 벗어난, 새로운 발견에 대한 새로운 설명이 요청되었다. 17세기에는 물질을 수동적인 불활성 존재로 보고 세계를 일종의 기계로 여기는 기계론적 자연관이 수많은 지식인들을 사로잡았다. 그 중에서도 이탈리아의 갈릴레이[1564~1642]와 프랑스의 데카르트[1596~1650]는 세계의 작동 법칙을 설명하기 위해 물질 사이의 공감이나 자연의 목적론적 생기를 논하는 신비적인 혹은 주술적인 접근법을 버리고 "지구와 눈에 보이는 세계 전체를 마치 기계인 것처럼 서술하고, 그들의 형태와 운동만을 고찰"하는 데 주력했다.[8]

아이작 뉴턴[Isaac Newton, 1642~1727]은 17세기 이른바 과학혁명의 시대에서 중요한 자리를 차지한다. 뉴턴은 『자연철학의 수학적 원리[Philosophiae Naturalis Principia Mathematica]』(1687), 일명 『프린키피아』에서 자연 현상에서 발견되는 힘을 연구해서 그 수학적 법칙을 제시하였다. 그는 케플러가 제시한 천체의 운동과 갈릴레이가 다룬 지상에서의 운동을 모두 아울러 세계 내에서 작용하는 힘들을 종합적으로 설명함으로써 자연의 작동에 대한 주술적이거나 신비적인 생각들을 깨부쉈다. 모든 물체 사이에서 작용하는 힘(만유인력)의 법칙을 수학적으로 제시한 뉴턴의 글은 다양한 축약본과 해설본 등을 통해 널리 퍼져나갔고, 수학적 법칙의 지배를 받는 물체들이 운동하는 일종의 기계를 닮은 자연 모델이 득세하게 되었다.

자연의 법칙을 탐구하는 학문으로서 과학의 위상은 유례없이 높아졌다. 자연의 힘은 신비로움을 잃고 과학적으로 관찰되고 측정되고 예

---

8   데카르트의 『철학 원리[Principia Philosophiae]』에 실린 말이다. 야마모토 요시타카, 『과학의 탄생』, 이영기 옮김, 동아시아, 2005, 706쪽에서 재인용.

측될 수 있었고, 인간은 신성함을 잃은 자연을 거리낌 없이 정복할 수 있게 되었다. 이것은 세계를 바라보고 이해하는 방식에서의 근본적인 변화였다. 새로운 세계관과 과학적 사고 방식을 해설하는 대중 과학서, 백과사전 등이 인쇄술의 발달에 힘입어 널리 보급되었고, 각종 과학 기구를 만드는 사업이 번창했다. 과학은 점차 유럽인들의 생활에 스며들어서 그들의 세계를 형성하게 되었다.[9]

인간, 자연, 초자연:
세 영역의 분리

높아진 과학의 위상은 단지 자연에 대한 탐구에 국한되지 않고 유럽인들의 삶에 전반적으로 영향을 미치게 되었다. 주목할 것은 인간과 자연, 초자연의 영역을 분리하려는 시도가 점차 뚜렷한 우위를 차지하게 되었다는 점이다. 근대 이전 그리스도교 신학이나 신비주의적 세계관에서는 자연과 초자연, 인간 사회의 영역이 명확히 분리되지 않고 혼재되어 있었다. 말하자면, 사람들은 초자연적 존재인 신 혹은 영적 존재들이 인간 사회에 출몰할 뿐 아니라 자연의 운용에도 개입하는 세계에서 살고 있었다. 그리하여 성직자는 종교를 관할할 뿐 아니라 자

---

9   로이 포터, 『근대세계의 창조』, 최파일 옮김, 교유서가, 2020, 236쪽.

연 현상에서 신의 의지를 논하고 인간 사회에 작용하는 신의 섭리에 대해서도 권위를 가지고 이야기할 수 있었다. 그런데 과학의 급격한 발달과 정치 지형의 변화에 따라, 자연과 초자연, 인간 사회의 영역을 구분하려는 시도가 점점 더 많아지고, 각 영역을 담당하는 계층도 분리되게 되었다.

갈릴레이는 1613년의 『태양 흑점에 관한 서간』에서 "우리는 자연적 실체의 참된 내적 본질로 뚫고 들어가도록 힘쓸 것인가, 아니면 몇 가지 징표를 인식하는 것에 만족할 것인가 둘 중 하나를 고찰해야 할 것입니다."라고 썼다.[10] 태양 흑점의 진정한 실체를 아는 것은 불가능하지만, 그 위치, 운동, 형상, 크기, 투명도 등을 규명하는 것은 가능하다고 보았기 때문이다. 그는 자연과학의 목표와 범위를 자연 현상의 내적 본질이나 물체 운동의 근본 원인 같은 문제를 숙고하는 것이 아니라 드러나는 현상을 규명하는 것에 제한하고자 했고, 생기가 없는 물질로서 법칙에 따라 끊임없이 운동하는 일종의 기계로서의 자연 모델은 점점 더 많은 이들에게 받아들여졌다.

특히 17세기 유럽에서는 시계 제조 기술이 점점 더 발달하면서, 정밀하게 자동으로 움직이는 자동 기계로서의 시계 이미지가 많은 이들에게 법칙에 따라 움직이는 기계로서의 세계를 이해하기 위한 영감의 원천이 되었다. 퐁트넬Bernard Le Bovier de Fontenelle, 1657~1757이 말했듯이, 당시

---

10   야마모토 요시타카, 『과학의 탄생』, 이영기 옮김, 동아시아, 2005, 694쪽에서 재인용.

사람들은 우주를 마치 크게 확대된 시계처럼 상상하는 경향이 있었다.[11] 세계를 정밀한 기계처럼 바라보기 시작한 근대에는 공간 개념도 획기적으로 변화되었다. 공간을 무의미하고 균질적인 것으로 여기는 근대적 공간관은 모든 자연 현상을 계산 가능한 것으로 변환시키려는 근대 과학의 이념과도 맞물려 있었다.

자연과 초자연의 영역도 구별하고 분리하는 것이 대세가 되었다. 기계론적 세계관에 따라 세계를 거대한 시계 장치에 비유한다면, 신은 시계 제작자처럼 여겨질 수 있다. 시계 제작자는 정교한 기계 장치인 시계를 만들지만, 창조된 시계의 움직임에 일일이 관여하지 않는다. 시계와 시계 제작자는 어느 정도 분리된다. 일단 창조된 후에는 시계는 자신의 규칙에 따라 째깍째깍 움직인다. 자연도 마찬가지다. 자연은 우연히 탄생한 것이 아니라 신에 의해 정교하게 창조되었다. 매슈 틴들Matthew Tindal은 1706년에 "자연이라는 책"을 통해 창조자인 신의 뜻을 읽을 수 있다고 제안하였다. 뉴턴주의에서 신은 창조자인 동시에 세계를 계속 유지시키고 이따금씩 개입하여 고장을 고치는 인격적 존재로 상상되었지만, 점차 자연은 신의 직접적 의지와 관계없이 유지된다고 여겨지게 되었다.[12]

기계로서의 자연에서 인간의 위치는 어떠한가? 근대에는 인간을 자연의 일부로 보고 다른 유기체들과 연결된 존재로 조명하는 관점보다

---

11   야마모토 요시타카, 『과학의 탄생』 이영기 옮김, 동아시아, 2005, 707쪽.

12   로이 포터, 『근대세계의 창조』 최파일 옮김, 교유서가, 2020, 190-191쪽, 225쪽, 231쪽.

는, 인간만의 독특한 특질만을 강조하는 가운데 은연중에 혹은 노골적으로 인간을 자연에서 분리된 존재로 보는 시각이 우위를 차지했다. 이는 인간이 자연을 지배하고 통제할 수 있으리라는 믿음과도 불가분의 관계를 가지고 있었다.

근대성의 기조에서는 인간 사회와 초자연의 영역도 분리된다. 전능한 신은 인간들의 외적인 문제들에 일일이 관여하지 않으며, 곧바로 인간의 마음속으로 내려온다. 라투르의 말대로, 근대인의 종교는 "전적으로 개인적이고도 전적으로 영적인 종교"이며, 근대인의 신은 [세계 내에서] "부재한 신"이다. 신은 오로지 인간의 영 안에서만 유효하게 되었다.[13]

이처럼 근대성의 개념은 '분리'를 토대로 발전해왔다. 근대 세계는 자연과 초자연(영적 영역), 자연과 인간 사회, 초자연과 인간 사회의 분리를 일종의 원칙으로 삼고서 전개되었다.

과학적 접근법의
확산

이제 자연 현상을 관찰하고 관측하며 수학적으로 분석하는 일은 자연

---

13   브뤼노 라투르, 『우리는 결코 근대인이었던 적이 없다』, 홍철기 옮김, 갈무리, 2009, 97쪽.

과학자에게 맡겨졌다. 자연과학자들은 자연 영역에 대해서 가설적 주장을 세우고 관찰과 실험을 통해 가설을 검증 혹은 반증하면서 자연의 비밀을 파헤쳐갔다. 라투르의 말대로, 근대 과학자들은 '사실'이 스스로 말한다고 선언했고, 세계를 해석하는 보편적 방법론이자 사실에 기반한 지식으로서 과학의 지위는 점점 더 공고해졌다.

과학의 위상이 높아지면서 관찰과 측정, 분석을 통해 세계의 법칙을 파악하려는 시도는 점점 더 범위를 넓혀갔고, 이는 새로운 학문 분과의 탄생으로 이어졌다. 자연 뿐 아니라 인간 사회 역시 관찰을 통해 법칙을 발견할 수 있다는 믿음이 확산되는 가운데 인간의 문화도 과학적으로 분석할 수 있다는 생각이 나타나게 되었다. 데이비드 흄은 인간과학을 호소했고,[14] 두걸드 스튜어트는 자연과학과 마찬가지로 사회과학과 정신과학을 포함한 인간과학도 이질적인 현상들에서 동일성을 이끌어내 일반적 법칙을 발견할 필요가 있다고 강조하였다.[15] 과학적 접근법을 인간의 문화와 사회로까지 확대 적용하는 것이 시대적 요청이었다. 다만 동서고금의 방대한 인류 역사의 자료들을 어떻게 수합해서 과학적 접근법을 통해 설명할 것인지가 관건이었다. 그 어려운 과업을 누가 수행할 수 있을 것인가.

---

14   로이 포터, 『근대세계의 창조』, 최파일 옮김, 교유서가, 2020, 386쪽.

15   로이 포터, 『근대세계의 창조』, 최파일 옮김, 교유서가, 2020, 393-394쪽.

3. 인류의 진보와 근대 문명

대항해 시대를 거쳐 낯선 타자, 낯선 문화들을 만나게 되면서 인류 문화에 관한 수많은 자료들이 수집되었고 수많은 현상들이 발견되었다. 이제 인간 문화의 굉장히 다양하고 뿔뿔이 흩어져 있는 현상들을 보편적으로 설명할 수 있는 논리가 요청되었다. 과거에는 주로 신학이 인류 역사에서 나타나는 여러 현상을 설명하는 논리를 제공해왔다면, 17세기 과학혁명 이후 천문학, 역학, 생리학 등 과학이 발달하고 과학적 접근법의 신뢰도가 상승하면서, 이제 인류 문화에 대해서도 신학이 아니라 과학적 설명에 대한 열망이 높아지게 되었다.

진보에 대한
낙관적 믿음

신비로 가득 찬 세계는 예측이 불가능하다. 어떠한 현상에 대해서도 초자연적 존재의 의지 혹은 신의 섭리에 따른 것이라고 이야기하면 그만이다. 초자연적 존재의 뜻을 헤아릴 수 없기에 세상의 갖가지 현상들을 인간의 이성으로 이해하는 것은 불가능한 일이다. 과거 유럽의 많은 역사가들은 인류 나아가 세계의 기원부터 현재에 이르기까지 인류의 역사를 성서를 바탕으로 신의 섭리라는 관점에서 기술해왔다. 그런데 과학혁명 이후 세상은 탈성화, 탈신비화되었다. 신학적인 설명은 사양길에 접어들었다. 이제 세계는 합리적 설명에 활짝 열렸다. 동서고금에서 수집된 인류 문화의 엄청나게 많은 자료들은 비유컨대 여기저기 흩어진 수많은 유리구슬과 같았다. 단지 흩어진 구슬들을 꿰어내는 실이 필요할 뿐이다. '진보'에 대한 낙관적 믿음이야말로 흩어진 구슬들을 꿰기에 적합한 실이었다.

진보에 대한 낙관, 그 미묘한 분위기는 곳곳에서 감지되었다. 특히 과학 발달에 대한 확신은 근대인에게 진보를 믿을 하나의 근거가 되었다. 사실 고대 인류를 이상화하면서 인류 역사는 점차 타락해온 역사라고 주장하는 퇴보 이론은 어느 시대에나 나타났지만 17세기 말부터 그 빛을 잃어갔고, 적어도 과학에서만큼은 고대인보다 근대인이 더 진보했다는 견해가 우위를 차지했다. 또한 도시화와 산업화가 진행되면서, 인류의 진보에 대한 낙관적 전망이 점점 더 많은 사람들을 사로잡았다. 18세기부터 유럽에서는 우주적인 시간의 광대함이 일부 과학자들을 중심으로 감지되기 시작했고, 19세기 초반에는 자연과 인간 문명이 장기간에 걸쳐 점진적으로 발달해왔다는 생각이 지질학자와 역사학자, 철학자를 중심으로 나타나게 되었다.

그렇지만 과거에서 현재, 미래를 향해 일직선으로 뻗어나가는 시간에 대한 근대적 상상력은 무엇보다도 19세기 후반에 일군의 학자들에게서 인류 문화의 기원을 설명하고 미래를 예측하는 방식으로 전개되었다. 1859년 다윈 Charles Darwin은 자연선택설을 주장한 『종의 기원 Origin of Species』(1859)을 출판했고, 1871년에는 인간의 기원을 동물에서 찾아야 한다는 『인간의 후손 The Descent of Man』(1871)을 발표함으로써 학계의 논쟁을 불러 일으켰다. 이러한 다윈의 "진화"의 개념은 동시대 많은 학자들의 사유에 깊은 영향을 주었다.

또한 19세기 빅토리아 시대의 물질적, 경제적 번영을 경험하면서, 영국 사회는 물질적인 진보 뿐 아니라 도덕적, 정치적 진보까지 낙관하게 되었다. 1850년에 허버트 스펜서는 "진보는 우연이 아니라 필연이며 인간은 완벽해져야 한다"고 선언하는 등,[16] 19세기 후반 유럽에서 많은 사람들은 인류의 진보를 일종의 필연이자 이념으로서 신봉하게 되었다.

19세기 후반에는 인간이 똑바로 서서 이족보행 자세를 성취함으로써 다른 대형 유인원들과 구별되는 인간의 탁월함을 드러내고 문명 발달을 위한 토대를 마련했다는 주장이 강력한 설득력을 발휘했다. 찰스 다윈은 인간의 경우 진화 과정을 거쳐 도구를 사용하고 제조할 수 있도록 손이 자유로워진 점에 주목했고, 에드워드 버넷 타일러 역시 손을 사용하면서 인류가 놀라운 지성적 발달을 이루게 되었다고 여겼다.

---

16   박지향, 『클래식 영국사』, 김영사, 2012, 534쪽.

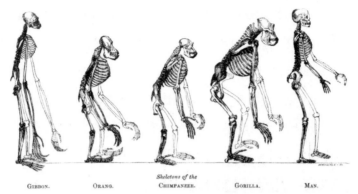

GIBBON.　ORANG.　*Skeletons of the* CHIMPANZEE.　GORILLA.　MAN.

그림 1 | 긴팔원숭이, 오랑우탄, 침팬지, 고릴라, 그리고 인간의 뼈대를 그린 그림. 1894년 헉슬리Huxley가 제시하였다.

　그런데 이러한 진화와 진보의 개념은 종종 다른 동물보다 인간의 우월성을 확립하기 위해 강조되었다. 위의 도식을 받아들이더라도, 인간은 대형 유인원들과 같은 선상에 위치하는데, 인류는 스스로가 동물의 일원이라는 것을 거의 잊어버리게 된 것이다. 그리고 마치 그림속의 인간 모습처럼, 뒤를 돌아보지 않고 앞만 바라보며 나아간다.

　이와 관련해서 눈에 띄는 일화가 있다. 찰스 다윈은 맨발의 "야만인"이 이른바 근대 문명인과는 달리 손이 아니라 발로도 물건을 어느 정도 집을 수 있는 것을 보고, 야만인을 유인원과 문명화된 인간의 중간에 위치한 존재로 여겼다고 한다. 이러한 시각은 한때 널리 퍼져 있었는데, 루돌프 찰링어Rudolph Zallinger가 그렸고 1965년 프랜시스 클라크 호웰F. Clark Howell의 『초기 인류Early Man』에 처음 실린 "호모 사피엔스에 이르는 길"은 그러한 시각을 한눈에 보여준다.

그림 2 | "호모 사피엔스에 이르는 길"을 패러디한 그림들. 윗그림은 천문학의 진화를 표현한 쥬세페 도나티엘로Giuseppe Danatiello의 그림이고(ⓒDonatiello, 2016), 아랫그림은 테헤란에 그려진 반전 벽화이다(ⓒPaul Keller, 2007).

"호모 사피엔스에 이르는 길"은 웅크린 자세의 유인원으로부터 서서히 이족보행을 하고 손을 사용하는 인류의 모습을 향해 가는데, 맨 오른쪽에는 이상화된 백인 남성이 당당한 걸음걸이로 앞을 향해 전진하는 모습이 그려진다. 맨 왼쪽 "동물"과 맨 오른쪽 "문명화된 인간" 사이의 어중간한 자리에 비서구 비근대의 "야만인"들이 자리하게 되는 것이다. 물론 이러한 견해는 더 이상 학계에서 통용되지 않는다.

근대인의
자기 정체성 형성

한편으로는 지리적으로나 미시/거시적으로나 미지의 세계를 향해 뻗어나가고 다른 한편으로는 과학적 접근법으로 세계를 해석하려던 당시 유럽 지식인들이 "근대인"으로서 스스로의 정체성을 구축해간 과정은 흥미롭다. 그들은 자신들이 속한 시대가 과거보다 진보했다고 확신했고, 나아가 자신들이 공간적으로 유럽 이외의 세상보다도 더 진보했다고 여겼다. 그들은 진보의 이념을 바탕에 깔고 타자들과 스스로를 구별함으로써 근대인으로서 스스로를 차별화하였다. 달리 말해서, 근대인은 근대 이전 혹은 서구 이외의 "야만인"과 스스로를 구별함으로써 근대인의 정체성을 확고히 하려고 했다.

　타자들로부터 그리고 과거로부터의 단절을 통해 매끈한 근대인의 정체성을 형성하려는 시도는 크게 두 단계에 걸쳐서 일어났다. 일차적으로는 자연과 인간의 동일성과 차이의 물음이 대두되었을 때 '차이'에 방점을 둠으로써 나머지 자연과 인간이 분리되었다. 이차적으로는 비근대, 비서구의 이른바 "야만인"과 근대인 사이의 구별이 이루어졌다.

근대 유럽인들은 자신들이 이룩했다고 생각하는 문명의 성취를 잣대로 삼아 원주민들에게 이것이 있는가, 저것이 있는가를 탐색하고 비교했다. 매우 유럽 중심적인 생각을 바탕으로, 유럽을 보편적 기준으로 삼아 타자의 문화, 풍습, 믿음을 평가하고 의미를 부여했던 것이다. 중요한 것은, 이때 그리스도교가 유럽인의 시각에서 타자의 문화, 종교를 판단하는 기준이 되었다는 점이다.

19세기 후반에 유럽은 더욱 강성해져서 세계적으로 패권을 장악하면서 제국주의적 면모를 드러냈다. 19세기 말에 근대 학문 분과들이 수립되기 시작할 무렵, 유럽의 많은 지식인들은 오직 유럽만이 독자적으로 근대성 modernity 을 성취했다고 여겼고, 유럽을 보편적 기준이자 중심으로 삼아서 인류의 역사, 사회, 문화, 종교를 조명하기에 이르렀다.

2장

애니미즘 논의의 시작:
타일러의 애니미즘

1. 철로 위의 인간

기차가 어둠을 헤치고 은하수를 건너면, 우주 정거장에 햇빛이 쏟아지네. [...] 힘차게 달려라 은하철도 999, 힘차게 달려라 은하철도 999, 은하철도 999

_《은하철도 999》한국어판 주제가 중에서

밤하늘을 통해 광활한 우주 공간을 훔쳐보면서, 우리는 가끔 수많은 별들 사이를 여행하는 자신의 모습을 상상해보곤 한다. 광활함 때문인지, 우리의 상상력 속에서 우주 공간은 종종 대양과 유비되고, 우주의 교통 수단은 '배船'로 그려지곤 한다. 고대부터 인간의 유용한 교통 수단이었던 배를 통한 여행은 바람, 파고 등 그때그때 자연의 변화에 따라 제약을 받게 된다. 눈앞에 펼쳐진 드넓은 밤하늘을 바라보면서, 우리는 저도 모르게 망망대해 위에 나뭇잎 같은 배를 타고 있는 한 점 인간으로서 스스로를 인식하고 있었는지도 모른다.

그런데 《은하철도 999》[1]라는 애니메이션에서는 광활한 우주 공간

---

1   마쓰모토 레이지松本零士의 원작 만화를 바탕으로 만들어진 일본 애니메이션. 1978~1981년 후지TV에서 시리즈로 방영되었고, 1979년 린 타로 감독에 의해 극장판 애니메이션이 개봉되었다.

을 여행하는 수단으로 '기차'가 등장한다. 이 애니메이션에서 인간은 혼돈과 무지의 암흑 공간인 우주를 막막하게 떠다니는 것이 아니라, 어찌되었든 이미 펼쳐진 철로를 따라 우주를 여행하게 된다. 더 이상 우주 공간은 카오스가 아니라 구획되어진 공간이며, 구획된 공간에서 의 시간은 철로와 함께 방향성을 가지게 된다.

근대의 시각적 이미지를 기차처럼 강렬하게 나타내는 것이 또 있을 까? 기차가 달리기 위해서는 철로가 필요하다. 즉, 이미 정비되어 있는 공간을 직선으로 질주하는 것이 기차이다. 또한 기차의 철로는 곧 과 거, 현재, 미래로 이어지는 직선적인 시간을 표상하기도 한다. 기차를 타고 철로 위를 질주하는 인간은 과거, 현재, 미래라는 시간의 직선 위 에서 질주하게 된다. 공간은 구획되고 시간과 역사에는 방향성이 부여 된다. 이러한 철로 위의 인간이라는 시각적 이미지는 오늘날 현대인들 의 무의식 한켠에 자리 잡고서, 생활 속에서 '속도'에 대한 광적인 집착 을 부추긴다.

철로 위의 인간으로 대변되는 근대적 상상력은 단지 개인의 일생에 만 적용되는 것은 아니었다. 인류 및 인류 문화의 역사에 대해서도, 과 거에서 현재, 미래를 향해 일직선으로 뻗어나가는 철로의 이미지는 유 효하게 적용되었다. 이러한 근대적 시공간의 상상력은 특히 19세기 말 에서 20세기 초에 많은 학자들에 의해서 펼쳐졌는데, 그 가운데 우리 는 에드워드 버넷 타일러^{Edward Burnett Tylor, 1832~1917}라는 걸출한 지식인 을 만나게 된다. 타일러는 흔히 문화인류학과 종교인류학의 창시자로 일컬어지는데, 사후 100여 년이 지난 오늘날까지도 인류학 개론서나 종교학 개론서의 첫머리에는 그의 이름이 빠짐없이 등장한다.

그림 3 | 에드워드 버넷 타일러

타일러는 1832년 10월 2일, 영국 서리주州의 캠버웰에서 황동 제조공장을 소유한 독실한 퀘이커 교도 부모 밑에서 자라났다. 타일러는 폐 건강이 좋지 않아서 곧바로 가업을 이어받지 못하고 당시 부유층의 관습에 따라 요양 여행을 다녔는데, 특히 1855년에 아메리카로 떠난 여행은 그의 삶의 전환점이 되었다. 쿠바의 아바나에서 퀘이커 교도이자 고고학자인 헨리 크리스티Henry Christy, 1810~1865를 만났고, 1856년에 그의 멕시코 여행에 동행하게 되었던 것이다. 타일러가 멕시코에서 현지인들의 관습과 신념을 세밀하게 관찰하면서 얻은 민족지적 관심은 좀 더 정교한 민족학적 관심으로 확장되었다. 이후 영국으로 돌아온 타일러는 런던 민족학회 모임에 참석했고, 현존하거나 역사 속으로 사라진 부족 공동체들의 관습과 신앙에 대한 연구를 계속 이어갔다. 그가 지속적으로 관심을 갖고 있었던 주제는 인류 문화의 다양한 현상들에 대한 보편적 설명이다. 1865년에는 자신의 본격적인 첫번째 인류학 저서인『인류의 초기 역사와 문명의 발달에 대한 연구*Researches into the Early History of Mankind and the Development of Civilization*』를 출판했고, 6년 뒤에는 자신의 대표작이자 인류 문명에 관한 기념비적인 저작인, 두 권으로 된 책『원시문화』를 출판함으로써 인류학이라는 새로운 학문의 길을 열어 놓았다.『원시문화』를 읽어보면, 그가 수합한 자료의 범위와 양이 방대하여 압도되고, 논리가 탄탄하여 놀라게 된다. 타일러는 거의 "잡학사전"이라 말해도 될 만큼 동서고금의 온갖 (사소해 보이는) 것들에 관한 지식을 "덕후"적인 규모로 보유하고 있을 뿐더러, 그러한 잡다한 지식들 속에서 길을 잃지 않고, 오히려 그것들을 방대한 스케일의 통합적 이론으로 엮어내는 집중력을 보여준다.

2. 다른 것 같지만 비슷한

인류가 세계 각지에서 전개해온 신화, 철학, 종교, 언어, 기술, 그리고 관습을 살펴보면 유사한 부분도 있고 엄청난 차이도 발견된다. 인류 문화에서 나타나는 유사성과 차이를 어떻게 설명할 것인가 하는 것은 예로부터 지식인들의 오랜 관심사였다.

타일러는 인류 문화에서 나타나는 차이에 주목하면서도, 완전한 분리를 상정하지 않는다. 오히려 달라 보이지만 비슷한 점을 포착할 뿐더러, 기본적으로 인류의 정신적 동일성을 주장한다. 그리고 그러한 동일성을 바탕으로 인류 문화의 차이를 설명한다. 이를 위해 복잡하고 어려운 길을 걷는 것이 타일러의 방식이었다.

가설:
동일한 본성, 그리고 진화

타일러는 『원시문화』에서 자신이 수집한 동서고금 인류 문화의 다양한 현상들 속에서 어떤 법칙을 발견하려 했다. 그가 목표 삼은 것은 인류 문화에 대한 보편적이고 '과학적인' 설명이다. 그 어려운 목표에 어떻게 도달할 수 있을까?

사실 인류 역사를 꿰뚫어 통찰하려는 시도는 타일러 전후에도 드물지 않게 있었다. 당시 많은 지식인들이 일반적으로 채택한 방식은 자신의 사유 궤도를 따라 연역적으로 논의를 전개하는 것이었다. 그렇지만 타일러는 그러한 방식을 따르지 않고, 선교사들의 기록, 탐험가들의 일지, 고대 문서, 민족지 보고서 등 자신이 구할 수 있는 한도 내에서 동서고금의 방대한 자료들을 수합했고, 무질서해 보일 뿐더러 양적으로도 압도되는 수많은 자료들을 분류, 재배치하면서 어떤 규칙성을 찾아내려고 시도했다.

어느 정도 익숙한 풍습에서부터 너무나 기이하게 보이는 낯선 관습의 기록에 이르기까지 인류 문화를 구성하는 다양한 요소들, 언어, 법, 관습, 전설, 신화, 도덕, 사회 질서, 도구 등에 관한 들쭉날쭉한 온갖 자료들을 면밀히 검토하는 가운데, 타일러는 인류 문화에서 나타나는 어떤 유사성에 주목하게 되었다. 타일러와 동시대를 살았던 레비브륄Lucien Lévy-Bruhl이 서구 근대인의 심성과 "원시" 혹은 "전논리적" 심성을 구별하고 그 차이를 강조한 것과는 대조적으로, 인류 문화에 대한 타일러의 논의가 차이보다는 유사성에서 시작한다는 점은 흥미롭다.

여러 지역에서, 계통이 다른 사람들 사이에서 비슷한 기술이나 관습, 신앙 또는 전설이 발견된다면, 이때 이러한 유사성을 어떻게 설명해야 할까? 타일러는 이를 설명하기 위해 『원시문화』의 핵심적 가설인 "인류의 정신적 동일성"을 상정하게 되었다. 타일러가 기본적으로 가정하는 것은, 야만인이든 근대인이든 인간의 마음은 기본적으로 우리가 마주하는 현상에 대한 합리적인 설명을 추구한다는 점이다. 타일러는 "만약 누군가 원시 시대에 인간의 사유와 행동은 현대 세계와는 본질적으로 다른 법칙에 따라 작동한다고 주장하려면, 그는 타당한 증거를 통해 이러한 비정상적인 상태를 증명해야 할 것"이라고 주장한다. 오늘날 우리 눈에 낯설고 우스꽝스럽게 보이는 개념이나 관습조차도 원래의 맥락에서는 합리적인 추론을 통해 형성된 개념이고 그에 따라 생성된 관습이라는 것이다. 타일러의 이러한 가설은 얼핏 상이하게 보이는 다양한 문화의 개념들과 관계들을 비교 가능하게 하고, 나아가 저마다의 맥락 속에서 합리적으로 이해 가능한 것으로 만든다.

그러면 동서고금 인류 문화에서—곧 신화, 철학, 종교, 언어, 기술, 그리고 관습에서—나타나는 차이는 어떻게 설명할 수 있을까? 여기서 등장하는 것이 "진보" 혹은 인류의 지성적 진화의 이론이다. 타일러가 볼 때 문명은 야만에서 미개를 거쳐 더 높은 단계로 진보한다. 타일러는 민족지 자료 중에서도 낯선 문화의 우스꽝스러운 풍습, 익숙하지만 흔히 미신으로 치부되어온 믿음과 관습, 동서고금의 종교문화 사례들을 놓고, "진보"라는 실을 가지고 그것들을 꿰어나간다. 도저히 이해할 수 없을 것 같은 문화적 차이는 문명의 진화 과정에서 서로 다른 단계에 위치하고 있다는 말로 설명된다.

타일러는 전 세계의 문명은 기본적으로 동질적(문명의 상이한 단계에 위치해 있을 지라도 인류의 본성은 동일하다)이라고 보았으며, 문화들에서 나타나는 차이는 시간적인 축, 곧 진화에 의해 설명될 수 있다고 생각했다. 다시 말해서, 타일러는 여러 문화에서 나타나는 다양성은 본질적인 차이가 아니며 발전 단계에서 나타나는 차이라고 주장하였던 것이다.

문화과학,
종교과학의 시도

무생물계 자연을 연구하는 과학에 종사하는 현대의 탐구자들은 자신의 전문 연구 분야 안팎에서 자연의 통일성, 자연 법칙의 불변성, 모든 사실이 이전에 일어난 일에 의거하며 뒤에 일어날 일에 작용하게 되는 원인과 결과의 분명한 순서를 가장 먼저 인식하게 된다. [...] 또한 식물과 동물의 구조와 습성을 연구하거나 심지어 인간의 하위 기능을 조사할 때에도 이러한 주요 관념이 의식되지 않는 일은 없다. 그러나 인간의 느낌과 행동, 사유와 언어, 지식과 예술과 같은 고등 과정에 대해 이야기할 때면, 의견의 일반적 어조에서 변화가 생긴다. 세상은 대체로 인간 생활의 일반적 연구를 자연과학의 한 분야로 받아들이고 광범위한 의미에서 "자연물을 설명하듯이 도덕을 설명하라."는 시인의 명령을 따를 준비가 되어 있지 않다. 수많은 배운 사람들의 눈에는 인류의 역사가 자연사의 중요한 한 부분이며 우리의 사유, 의지, 행동이 파도의 움직임, 산과 염기의 조합, 동식물의 성장을 지배하는 법칙처럼 확실한 법칙에 부합한다는 관점이 어쩐지 외람되고 역겹게 보인다. [2]

— 에드워드 타일러

그것이 당대의 일반적 견해였다. 인간의 사유와 행동, 인류의 문화는 인간 이외의 자연과 구별되는 독특성을 띠며, 이에 대해 자연과학과는 다르게 접근해야 한다는 것이다. 그러나 타일러는 그와 같은 일반적 견해를 거스르면서 자연과학을 모델로 삼아 문화의 과학적 연구를 제안했다. 타일러는 자연에 대한 과학적 연구와 마찬가지로, 인간의 사유와 행동에 대한 과학적 연구도 가능하다고 여긴다.

그런데 얼른 생각해봐도 문화란 까다로운 것이다. 인간적인 모든 현상은 종종 이유를 알 수 없는 변칙이나 우연에 지배되는 것처럼 보인다. 어떻게 인류 문화에 대해 "과학적"으로 접근이 가능할까? 먼저 타일러가 "과학적"이란 말로 무엇을 의미했는지 생각해볼 필요가 있다. 일단 두 가지가 두드러진다. 현상의 법칙성과 귀납적 접근법이 그것이다.

---

2   에드워드 버넷 타일러, 『원시문화: 신화, 철학, 종교, 언어, 기술, 그리고 관습의 발달에 관한 연구』 1권, 유기쁨 옮김, 아카넷, 2018, 20-21쪽.

타일러는 이른바 자연 현상 뿐 아니라 인간의 사유와 행동, 나아가 문화 역시 과학적 연구가 가능하다고 보았는데, 그 말은 인간적인 모든 현상, 문화 역시도 우연이나 임의적 발명, 나아가 신의 섭리 등에 의해서가 아니라, 어떤 법칙에 따라 전개되어왔다는 것이다. 인류 문화에도 어떤 법칙이 있다. 그리하여 문화 현상을 바라볼 때 그것을 초래한 원인, 그리고 그 결과를 살피고, 보편적 법칙을 찾는 연구가 문화과학이라 할 수 있을 것이다.

타일러는 문화라는 가장 역동적이고 인간적인 영역 역시 "기계"의 작동을 연구하듯이 과학적으로 연구할 수 있다고 본다. "문화과학은 아직까지 초보적인 단계에 있지만, 가장 즉흥적이고 동기가 없게 보이는 현상들조차 기계학의 사실처럼 확고하게 뚜렷한 원인과 결과의 범위 안에서 발생한다."는 것이 타일러의 주장이다.

그러한 법칙을 발견하기 위해 우리는 귀납적으로 접근해야 한다. 타일러는 문명 연구의 첫걸음은 문명 혹은 문화를 세부 사항들로 해부하고, 적절한 군群으로 분류하는 것이라고 말한다. 그는 문화의 세부 항목들을 "박물학자가 연구하는 동식물의 종種"에 비유하면서, 수많은 세부 항목들을 분류하고 거기서 나타나는 규칙성을 파악하고자 했던 것이다.

그는 광범위한 민족지적 의미에서의 문화 혹은 문명이란 "지식, 믿음, 기술, 도덕, 법, 관습, 그리고 사회 구성원으로서 인간이 습득한 다른 모든 능력과 습관을 포함한 복합적 전체"라고 정의한 뒤, 인간 문화의 유형과 법칙을 설명하려 했는데, 이때 문화의 영역을 엘리트들의 소위 고급 문화나 일부 영역에 한정시키지 않고 일상적인 생활 양식까지 확장시켰다. 또한 타일러는 충분한 증거자료 없는 이론의 공허함을 알고 있었던 것 같다. 그는 어떤 주장에 대해 그것을 뒷받침할 만한 충분한 증거를 바탕으로 하고 있느냐를 중요시했고, "추론보다는 관찰에 근거해서 연구를 진행하는 것이 바람직하다"고 말했다.[3] 타일러가 동서고금의 속담, 수수께끼, 감정적이고 모방적인 언어, 계산 기술, 신화 등 증거 자료를 바탕으로 제시한 "문화의 발달 이론", "문화의 잔존물 이론"은 문화과학의 이론적 뼈대가 된다.

특히 그는 동서고금을 막론하고 인간의 삶에서 종교가 매우 중요한 자리를 차지하고 있을 뿐 아니라 인류 문화의 역사적 발달을 가장 두드러지게 보여준다고 여겼다. 그렇지만 타일러가 볼 때, 당시 사회에서 종교에 대한 이해만큼은 계시나 신의 섭리 등을 전제하고 종교 현상을 설명하려 하는 중세적 유형에 머물러 있었다. 타일러는 그때까지 편만했던 신학자들의 시선, 곧 자기 종교의 교리를 중심으로 모든 종교 현상을 바라보고 신학적으로 설명하려고 시도해온 편협한 시선에서 거리를 두려고 애썼다. 타일러는 종교 현상을 이해하기 위해서도 과학적 접근법이 필요하다고 여겼고, 『원시문화』의 절반 이상을 이른바 "종교 과학 Science of Religion"의 수립에 할애했다.

---

3   에드워드 버넷 타일러, 『원시문화: 신화, 철학, 종교, 언어, 기술, 그리고 관습의 발달에 관한 연구』2권, 유기쁨 옮김, 아카넷, 2018, 23쪽.

사실 19세기 후반 유럽에서는 점점 더 많은 이들이 그리스도교 신학의 신앙고백적인 접근법을 넘어서 다양한 종교 현상에 대한 객관적이고 합리적인 설명을 요청하고 있었다. 19세기 후반 막스 뮐러^{Max Müller}는 "하나만 아는 사람은 아무것도 모르는 사람이다."라는 괴테의 말을 종교 연구에 적용해서 한 종교의 입장에서 다른 종교들을 바라보는 데서 한걸음 더 나아가 종교에 관한 여러 사실을 수집해서 비교, 분석했다. 그는 종교에 대한 과학적 연구가 가능하다고 제안하면서 종교학이라는 근대적 학문의 길을 열어놓았다. 타일러는 뮐러가 종교 문헌을 중심으로 언어에 초점을 맞춰 비교 연구를 진행한 데 비해서, 종교를 설명하기 위해서는 언어 뿐 아니라 더 폭넓은 민족지적 사실들을 수합해서 분석할 필요가 있다고 여겼다.

　신학적 입장을 배제하고, 민족지적 시각에서 종교 문화를 검토하는 가운데 타일러는 "애니미즘", 곧 영혼과 일반적 영적 존재에 관한 교리의 발달에 관한 이론을 체계적으로 전개하게 된다. 타일러의 애니미즘 논의는 당시 서구 사회가 지리상의 발견의 결과로 그리스도교 이외의 여러 민족, 부족, 그들의 문화, 신앙, 상징들을 접하게 되면서 새롭게 발견한 종교 문화의 다양성을 합리적으로 설명하려는 시도였다.

3. 타일러의 애니미즘 정의

바위에 올려둔

나뭇잎

야만인 종교의 믿음과 실천은 갖가지 어리석은 짓들이 쌓인 쓰레기더미가 결코 아니며, 오히려 대충 분류해도 곧바로 그것들의 형성과 발달의 원칙들을 보여주기 시작할 정도로 높은 수준으로 일관되고 논리적이다. 그리고 이러한 원칙들은 비록 정신적으로 지극히 고질적인 무지의 조건에서 작동하지만, 본질적으로 합리적인 것으로 판명된다.[4]

오늘날 우리가 낯선 길에서 거대한 바위, 나무가 빽빽하게 우거진 숲, 메아리가 울리는 깊은 동굴, 유유히 흐르는 강을 만났다고 하자. 그러면 무슨 일을 할까? 오늘날 많은 이들은 아마 가장 먼저 휴대폰을 꺼내 사진을 찍을 것 같다. 특이한 바위나 숲, 동굴과 강은 우리에게는 무엇보다도 트위터, 인스타그램, 페이스북 등 SNS에 올려서 다른 이들에

---

4   에드워드 버넷 타일러, 『원시문화: 신화, 철학, 종교, 언어, 기술, 그리고 관습의 발달에 관한 연구』 1권, 유기쁨 옮김, 아카넷, 2018, 46쪽.

게 보여줄 멋진 아이템이다. 특이한 바위를 마주쳤을 때 우리가 먼저 생각하는 것은 그 바위의 사진을 통해 다른 사람들과 이루어지는 소통이다. 그런데 『원시문화』에 실린 기니 사람들의 사례를 보면, 그들은 길을 가다가 거대한 바위나 속이 빈 나무, 장대한 강이나 빽빽한 수풀, 메아리치는 깊은 동굴을 만나면 그냥 지나치지 않고, 나뭇잎 한 장이나 해안에서 주운 조가비 한 개 같은 소박한 선물을 조용히 남겨두고 지나갔다고 한다.

오늘날 존경받는 높은 지위의 인물이 죽으면 우리는 장례의식을 통해 슬픔을 나누고 그의 공적을 기념하는데, 마오리족은 부족을 대표하는 족장이 죽으면 그 노예들까지 죽였다고 한다. 불가리아인들은 방앗간에서 밀을 빻아올 때 밀가루에 뜨거운 김을 쏘였다고 한다. 줄루족 사람들은 큰 연못에서 목욕하는 것을 기피했다고 한다. 이들은 어떤 이유에서 이런 행동을 했을까?

동서고금의 다양한 관습들 중에는 얼핏 보아 이해하기 어려운 것들이 많다. 이른바 종교적 믿음과 연관된 관습의 경우에는 더욱 그러하다. 타일러가 가정하는 인류의 정신적 동일성이 논리적 정합성을 가지려면 인간과 관련된 모든 관습이나 행위는 보편적으로 이해 가능한 것이어야 한다. 종교적 관습도 예외가 아니다. 그리하여 타일러는 미신적 짓이라고 가장 천대받는 사례들에서, 한때는 그것들에 생기를 불어넣었던 합리적인 생각을 찾아내려고 시도한다. 타일러는 자신과 같은 근대 유럽의 지성인이 이해하기 어려운 동서고금의 여러 종교적 관습들을 사례로 들고, 각 사례의 바탕에 깔린 일관된 논리를 제시함으로써 그것을 이해가능한 것으로 만든다.

즉흥적이고 별다른 동기가 없는 것처럼 보이는 관습에서부터 이해할 수 없는 관습, 가장 터무니없게 보이는 관습들까지, 실은 어떤 일관되고 논리적인 원칙에 따라 생겨난 것으로서 원래의 자리에서는 충분히 이해 가능한 합리적인 것이었다는 것이 타일러의 주장이다.

참과
거짓의 문제?

1567년, 고아의 교회위원회에서는 정통 로마가톨릭 신앙 이외의 모든 종교는 본질적으로 그른 것이고 자체로서 해로운 것이라고 결의했다.[5] 낯선 종교 문화에 참과 거짓의 문제로 접근하는 방식은 가톨릭교회에 국한되지 않았다. 지리상의 발견 이후 낯선 종교 문화와 조우한 많은 지식인들은 참된 종교와 거짓된 미신 사이에 넘을 수 없는 선을 상상했다. 근대적 유형의 가장 중요한 철학자 중 하나인 존 로크는 『인간 오성론An Essay Concerning Human Understanding』(1689)에서 전 세계의 놀랄 만큼 다양한 믿음과 관습들을 예시하면서, 이를 토대로 인간의 생득

---

5   주경철, 『대항해시대』, 서울대학교출판부, 2008, 435쪽.

적인 사변적, 실천적 원리에 대한 관념을 불신하였다. 그리고 미신과 광신의 위험에 빠지지 않도록 경험적 탐구를 바탕으로 정신을 벼릴 것을 제안했다.

존 톨런드John Toland는 유럽 농민들의 민간신앙을 비판했고, 쉽게 믿는 어리석은 대중을 "최악의 것에 대한 증거"라고 일컬으면서 합리적으로 사유하는 소수의 지식인과 구별하였다.

> 우리가 세상의 빛을 보자마자 거대한 속임수는 사방에서 우리를 현혹하기 시작한다. 바로 산파의 손길부터 미신적인 의례와 함께 우리를 세상으로 내보낸다. 출산을 돕는 착한 여인들은 아기의 향후 인생에 관한 징조를 찾아내고자 여러 가지 우스꽝스러운 관찰을 하며 아기에게 액운을 막거나 행복을 가져다주는 무수한 주문들을 알고 있다.[6]

많은 지식인들은 교육 받지 못한 농민들이나 대중들 사이에서 행해지는 갖가지 관습과 민간신앙들을 미신, 해악, 거짓이라고 매도했다. 존 트렌차드John Trenchard는 『미신의 자연사Natural history of Superstition』에서 전세계와 시대에 걸쳐 미신의 해악을 조사하면서 다양한 숭배 의례와 신앙들의 거짓을 조명한다.[7] 특히 그는 사람들이 왜 그렇게 미신적인지, 괴상한 숭배 의례를 만들어내고 신의 이름을 빙자해서 괴상한 행위를

---

6   로이 포터, 『근대세계의 창조』, 최파일 옮김, 교유서가, 2020, 198쪽.

7   로이 포터, 『근대세계의 창조』, 최파일 옮김, 교유서가, 2020, 201-202쪽.

하는 까닭은 무엇인지, 어떻게 그러한 속임수에 속아 넘어갈 수 있는 지를 물었다. 사람들은 왜 이렇게 어리석게도 미신적인 거짓 속임수에 넘어갈까? 이것은 과거부터 오늘날에 이르기까지 되풀이해서 나타나 는 물음이다. 트렌차드는 그 이유를 인간의 본성에서 찾았다. 인간에 게는 속임수에 빠지기 쉬운 타고난 기질이 있어서, 죽음을 두려워하면 서 온갖 미신적인 허황한 이야기를 받아들이게 된다는 것이다.

그렇게 보면, 수많은 믿음과 관습 들은 단지 인간이 속임수에 빠지 기 쉬운 본성 때문에 빠져들게 된 어리석은 짓으로 여겨질 수 있다. 그 러나 타일러는 근대 지식인의 눈으로 이해하기 어려운 갖가지 믿음이 나 관습이 왜 생겨났느냐의 물음에 대해 인간 본성에 대한 철학적 숙 고에서 그 해답을 찾지 않았다. 또한 다른 많은 지식인들처럼 이해하기 어려운 믿음과 숭배 행위를 참과 거짓의 문제로도 여기지 않았다. 오 히려 타일러는 다양한 민족지 자료들에서 어떤 패턴을 찾고 그 원인을 합리적으로 추론하려고 시도했다.

그들에겐
종교가 없다?

유럽을 벗어나 낯선 세계로 진출하게 된 수많은 탐험가, 성직자, 상인 등 은 자신이 조우한 낯선 지역 문화에 대해 기록을 남겼다. 그리고 그들 중

상당수가 자신이 탐험한 지역의 원주민들에게는 종교가 없다고 선언했다. 그런데 그들의 확신에는 근거가 불충분했다. 타일러는 이른바 야만인들에게 종교가 없다는 증언들이 얼마나 허점이 많은 주장인지를 일일이 지적하였다. 『원시문화』에 실린 몇 가지 예를 들면 아래와 같다.

　가령 오스트레일리아의 장로교 목사인 랭 박사John Dunmore Lang는 오스트레일리아 원주민들에게 창조주나 최고신, 심판 관념도 없고, 예배의 대상도 없고, 신전도 없을 뿐 아니라 "한마디로, 그들에게는 사멸할 짐승들과 구별되는 종교적 특성이나 종교적 의식 같은 것은 전혀 없다."고 주장하였다. 많은 사람들이 그 문장을 읽고 오스트레일리아 원주민에게는 "종교가 없다"는 인상을 받았지만, 사실 랭 박사의 책을 꼼꼼히 읽어보면 그가 쓴 글의 내용이 곧 그 문장을 반박한다는 사실을 깨닫게 된다는 것이다. 랭 박사의 책을 읽어보면, 오스트레일리아 원주민들은 가끔씩 발생하는 역병이 "나쁜 짓을 즐기는 사악한 영, 부디아Budyah의 영향" 탓이라고 여기며, 야생벌의 벌집을 털 때면 어떤 영적인 존재를 위해 꿀을 조금 남겨둔다. 심지어 퀸즐랜드 부족들은 격년 모임에서 사악한 신을 달래기 위해 소녀를 바치는 희생제의를 수행한다는 것을 알 수 있다. 또한 그들은 만물의 창조자 바이아메의 목소리를 천둥 속에서 들으며, 온갖 악령들이 존재한다고 믿을 뿐 아니라 악령들의 우두머리인 투라물룸이 모든 질병을 만들어냈다고 여긴다고 한다. 이처럼 생활 속에 영들과 신들을 위한 다양한 행위와 의례들이 존재하는데, 어떻게 그들에게 종교가 없다고 이야기할 수 있을까?

모팻^{Moffat}은 아프리카 베추니아인들이 죽은 자의 영혼을 "리리티^{liriti}"라고 부른다고 쓰고 나서, 바로 다음 문장에서 "그 부족으로부터 인간의 불멸성에 관한 말은 들어본 적이 없다."고 말한다. 또한 펠릭스 드 아자라[8]는 남아메리카 토착민 부족에게는 종교가 없다고 선언했지만, 파야구아족은 죽은 자를 매장할 때 무기와 옷을 같이 묻는다는 사실도 동시에 언급했다. 타일러는 이처럼 "야만인"들에게 종교가 없다는 수많은 확언들에 대해 도르비니[9]의 말을 인용한다. "그는 사실상 자신이 묘사하는 모든 민족에 대해 그렇게 말하지만, 실제로 그가 자기주장의 근거로 제시한 바로 그 사실들은 오히려 그의 논지의 정반대를 증명해준다."[10]

그밖에도 수많은 여행자들, 연구자들은 마다가스카르의 원주민들, 플로리다의 원주민들, 티모르 원주민들에 대해 이야기하면서 그들에게는 종교가 없다고 확언했다. 심지어 19세기 후반 가장 알려진 지식인 중 하나인 새뮤얼 베이커 경^{Sir Samuel Baker}은 1866년에 런던민족지협회에서 발표한 글에서, 백나일강의 딩카족, 쉴룩족, 누어족, 보어족, 알리압족, 쉬르족이 모두 "지고의 존재에 대한 믿음을 갖고 있지 않으며, 어

---

8 Félix Manuel de Azara(1746~1821). 스페인 군인이자 자연사 연구자. 남아메리카의 라플라타 강 지역을 탐사하면서 동식물과 토착민에 관한 기록물을 남겼다.

9 Alcide Dessalines D'Orbigny(1802~1857). 프랑스의 고생물학자. 1826년부터 1833년까지 남아메리카에서 방대한 자료를 수집해서 연구 성과를 발표하였고, 1853년 파리 자연사박물관 고생물학 교수가 되었다. 그의 연구는 생물학 뿐 아니라 지질학, 인류학 등의 전개에도 영향을 미쳤다.

10 에드워드 버넷 타일러, 『원시문화: 신화, 철학, 종교, 언어, 기술, 그리고 관습의 발달에 관한 연구』 2권, 유기쁨 옮김, 아카넷, 2018, 14-16쪽.

떠한 형태의 예배나 우상숭배도 하지 않는다."고 단언한 바 있다. 하지만 타일러는 이미 출판된 자료들을 조금만 살펴봐도 각각의 원주민 부족에 관해서 그들의 희생 제의나 종교적 관념, 지고신이나 악령에 관한 증언들을 발견할 수 있다고 지적한다.[11]

타일러가 볼 때, 훨씬 더 넓은 의미를 가진 단어를 좁은 의미에서 사용하는 것이 문제다. "고등한 인종들의 조직적이고 체계적인 신학", 곧 자기네 신학 외에는 어떤 것도 종교로 인식하지 못하는 상태에서 낯선 문화에 대해 일반적인 판단을 내리는 것이 얼마나 기만적이며 대중의 오해를 불러일으키는가!

마치 인도를 침략한 고대 아리아인들이 인도의 원주민들에 대해 아데바adeva, 곧 "신이 없다"고 묘사하거나, 그리스인들이 고대 그리스 신들을 믿지 않는 초기 그리스도교인들을 아테오이άθεοι[12]라고 지칭하던 때부터, 마법과 사도직의 계승을 믿지 않는 자들이 무신론자라고 고발당하던 비교적 현대에 이르기까지, 나아가 옛날에도 그랬듯 논쟁가들이 종의 발달 이론을 지지하는 박물학자들이란 당연히 무신론적 견해를 갖고 있다고 쉽게 지레짐작하는 오늘날에 이르기까지, 신학자들이 자기네 신과는 다른 신격을 믿는 사람들을 흔히 무신론자로 치부

---

11   에드워드 버넷 타일러, 『원시문화: 신화, 철학, 종교, 언어, 기술, 그리고 관습의 발달에 관한 연구』 2권, 유기쁨 옮김, 아카넷, 2018, 21-22쪽.

12   무신론자를 뜻한다.

해왔던 것과 같은 방식으로, 그들은 자기네 것과는 다른 교리를 지닌 부족들에 대해서 그들에게는 종교가 없다고 말한다.[13]

아메리카 대륙에 온 유럽인들은 토착민들에게 종교가 없으니 쉽게 그리스도교를 전도할 수 있으리라는 오만한 생각을 했다. 실제로 콜럼버스는 항해 과정에서 만난 와틀링섬의 토착민들에 대해서 그들이 "영리하고 훌륭한 하인"이 될 수 있을 뿐 아니라, "아주 쉽사리 그리스도교도가 되리라" 믿는다고 말했다. "그들에게는 아무 종교도 없는 것 같기 때문"이라는 것이다.[14] 라피토Joseph François Lafitau, 1681~1746는 야만인 단계에서, 말하자면 인류의 유아기 상태에서 아메리카 대륙으로 온 인디언들에게는 그리스도교를 받아들일 수 있는 자질이 있다고 보았다.[15]

그러한 경향이 근대 유럽인들에게만 국한되어 나타난 것은 아니다. 일제 강점기 조선총독부가 우리 민족의 종교에 관해 내린 판단도 주목해볼 만하다. 1918년 총독부는 조선신궁의 주제신主祭神을 황조신 아마테라스로, 식민지 조선의 개척신을 메이지 천황으로 정했고, 조선신궁은 식민지 동화정책을 수행하는 국가신도의 전진기지로서 식민지 정

---

13   에드워드 버넷 타일러, 『원시문화: 신화, 철학, 종교, 언어, 기술, 그리고 관습의 발달에 관한 연구』 2권, 유기쁨 옮김, 아카넷, 2018, 16-17쪽.

14   라스 카사스 엮음, 『콜럼버스 항해록』, 박광순 옮김, 범우사, 2000, 83쪽.

15   주경철, 『대항해시대』, 서울대학교출판부, 2008, 437쪽.

부의 국가의례를 수행하고 조선인의 신사참배를 강제하는 기능을 담당하게 되었다. 그런데 흥미로운 점은, 이처럼 제신이 확정된 후 일부 일본인들 사이에서 "조선의 시조인 단군을 모셔야 할 것"이란 의견이 대두하였다는 점이다. 이처럼 일부 일본인들이 단군을 국혼신으로 삼아 조선신궁에 모시자고 제안한 이유 중 하나는, 국혼신인 단군이 천조대신인 아마테라스에게 조선땅을 양도한다는 것을 상징하기 때문이다. 그렇지만 총독부에서는 조선신궁에 단군을 모시는 것을 반대했는데, 총독부에서 가장 먼저 제시한 이유가 흥미롭다. "조선인에게 신이나 신사의 관념이 없기 때문"이라는 것이다.[16]

종교에 국한해서 보더라도, 아메리카 대륙에 온 침략자 유럽인들도, 한반도에 침략한 일본인들도, 그들이 조우한 타자의 믿음과 관습을 이해하려고 시간과 노력을 들이지 않았다. 타일러는 이러한 경향을 비판하면서, "아무리 조잡하고 유치한 것일지라도 의미를 찾으려" 노력했고, "지금은 외견상으로나 실제로나 가장 천대받는 미신적 짓이 되어버린 관례들에서, 한때는 그것들에 생기를 불어넣었던 합리적인 생각을 찾아내려" 했다. "인류의 어떤 종교도 나머지로부터 완전히 동떨어져서 존재하지 않으며, 현대 그리스도교의 사상과 원칙은 그리스도교보다 훨씬 이전 시대를 지나서 인류 문명의 기원, 어쩌면 인간 존재의

---

16   1925년 봄 이마이즈미 사다스케今泉定助 등은 "조선에는 조선국토에 관계 깊은 신, 즉 조선의 시조인 단군을 모셔야 할 것이다"라고 주장하였고, 아시즈葦津耕次郎는 한일 두 민족이 융화하기 위해서는 기본적으로 "조선 2천만 민족의 조상신을 제사하는" 신사를 건립해야 한다고 제안하였다. 김철수, 「'조선신궁' 설립을 둘러싼 논쟁의 검토」, 『순천향 인문과학논총』 제27집, 2010, 179-181쪽.

기원까지 거슬러 올라가는 지성적 단서들에 결부"된다는 것이 그의 생각이다.[17]

타일러의 『원시문화』는 그간 많은 근대 서구인들이 낯선 사람들을 접촉한 후 "그들에게 종교는 없다"고 선언한 것에 대한 정성스러운 반론이라고 할 수 있다. 타일러는 종교 같은 광의의 단어를 좁은 의미에서 사용하면서 일반적 판단을 내리는 것이 얼마나 기만적인 일인지 비판한다. 타일러가 볼 때, 그들에게는 종교가 있다. 타일러는, 마치 신학자가 자신과는 다른 신을 믿는 사람을 무신론자라고 여기는 것처럼, 마찬가지로 당시 사람들이 그들과는 다른 교리를 가진 부족들에게는 종교가 없다고 여길 뿐 아니라, 지구의 광대한 지역을 차지하는 "이교도들 the heathen"의 믿음을 증오하고 경멸하며, 그들을 이해하려고 노력하지 않는다고 지적하였다. 수많은 근대 서구 지식인들은 너무 협소하게 자기네 종교를 기준으로 그에 합치하는 것만 종교로 여겨왔다. 그래서 타일러는 좀 더 보편적 맥락에서 폭넓게 적용할 수 있는 새로운 기준으로서, "영적인 존재들에 대한 믿음"을 최소한도의 종교 정의로 제시한다. 그리고 유럽 그리스도교 기준으로는 "종교가 없다"라고 선언된 많은 곳에서 종교를 발견한다.

---

17 에드워드 버넷 타일러, 『원시문화: 신화, 철학, 종교, 언어, 기술, 그리고 관습의 발달에 관한 연구』 2권, 유기쁨 옮김, 아카넷, 2018, 16–18쪽.

최소한도의
종교 정의

하등 인종들의 종교를 체계적으로 연구하기 위해 필요한 첫번째 조건
은 기본적인 종교 정의를 내리는 것이다. 종교 정의가 최고 신격이나
사후 심판에 대한 믿음, 우상숭배나 희생제의 관습, 혹은 부분적으로
분포하는 또 다른 교리나 의식 등을 필요로 한다면, 수많은 부족들은
종교적인 것의 범주에서 당연히 배제될 것이다. 그러나 그러한 협의의
정의는 종교를 기저에 깔린 심층적 동기가 아니라 특정한 발달 단계와
동일시하는 단점이 있다. 그러니 곧바로 이러한 본질적인 근원으로 돌
아가서, 단지 영적인 존재들에 대한 믿음을 최소한도의 종교 정의로 제
시하는 것이 최상의 방법이다.[18]

타일러는 이전에 무시되었던 자료들, 곧 고대 역사가, 선교사와 여행자
들의 기록 등으로부터 얻은 동서고금의 자료[19]에서 발견한 포괄적 현
상에 대한 서술로서 애니미즘 논의를 시작한다. 그는 그간의 종교 정
의들은 특정 발달 단계의 종교 현상에 집중된 것이라고 비판하고, 좁

---

18   에드워드 버넷 타일러, 『원시문화: 신화, 철학, 종교, 언어, 기술, 그리고 관습의 발달에 관한 연구』 2권,
      유기쁨 옮김, 아카넷, 2018, 22-23쪽.

19   키펜베르크는 타일러가 "유럽의 말쑥한 부르조아지들smug bourgeois이 무시해왔던 기록들을 수집
      하고 편집하였다."고 표현하였다. Hans G. Kippenberg, *Discovering Religious History in the
      Modern Age*, tr. by Barbara Harshav, Princeton University Press, 2002, p. 58.

은 시야를 넓히기 위해서 오히려 본질적인 근원으로 돌아갈 필요가 있다고 제안하였다. 타일러는 당시 자신이 수집한 다양한 종교적 신념과 실천의 사례들 속에서 어떤 기본적인 형태가 존재할 것이라고 생각했으며, 당시의 종교나 원시인[20]의 종교, 또는 다양한 다른 종교들에서 공통적인 것이 영에 대한 믿음이라고 여기고, "영적인 존재들에 대한 믿음"을 최소한도의 종교 정의로 제시하였다. 그리고 그간의 초기 자료들에서 "원주민들은 종교가 없다."고 주장하기 위한 사례들을 역으로 야만인 종교의 사례로 제시하였다. 영적인 존재들에 대한 믿음은 "인류 가운데 매우 낮은 단계의 부족들"에게서 특징적으로 나타나지만, 고등한 현대 문화의 한복판까지도 깨지지 않는 연속성을 보유하고서 이어지면서 종교 철학의 기반을 이룬다는 것이다.[21]

영적인 존재들에 대한 믿음은 도처에서 나타난다. 이렇게 종교를 넓은 의미에서 정의하면, 타일러의 오만한 동시대인들이 비서구, 비근대 타자에 대해 증언하는 말과는 달리, 비서구, 비근대 타자의 문화와 근대 서구인의 문화 사이에 존재하는 공통점 혹은 연속성이 눈에 들어온다. 타일러는 이러한 도처에서 발견되는 뿌리 깊은 영적인 존재들의 교리를 애니미즘[animism]이란 이름 하에 연구할 것을 제안하였다. 이때

---

20   이 책에서 "야만인", "원시인", "하등 인종", "야만", "원시", "미개", "미신" 등의 용어는 타일러의 논의를 소개하기 위해 부득이하게 사용한 것이며, 필자는 타자 또는 타자의 문화를 가리키기 위해 "원시" 또는 "야만", "미개", "미신" 등의 수식어를 사용하는 데 동의하지 않는다.

21   에드워드 버넷 타일러, 『원시문화: 신화, 철학, 종교, 언어, 기술, 그리고 관습의 발달에 관한 연구』 2권, 유기쁨 옮김, 아카넷, 2018, 25쪽.

그는 자율적이고 환원 불가능하며 고유한^{sui generis} 종교의 영역을 설정하거나, 종교 현상들을 이른바 "종교적 기질"에 따른 현상이라고 주장하지 않는다. 오히려, 그는 종교가 합리적인 마음의 소산으로서, 엄청난 양의 감각적, 심리적 요인들로부터 발생한다고 주장한다.[22]

오래된 물음:
무엇이 산 자와 죽은 자의 차이를 만드는가?

인간은 태어나고 또 죽는다. 누구도 탄생과 죽음의 고리에서 벗어날 수 없다. 모든 인간은 단 한 차례 자기 자신의 탄생과 죽음을 경험한다. 탄생과 죽음은 모든 인간의 관심사일 수밖에 없다. 그런데 태어나기 이전과 죽음 이후 우리 존재가 어떤 상태에 있는지에 대해서 우리는 모른다.

사람들은 굳이 만져보지 않더라도 그냥 잠든 사람과 죽은 시신의 차이를 느낀다. 단지 체온의 차이가 아니다. 방금 사망한 사람은 이마도 아직 따뜻하고 몸에 온기가 남아 있다. 그런데도 뭔가 다르다. 그 차이는 어디서 나온 것일까?

타일러는 원시인 역시 살아 있는 몸과 죽은 시체의 차이를 발견하고

---

22   Benson Saler, "E.B. Tylor and the Anthropology of Religion", *Marburg Journal of Religion*, vol. 2, no. 1, 1997, pp. 4-5 참조.

그 원인에 대한 물음을 가졌으리라 여겼다. 그가 상상한 인간은 원시인이든 근대인이든 어떤 현상의 원인을 궁금해하면서 합리적 추론을 통해 그 대답을 추구하는 존재이기 때문이다. 타일러가 볼 때, 고대의 야만인 철학자들은 그 해답을 영혼의 존재에서 찾았다.

즉 고대의 야만인 철학자들은 몸에 생기를 불어넣는 "영혼"이라는 것의 존재를 상상함으로써 살아 있는 몸과 죽은 시체의 차이, 나아가 잠과 질병과 죽음의 원인, 꿈속에 나타나는 인간의 형상 등에 대한 적절한 설명을 찾았다. 꿈에서 우리는 어디를 간다거나 누구를 만난다거나 하는 경험을 하게 되는데, 타일러는 원시인이 이러한 꿈을 경험하면서 육체와는 구별되는 다른 존재가 있으리라고 추론했을 것이라고 여겼다. 아니마^{anima, 영혼}가 바로 그것이다. 그러한 영혼이란 "희미하고 실체가 없는 인간의 모습을 띠는데, 그 본질은 수증기나 얇은 막 혹은 그림자의 일종이며", 육체에서 벗어나서 자유롭게 이동할 수 있다. 영혼을 표현하기 위해 사람들은 그림자, 심장, 피, 눈동자, 숨 등을 가리키는 단어들을 사용해왔다. 생명, 마음, 영혼, 영, 유령 등을 가리키는 용어들이 세계 도처에서 모호하게 때론 뒤섞여서 사용되는데, 이는 각각이 독립적 실체들이라기보다는 하나의 개별적 상태의 여러 형태와 기능으로 여겨졌기 때문이다.

타일러가 생각하기에, 생명의 기능이 영혼에 의해 야기된다고 보는 초기 애니미즘의 생기론은 야만인들 사이에서 널리 퍼졌고, 그들은 갖가지 신체적, 정신적 상태를 영혼이 떠난 결과로 설명했다. 가령 우리는 잠을 자면서 꿈을 꾸곤 한다. 꿈은 왜 꾸는 것이고 꿈에서 나타나는 인간 형체들은 무엇일까?

타일러가 수집한 세계 도처의 민족지 자료에서는 꿈에 대한 엇비슷한 이야기가 등장한다. 일부를 소개하면, 뉴기니 북부 사람들은 잠잘 때 영혼이 일시적으로 몸을 떠난다고 여겼다. 카렌족의 경우에도, 몸이 잠들어 있을 때 영혼은 밖으로 나와서 돌아다니는데, 영혼이 돌아다니면서 보고 경험한 것이 곧 꿈이라고 여겼다. 그린란드인들은 영혼이 밤마다 몸을 떠나서 사냥하고 춤추려고 밖으로 나간다고 상상했다. 북미 인디언들은 꿈꾸는 자의 영혼은 그 몸을 떠나서 자기가 매혹된 물건을 찾아 헤맨다고 주장했다. 마오리족, 루손섬의 타갈족, 그리고 그 외 수많은 야만인들은 꿈꾸는 영혼이 몸을 떠났다가 되돌아온다고 여겼다. 깊이 잠든 사람의 몸을 뒤집으면 안 된다는 유럽의 민간전승도 원시적 꿈 이론의 흥미로운 자취를 보여주는데, 잠자는 이의 영혼이 되돌아오는 길을 잃을 수 있기 때문이라는 것이다. 또한 잠잘 때 영혼은 밖으로 돌아다니기도 하지만 다른 영혼의 방문을 받기도 한다. 꿈에 보이는 사람 형상이 자신을 찾아온 영혼이다. 서아프리카인들은 꿈에 나오는 형체를 죽은 자들의 영혼으로 여겼다.

때로는 육체를 빠져나간 영혼이 길을 잃고 원래의 육체를 찾지 못해 방황하는 경우도 있다. 오스트레일리아 남부 원주민들은 의식을 잃은 사람을 "영혼 없는" 상태라고 표현하였다. 세계 도처에서 잃어버린 영혼을 돌아오게 하는 것이 요술사나 사제의 고정 업무였다.

타일러의 논의를 따라가 보면, 원시인은 또한 죽음이 영혼의 성격을 변화시킨다고 생각했다. 육체가 시신으로 바뀌면 더 이상 영혼이 안주할 장소가 없어진다. 따라서 죽음과 함께 몸에서 떨어져 나간 영혼은 자유롭게 살아 있는 사람들의 주변을 배회하기도 하고 산 자들에게 영향을 미치기도 한다는 것이다. 특히 적절한 죽음의례를 치르지 않으면 유령이 출몰해서 산 자들에게 해를 끼칠 수 있기에 죽은 자의 영혼을 떠나보내는 의식이 필요하다는 믿음이 광범위하게 나타난다. 타일러는 이에 관한 여러 사례를 제시한다. 가령, 오스트레일리아의 어떤 부족들은 시신이 적절히 매장되지 않으면 죽은 자의 영혼이 "인간의 모습이면서도 기다란 꼬리와 곤추선 긴 귀를 가진 '잉나ingna' 혹은 악한 영이 되어서 지상에서 그리고 죽음의 장소 주변에서 어떠한 만족감도 없이 오로지 산 자들을 해치기 위해 배회한다."[23]고 믿는다. 북아메리카의 이로쿼이족 역시 적절한 매장 의식이 수행되지 않으면 고인의 영이 불행한 상태로 지상을 서성이게 된다고 믿었기에, 전사자의 시체를 찾아오려고 몹시 애썼다. 브라질의 부족들도 시신이 적절히 매장되지 않을 경우 망령이 불안정하게 지상을 배회하게 된다고 믿었다. 그 외에도 죽음의례가 수행되지 않으면 유령이 찾아와 해악을 끼칠 것이라는 믿음의 사례는 헤아릴 수 없이 많다. 죽은 자의 영혼이 흔히 찾는 장소는 생전에 그가 삶을 영위하던 현장과 시신의 매장지이다. 죽은 자의

23　　에드워드 버넷 타일러, 『원시문화: 신화, 철학, 종교, 언어, 기술, 그리고 관습의 발달에 관한 연구』 2권, 유기쁨 옮김, 아카넷, 2018, 159쪽.

유령이 산 자들의 세계를 배회한다는 생각은 오늘날에도 사라지지 않고 있으며, 종종 현대식으로 각색되어 드라마나 영화의 소재로 활용되고 있다. "인류사의 처음부터 끝까지 종교적 사유의 모든 변화를 거치는 내내, 방황하는 망자의 유령은 한밤의 묘지를 인간의 살이 공포로 인해 오싹해지는 장소가 되게 만든다."[24]

타일러는 영적인 존재들에 관한 이러한 애니미즘 이론이 인류 역사 최초의 위대한 이론이라고 가정한다. 그리고 그 이론은 너무나 강력하고 호소력이 있기에, 오늘날까지도 수많은 정교하고 수정된 형태들로 지속되어 왔다는 것이다.

영혼의
물질성

많은 현대인들은 영혼에 대해 물질 세계와는 전적으로 구별되는, 말하자면 "순전히 영적인 존재"로 상상하곤 한다. 그렇지만 타일러가 수집한 초기 애니미즘의 자료들에서는 영혼이 상당한 물질성을 띠고 나타난다. 가령 영혼이 지나갈 수 있도록 단단한 물체에 구멍을 내는 관습이 세계 도처에서 나타나는데, 그 까닭은 영혼을 어떤 물질적 실체

---

24   에드워드 버넷 타일러, 『원시문화: 신화, 철학, 종교, 언어, 기술, 그리고 관습의 발달에 관한 연구』 2권, 유기쁨 옮김, 아카넷, 2018, 161쪽.

를 가진 존재로 상상했기 때문이다. 과거 이로쿼이족은 세상을 떠도는 영혼이 몸을 찾아갈 수 있도록 무덤에 구멍을 남겨두곤 했다. 프랑스, 독일, 잉글랜드 등지에서는 임종 때 영혼이 떠나갈 수 있도록 창문이나 문을 열어 놓는 관습이 있었다. 이러한 관습들은 실체적인 물질적 존재인 영혼이 단단한 물체를 통과할 수 없다는 생각을 바탕으로 이어져왔다.

죽은 자의 영혼은 흔히 몸의 모습으로 상상되어 왔다. 영혼 역시 살아 있는 육체와 마찬가지로 두드려 맞거나 상처 입거나 휩쓸리기 쉽다고 여겨진다. 그래서 사악한 영들을 쫓아내기 위해 물리적 수단을 사용하는 경우도 흔히 나타난다. 타일러에 따르면, 아프리카 골드코스트 사람들은 사악한 영들을 쫓아내기 위해 허공을 때려서 귀신들을 숲속으로 몰아내고, 그러고 나서 집으로 와서 좀 더 편안히 잠들었다.[25] 환영하지 않는 영혼을 쫓아내기 위해 허공을 때리고 유령이 못 들어오게 하려고 집 주위에 그물을 친 사례들도 곳곳에서 발견된다. 퀸즐랜드의 원주민들, 북아메리카 인디언들은 유령을 쫓아버리기 위해 허공을 막대기로 두드렸다고 한다. 죽은 남편의 장례를 마치고 돌아오는 여성의 머리 주위로 한 움큼의 잔가지들을 파리채처럼 흔들어서 그녀 남편의 유령을 쫓아내고, 그리하여 그녀가 자유롭게 재혼할 수 있게 해주는 관습도 흥미롭다. 독일 농민들은 문을 쾅 닫는 것을 꺼

---

25 에드워드 버넷 타일러, 『원시문화: 신화, 철학, 종교, 언어, 기술, 그리고 관습의 발달에 관한 연구』 2권, 유기쁨 옮김, 아카넷, 2018, 382쪽.

렸는데, 영혼이 문틀에 끼는 것을 꺼렸기 때문이라고 한다.

유령이 실체적인 몸을 가지고 있다는 생각은 유령의 존재를 탐지하기 위해 재를 뿌리는 관습에서도 나타나는데, 영은 발자국을 남길 만큼 실제적인 존재로 여겨졌던 것이다. 인간 영혼의 무게 측정에 관한 이야기들도 각지의 민간전승에서 드물지 않게 나타난다.

타일러가 수집한 "조야한 인종들"의 자료들을 종합해보면, "인간의 영혼은 에테르 같은 성질, 혹은 수증기 같은 물질성"을 띠는 것으로 상상되었던 것 같다. 가령 통가인은 인간의 영혼이 몸의 좀 더 순수하고 공기 같은 부분이라고 여겼고, 카리브인들은 영혼이 정화된 몸처럼 미묘하고 희미하다고 상상했다. 나아가 시암 사람들은 영혼이 보이지 않고 만져지지 않는 미묘한 물질로 구성된다고 여겼다. 죽은 자의 유령은 산 사람과는 다른 종류의 몸을 가지고 있으며 그것은 "고도로 정제되고 희박한 상태의 물질"로 구성된다고 상상되었다.[26]

타일러에 따르면, 이후 소위 문명화된 철학에서는 에테르적–물질적 영혼 관념이 점점 더 추상화되어서 비물질적 영혼 개념이 우위를 차지하게 되었지만, 물질적 실체성을 가진 영혼 관념은 결코 인간의 사유에서 사라지지 않고 중요한 자리를 차지해왔다.

---

26   에드워드 버넷 타일러, 『원시문화: 신화, 철학, 종교, 언어, 기술, 그리고 관습의 발달에 관한 연구』 2권, 유기쁨 옮김, 아카넷, 2018, 63-66쪽.

영혼 교리의
확장

타일러는 계속해서 인류 가운데 영혼 관념의 발달 과정을 추적한다. 그가 볼 때, 원시인들은 처음에 죽음과 꿈 등의 생물학적 현상에서 인간 영혼의 존재를 추론했지만 점차 생각을 확장하게 되었다. 인간에게 영혼이 있다면 동물에게 영혼이 없을 까닭이 무엇인가? 동물에게 영혼이 있다면 식물에게는? 그리하여 원시인들은 동물과 식물, 심지어 물체에게도 영이 존재한다고 여기게 되었다는 것이다.

> 야만성의 범위 안에 있는 인종들에게서는 일반적인 영혼의 교리가 분명하고 광범위하게, 그리고 일관되게 작용하는 것이 발견된다. 동물의 영혼은 인간의 영혼 이론을 자연스럽게 확대함으로써 인정된다. 나무와 식물의 영혼이 다소 모호하고 불완전한 방식으로 뒤를 잇는다. 그리고 생명 없는 물체의 영혼이 일반적 범주를 극한까지 확장한다.[27]

어른들은 아기가 태어나면 인간을 열쇠 삼아 주변 세계를 이해하도록 유도해왔다. 아이들을 대상으로 하는 그림책과 만화 들은 동물과 식물 뿐 아니라 바람과 폭풍우, 햇살과 눈, 그리고 각종 사물들까지 인간

---

27   에드워드 버넷 타일러, 『원시문화: 신화, 철학, 종교, 언어, 기술, 그리고 관습의 발달에 관한 연구』 2권, 유기쁨 옮김, 아카넷, 2018, 123쪽.

과 마찬가지로 느끼고 생각하며 인격적 의지에 따라 행동한다는 이야기들로 가득하다. 오늘날만 그런 것은 아니다. 책과 만화가 없던 시절에도 사람들은 아이에게 모든 사건을 인간화한 이야기를 들려주곤 했다. 그리하여 예나 지금이나 아이는 헝겊인형을 친구 삼아 이야기를 주고받을 뿐 아니라 바람에 흔들리는 나뭇가지나 길가의 조약돌, 밤하늘의 달과 별도 인간과 같은 느낌과 의지를 지닌 존재로 상상하곤 한다. 『레미제라블$^{Les\ Misérables}$』(1862)에서 여인숙 주인의 딸들이 헝겊인형을 가지고 노는 것을 부러워하던 가엾은 코제트는 칼에 옷을 입혀서 인형처럼 돌보았는데, 코제트가 특별해서라기보다 아이들은 주변 사물까지도 의인화해서 상상하는 데 큰 어려움을 겪지 않기 때문이다.

그런데 타일러가 볼 때, 원시인은 인류의 유아기에 해당한다. 그래서 마치 아이들이 주변 세계를 의인화해서 파악하고 생명 없는 사물에 생명력을 부여하듯이, 원시인들은 인간의 영혼에서 유추해서 자연 현상을 이해하려고 시도하였고 만물에 영혼을 부여하였다는 것이다. "현대의 허용치를 훨씬 넘어서는 자연에 충만한 생명과 의지에 관한 관념, 심지어 우리가 송장이라 부르는 것에까지 생명을 불어넣는 인격적 영혼에 대한 믿음, 사후에도 살아 있는 영혼의 환생 이론, 때로는 공중을 날아다니지만 때로는 나무와 바위와 폭포에 거주하면서 자신의 인격을 그러한 물질적 대상에게 빌려주는 수많은 영적 존재들에 대한 감각"[28]

---

28   에드워드 버넷 타일러, 『원시문화: 신화, 철학, 종교, 언어, 기술, 그리고 관습의 발달에 관한 연구』 1권, 유기쁨 옮김, 아카넷, 2018, 393-394쪽.

이 발달하면서, 마침내 원시인의 세계, 곧 그의 집과 자주 가는 장소들, 그곳의 동물과 식물, 그리고 그 너머의 광대한 대지와 하늘에는 "에테르체의 혼령들"이 가득하게 되었다.

타일러가 볼 때, 세계 각지에서 영적 존재들을 가리키는 다양한 용어들, 곧 귀신, 신격, 유령 등 다양한 용어들은 실은 영혼 개념에서 파생된 것으로서, 그 성격이 매우 비슷해서 엄밀히 구별될 수 없다. 영들은 세상을 자유롭게 돌아다니면서 존재하고 활동할 수 있고, 일정 기간 동안 인간이나 동물 혹은 다른 몸에 결합해서 영향력을 발휘할 수도 있다고 가정된다. 이제 세계의 다양한 물리적 작용들, 인간에게 영향을 미치는 각종 사건들은 영들에 의해 일어난 것이라는 설명이 설득력을 갖게 되었다.

가령 몸이나 마음이 병 들었을 때, 이는 낯선 영이 몸 주위를 배회하거나 몸 안에 들어와서 영향을 미치는 귀신붙음이나 귀신들림 때문이라고 흔히 가정되었다. 개인이나 사회에 어떤 불운이 닥쳤을 때 그것 역시 어떤 영들의 작용에 의한 것이라고 여기곤 했다. 크고 작은 일들이 일어나는 까닭이 영들의 작용 때문이라고 여길 경우에, 자연히 그러한 영들을 제거하거나 달래는 것이 매우 중요한 일이 되고, 그러한 일을 전문적으로 담당하는 이들이 생겨나게 된다. 그리하여 원시 사회에서는 구마사, 요술사, 사제 등 영들의 처리를 전담하는 직종이 중요하게 여겨졌으며, 영을 다루는 다양한 방식이 계발되었다.

흥미로운 것은, 자기 자신의 영혼을 몸 안에 두지 않고 다른 데 담을 수 있다는 발상이다. 타타르의 민간전승에는 어떤 거인이 누군가 자기 몸을 해치더라도 영원히 살기 위해 자기 영혼을 머리가 열두 개 달린 뱀 속에 넣고 그것을 말 등 위의 가방에 담고 다녔다는 이야기가 전해진다. 몸을 죽여도 영혼이 살아 있으면 그는 죽지 않는다. 그래서 마침내 그 비밀을 알아낸 영웅이 그 뱀을 죽이기 전까지 아무도 그를 죽일 수 없었다는 것이다. 마치 세계적으로 유행한 소설『해리 포터』시리즈에서 사악한 볼드모트가 불사의 삶을 누리기 위해 자기 영혼을 쪼개어 여기저기 숨겨둔 이야기와 흡사하다.

한편 타일러는 이러한 영적인 존재들에 대한 믿음이 점점 더 발전해서 강력한 신격들을 형성하는 방향으로 전개되었다고 여긴다.

일반적으로 애니미즘 이론은 하나의 일관된 교리를 구성하는 두 가지 주요 신조로 나누어지는 것으로 나타난다. 첫째는, 사후 혹은 몸이 소멸된 후에도 연속적인 실존을 가능하게 하는 생명체 각각의 영혼에 관한 신조이다. 둘째는, 강력한 신격의 반열에 오른 다른 영들에 관한 신조이다. 영적 존재들은 물질세계의 사건에 영향을 미치거나 그것을 조정한다고 간주된다. 또한 영적 존재들은 인간들과 교류하면서 인간의 행동을 통해 기쁨이나 불쾌감을 느낀다고 여겨진다. 그러한 존재들의 실존에 대한 믿음은 머지않아 자연스럽게, 그리고 거의 불가피하게 적극적인 공경과 위무慰撫로 이어진다. 따라서 충분히 발달한 애니미즘은 영혼에 대한 믿음과 내세에 대한 믿음, 주재하는 신격들과 하위 영

들에 대한 믿음을 포함하며, 이러한 교리는 실제로 모종의 적극적인
숭배로 귀결된다.[29]

타일러의 눈에 비친 고대인 혹은 원시인의 영에 대한 믿음은 역사의 성
장과 발전의 궤도를 벗어나지 않는다. 즉 타일러는 원시인의 애니미즘
에 점차 인격적인 속성과 신적 능력에 대한 관념들이 추가되면서 다신
론polytheism으로 발전했다고 주장했다. 예컨대, 가장 낮은 수준의 문화
에서는 인간의 몸속에 있을 동안 그를 살아 있게 하고, 꿈에서 몸을 벗
어나 나타나는 유령-영혼의 관념이 뿌리 깊게 자리 잡았다. 인간 영혼
에 대한 관념은 점차 주변의 동물, 식물, 사물에 깃든 영에 이르기까지
확장되었다. 그리고 하나의 나무, 하나의 강, 한 사람의 집에 깃들어 있
는 영에 대한 믿음이 숲의 신, 바다의 신, 하늘의 신 등에 대한 신앙으
로 발전하게 되었다는 것이다.

초기 애니미즘에서 다신론으로의 이행 과정을 명확히 구별하는 것
은 쉽지 않다. 가령 불 숭배는 조야한 미개인들이 마치 살아 있는 동물
처럼 몸부림치고 으르렁대며 집어삼키는 불꽃을 바라보면서 실제의
불꽃을 경배하는 단계에서, 어떤 개별적인 불도 하나의 일반적 자연
력, 곧 불의 신의 현현이라고 보는 좀 더 진일보한 다신론의 단계로 점진
적으로 진보한다. 이처럼 복잡하고 다양한 신들의 세계는, 점차 사람들

---

29   에드워드 버넷 타일러, 『원시문화: 신화, 철학, 종교, 언어, 기술, 그리고 관습의 발달에 관한 연구』 2권,
      유기쁨 옮김, 아카넷, 2018, 25-26쪽.

이 신들 사이의 위계질서 혹은 서열을 생각하게 되면서 하나의 질서로 통합된다. 타일러는 이런 사유의 과정이 최종적으로 종착하게 되는 곳이 하나의 지고한 존재를 믿는 유일신론^{monotheism}이라고 제안한다.

그런데 영적 존재들에 대한 믿음이 유일신론에 이르게 되는—타일러가 그려낸—사유 과정이 흥미롭다. 곧 사람들은 인간 사회의 실상에 비추어 영적 세계의 서열을 상상하게 되었다는 것이다. 백성보다 상위에 족장과 왕이 있듯이, 하급 영들보다 상위에 위대한 신들이 존재한다. 망령들과 조상의 영들, 바위와 샘과 나무의 지니, 선하고 악한 귀신들보다 상위에는 더욱 강력한 신들이 존재한다. "그들의 영향력은 이제 지역적 혹은 개별적 관심에 국한되지 않으며, 그들의 광대한 영역 안에서 내키는 대로 직접적으로 작용하거나 하인, 대리인, 혹은 중재자 등의 하위 존재들을 통해 지배하고 영향을 미칠 수 있다. [...] 야만인이나 미개인의 종교 체계가 철저히 묘사된 곳이라면 어디서든지 거의 예외 없이, 영적 세계에서 위대한 신들이 마치 인간 부족의 족장처럼 뚜렷하게 모습을 드러낸다." "그리고 다수의 야만인 종교와 미개인 종교에서는 누가 가장 높은 자리를 차지하느냐 하는 문제를 다신론의 신 가운데 하나를 최고신으로 올리는 단순한 과정을 통해 해결한다." 인간의 몸에 생기를 불어넣는 가장 기본적인 영혼 이론은 대지나 하늘에 생기를 불어넣는 신성한 영에 대한 상상으로 이어졌는데, 그러한 관념이 한 단계 더 확장되면, 우주가 단 하나의 가장 위대한 신성한 영에 의해 생기가 불어넣어졌다는 교리가 생겨난다. 그러니 유일신론은

"애니미즘의 분명하고 일관된 결과"로 여겨지게 된다.[30]

타일러는 지고의 유일신 관념이 발달되는 과정을 하늘에 대한 신앙을 예를 들어 설명한다. 즉 자연물로서의 하늘을 생명이 불어넣어진 존재로 보는 관념으로부터, 어떤 인격신으로서 하늘신 관념이 발달하고, 그로부터 모든 영적 존재들 위에 군림하는 최고신으로서 하늘신 관념이 점차 발달하게 되었다는 것이다. 이러한 과정에서 주목할 만한 변화가 나타난다. 곧 초기 애니미즘에서 두드러지는 영혼의 물질성은 점점 흐려지고, 영적 존재들에 대한 관념은 점점 더 추상화되고 탈물질화된다. "영혼은 그 에테르적 실체를 포기했고, 비물질적 존재, '그림자의 그림자'가 되었다." 그러한 과정 속에서 "아버지 하늘Father-Heaven이 하늘에 계신 아버지Father in Heaven가 되는 거대한 종교적 발달"이 일어나게 되었다.[31]

타일러가 그려낸 초기 애니미즘을 가만히 들여다보면, 인간적인 것을 비인간–자연에 투사하고, 나아가 초자연의 영역에까지 투사하면서 인간적인 것의 영역을 확장하는 야만인 철학자들의 모습을 발견할 수 있다.

---

30   에드워드 버넷 타일러, 『원시문화: 신화, 철학, 종교, 언어, 기술, 그리고 관습의 발달에 관한 연구』 2권, 유기쁨 옮김, 아카넷, 2018, 4460-447쪽, 556쪽, 558쪽.

31   에드워드 버넷 타일러, 『원시문화: 신화, 철학, 종교, 언어, 기술, 그리고 관습의 발달에 관한 연구』 2권, 유기쁨 옮김, 아카넷, 2018, 123쪽, 460쪽.

타일러의 "원시 종교"는 물리적 세계의 작용에
관한 (나름의) 합리적 설명이었다

타일러는 세상의 원리를 궁구하고 세상의 수많은 현상들을 설명하려고 애쓰는 야만인을 발명했다. 타일러가 볼 때, 야만인에게 애니미즘은 단지 종교가 아니었다. 오히려 그것은 인간의 발달 과정 안에서 그 역사가 추적될 수 있는 기본적인 철학이었고, 당시의 지적 수준에서 완전히 합리적이고 지성적인 "초기 과학"의 산물이었다.

이웃 가운데 어떤 사람이 별다른 이유 없이 점점 마르고 약해지고 얼굴에 핏기가 없어진다고 상상해보자. 야만인 애니미즘은 그러한 현상에 대해 완전히 만족스러운 설명을 제시할 수 있었다. 곧 그 사람의 영혼이나 심장을 먹어치우는, 혹은 피를 빨아먹는 영적인 존재(귀신)가 존재하기 때문에 그러한 현상이 일어난다는 것이다. 유럽 민간전설에 흔히 등장하는 뱀파이어는 그저 심심풀이 이야깃거리를 위한 공상의 산물이 아니라, 소모성 질환의 특정한 증상들을 설명하기 위해 영적인 형태로 상상된 원인이다.[32] 나아가 각종 질병을 일으키는 귀신이나 신탁을 내리는 영적 존재들의 기원은, 타일러가 볼 때, 허공에서 생겨난 공상에 있지 않으며, 오히려 애니미즘적 원칙으로 해석된 실제 현상에 있다. 스토킹^{George Stocking}이 빗대어 말했듯이, 『원시문화』를 읽다

---

32   에드워드 버넷 타일러, 『원시문화: 신화, 철학, 종교, 언어, 기술, 그리고 관습의 발달에 관한 연구』 2권, 유기쁨 옮김, 아카넷, 2018, 373쪽.

보면 "마치 원시인이 과학을 창조하려고 시도하다가 우연히 그 대신 종교를 창조했고, 인류는 나머지 진화 기간 동안 그 오류를 바로잡으려고 시도해온 것 같다."[33]

그러한 타일러의 논의를 따라가다 보면, 원시인들은 지성적이고 합리적이었지만 그들의 지성은 "어린애 같은" 것이었고, 어린애 같은 추론을 통해 산출된 설명 체계인 애니미즘(종교)은 문명의 진보 과정에서 더욱 합리적인 설명 체계, 곧 진정한 과학에 언젠가는 자리를 내어주게 될 것이라는 결론에 이르게 된다. 빅토리아 지식인으로서, 인간의 합리성 및 문명의 진보에 대한 타일러의 장밋빛 '믿음'은 애니미즘 논의에서 선명히 드러난다. 근대 지식인으로서 타일러는 "야만인"으로부터 일종의 거리두기를 시도한다. 그가 볼 때, 가장 건강한 상태의 야만인조차 "결코 주관적인 것과 객관적인 것 사이, 상상과 현실 사이를 엄밀히 구별하는 법"을 배우지 못했다. 타일러는 이처럼 낮은 단계의 정신문화를 이해하려면, 우리의 어린 시절의 기억을 더듬어보는 것이 이처럼 "원시적이고 어린애 같은" 개념을 이해하기 위해 효과적이라고 제안한다.[34]

---

33   Benson Saler, "E.B. Tylor and the Anthropology of Religion", *Marburg Journal of Religion*, vol. 2, no. 1, 1997, p. 2.

34   에드워드 버넷 타일러, 『원시문화: 신화, 철학, 종교, 언어, 기술, 그리고 관습의 발달에 관한 연구』 2권, 유기쁨 옮김, 아카넷, 2018, 50쪽, 93쪽.

4. 문화 발달과 잔존물

야만에서

문명으로 진화

인간은 아득한 옛날부터 자신을 둘러싼 세계를 해석하고, 자연과 사회의 다양한 현상들에서 어떤 규칙을 파악하며, 그렇게 파악한 규칙성을 활용하여 삶을 풍요롭게 이어가려고 애써왔다. 타일러는 이른바 야만 철학으로부터 현대 철학에 이르기까지 "마음이 한걸음씩 걸어온 길"을 살펴보면서, 세계의 해석에서 두드러진 견해의 변화를 발견했다.

타일러가 발견한 변화란 말하자면 이런 것이다. 과거 대다수의 사람들은, 냄비가 보글보글 끓는 것도 화산이 터지는 것도 어떤 영적 존재에 의한 것이라 여겼다. 광인이 비명을 지르며 발작을 일으키는 것도 영의 작용 때문이었다. 말 그대로 우주 전체가 영적인 힘에 의해 움직이고 있었다. 타일러가 볼 때, 자연의 작용과 생명의 사건들의 원인을 인격적 영의 즉각적 작용으로 보는 것이 야만 철학의 기본적 시각이었다. 야만 철학에서는 인간과 자연, 초자연의 영역이 뒤섞여서 서로에게 작용하는 것으로 여겨지곤 했고, 타일러는 이를 애니미즘으로 불렀다.

그렇지만 타일러는 근대 세계에서는 힘과 법칙이라는 관념이 그 자리를 차지하게 되었음을 강조한다. 예전에는 태양의 움직임이나 별들의 운행이 어떤 신격의 조정에 의한 것이라고 여겼지만 지금은 그렇지 않다. 타일러는 신성한 갠지스강이란 것도 실은 과학의 눈으로 보면 "바다로 흘러들어 증발하여 구름이 되었다가 다시 비로 내려오는 물"에 불과하다고 말하면서 자연에서 성스러움을 벗겨낸다. 근대 세계에서는 교양 대중의 담론에서 영적인 존재의 신성함은 탈락되고 건조한 자연과학의 설명이 그 자리를 차지하게 되었다. 옛 민족들은 바다와 땅 너머에 망령들이 사는 상상의 지역들이 실재한다고 여겼지만, 지리학은 아득히 먼 바다와 땅 너머의 세계를 그저 대지와 물로 표시한다.

물리학, 화학, 생물학, 천문학, 지리학 등 과학의 각 분야가 발달하면서 사람들은 야만 철학에서 점점 더 멀어지게 되었다. 과거 여러 민족들은 사람들이 밟고 다니는 단단한 땅이 지하세계의 넓은 홀의 지붕이라고 여기거나, 머리 위에는 최고천最高天의 신격들의 영역을 보지 못하도록 시선을 차단하는 단단한 아치형 궁창이 펼쳐져 있다고 믿었다. 그렇지만 오늘날 천문학은 그러한 견해를 더 이상 인정하지 않는다.

타일러가 볼 때, 과거에는 "영들의 작용"이라는 것이 자연 세계나 인간 사회의 어떤 사실들을 설명하기 위한 매우 합리적인 철학적 이론이었다. 그렇지만 별과 달과 해의 운행을 신격의 작용으로 보는 애니미즘적 천문학을 자연과학의 천문학이 대신하게 되었고, 또한 각종 질병과 심지어 죽음의 원인을 영적 존재들에게서 찾는 애니미즘적 병리학을 생물학적 병리학이 서서히 대체하는 역사적 과정이 진행되었다.

타일러는 원시에서 현대에 이르는 문화의 주요 경향은 야만에서 문명을 향해 발달하는 것이라고 보았다. 인류 문화는 진보해왔고, 지금도 발전하고 있다. 타일러는 근대 서구 사회를 문화 발달의 최고점에 두고서, 야만에서 문명으로 진화해가는 인류 문화 발달의 기본 이론을 전개한다. 인류 문명을 왼쪽부터 오른쪽으로 한 줄로 세우면, 가장 왼쪽에는 소위 야만인들이 자리하고, 가장 오른쪽에는 타일러 자신이 속한 근대 서구인의 문화가 자리한다는 것이 타일러의 생각이었다.

이처럼 인간의 동질성을 전제하고서 근대인과 야만인의 연속성과 차이를 설명한 타일러의 논의는 인류에 대한 보편적 설명을 추구하는 인류학의 출발점을 마련하게 되었다. 타일러가 논의의 중심에 놓은 주제, 곧 인간과 비인간, 인간과 자연과 초자연의 연속성과 차이에 관한 물음은 곧 존재론의 주요 주제이며, 오늘날 새로운 시각에서 다시금 재발견되고 있다. 인간과 비인간의 연속성과 차이에 대해서는 2부와 3부에서 좀 더 집중적으로 다루어볼 것이다. 여기서는 타일러의 애니미즘 논의의 내용과 함의를 좀 더 살펴보기로 하자.

잔존물: 현대 사회에 남아 있는
'무의미'하고 우스꽝스러운 관습

그런데 문화 발달을 주장하더라도 예외는 있다. 현대 세계의 한복판에서도 어떤 미개한 관습이 지속되기도 하고, 합리적인 이성의 눈으로는 이해할 수 없는 미신이 부활하기도 한다. 전혀 이해가 불가능한 것처럼 보이는 현상들이 동서고금의 문화에서 흔히 발견된다. 옛날 타타르족은 왜 문지방 밟는 것을 금기시했고, 로마인들은 왜 5월에 결혼하는 것을 반대했을까? 도무지 아무런 맥락이 없는 것 같은 이상한 숙어들, 언어 습관들은 어디서 생겨난 걸까? 심지어 특정 지역에서 나타나는, 물에 빠졌다가 헤엄쳐 나오려는 사람을 다시 물속에 밀어넣는 관습을 우리는 어떻게 이해할 수 있을까? 현대 사회에서도 우리는 도저히 납득할 수 없는 낯선 관습을 종종 마주치게 된다. 가령 세계 곳곳의 사람들이 재채기를 하고 나서 신의 축복을 빈다거나(God Bless You!) 하품을 하고 나서 신의 자비를 구하는 까닭은 무엇일까?

　이해하기 어려운 낯선 현상들을 이해 가능한 것으로 만드는 것은 타일러의 "문화과학"의 중요한 목표 중 하나였다. 과연 신의 섭리 등의 초자연적 설명이나 무의미한 우연에 맡기지 않고 합리적으로 그러한 낯선 현상들을 설명할 수 있을까?

　이를 설명하기 위해, 타일러는 잔존물^{survivals} 개념을 고안해냈다.[35] 타일러에 따르면, 우리가 미신이라고 부르는 대부분의 것은 잔존물에 해당한다. 그것은 과거 시대로부터 새롭게 변화하는 시대로 이행할 때 모든 과정이 동일한 속도로 진행되지 않기 때문에 발생할 수 있는 현상으로서, 일종의 부분적 지체 현상이라 할 만하다. 타일러는 잔존물을 통해 역사 발달의 과정을 매우 효과적으로 추적할 수 있으며, 잔존물의 작동 방식은 게임, 대중적 속담, 관습, 미신 등에서 잘 드러난다고 여겼다.

즉, 유치한 게임이나 목적을 알 수 없는 관습, 어리석은 미신 따위도 그것이 어떻게 생겨났는지 주의 깊게 살피면, 역사 발전의 과정 속에서 연결고리를 찾을 수 있다. 이때 유의할 것은 섣부른 이성적 추리를 경계하고 역사적 맥락을 찾아내는 데 주력하는 것이다. 타일러 자신이 강조하듯이, 하나의 관습을 그것이 과거 사건들에 미친 영향력에서 분리해서 어떤 그럴듯한 설명에 의해 간단히 처리될 수 있는 고립된 사실처럼 취급하는 일은 언제나 위험하기 때문이다.

[사례1] 재채기를 하고나서 신의 축복을 빌다

참으로 무의미하게 보이는 다양한 종류의 관습들이 잔존물에 해당한다. 그것들은 처음 발생한 시간과 장소에서는 실제적인, 혹은 적어도 예식적인 의도를 갖고 있었지만, 원래의 의미가 폐기된 새로운 상태의 사회에 들어와서도 계속해서 수행되면서 어리석게 여겨지게 되었다.

---

35   잔존물 관련 각종 사례들에 관해서는, 에드워드 버넷 타일러, 『원시문화: 신화, 철학, 종교, 언어, 기술, 그리고 관습의 발달에 관한 연구』 1권, 유기쁨 옮김, 아카넷, 2018에서 "문화의 잔존물"을 다룬 3장을 보라.

현대의 문명화된 사회 영역 안에서 실제로 혹은 기억 속에서 존재하지만 문명화된 관념으로는 전혀 설명할 수 없는 몇 가지 두드러진 관습들의 존재가 잔존물 이론으로 설명될 수 있다. 가령 재채기를 하고 나서 신의 축복을 비는 관습이 그 대표적 사례이다. 오늘날까지도 영어권에서는 누군가 재채기를 하면 반사적으로 "Bless you!"라고 말하는 관습이 있다.

　　타일러는, 현대 문명 사회의 그러한 재채기 관습을 해석하려면 하등 인종들 사이에서 널리 퍼진 원칙을 고려할 필요가 있다고 본다. 곧 영들이 몸의 안팎으로 들락날락할 수 있으며, 특히 환자에게 들어가서 그를 사로잡거나 질병에 감염시킬 수 있다는 생각이 그것이다. 가령 줄루족은 "다정하거나 성난 망자의 영이 그들 주위를 배회하면서 그들을 이롭게 하거나 그들에게 해를 끼치며, 꿈속에서 눈앞에 나타나고, 그들 속으로 들어와서 그들에게 질병을 일으킨다고 굳게 확신한다." 그리하여 줄루족은 재채기를 하면, 조상의 영이 내게 온 것이라고 말한다. 그들은 재채기를 할 때면 조상의 영이 자기 안에 들어와서 자신과 함께한다는 점을 기억하고 힘을 얻는다고 한다. "줄루족 점쟁이나 요술사는 매우 자주 재채기를 하곤 하는데, 그들은 그것이 영들의 임재를 나타낸다고 여기며, '마코시!'(주인 혹은 지배자)라고 말하며 영들을 경배한다."

　　반대로 올드칼라바르의 부족민들은 아이가 재채기를 하면, 사악한 무언가를 내던지는 듯한 몸짓을 하면서 "네게서 떨어져라!"라고 외친다. 뉴질랜드에서는 아이가 재채기할 때 액막이를 위한 주문이 읊어진다. 그 외에도 타일러는 재채기와 관련해서 아시아와 유럽의 광범위한 인종들, 시대들, 나라들의 수많은 이야기들을 사례로 제시한다. 가령 인도 사람이 재채기를 하면 주변 사람들은 "살아남기를!" 하고 말하고, 재채기한 자는 "당신도!" 라고 답한다. 무슬림은 재채기할 때 "알라에게 찬양을!"이라고 말한다.

이처럼 우스꽝스러운 관습들의 이유에 대해 사람들은 다양한 방식으로 설명을 시도해왔다. 하지만 타일러는 재채기나 하품에 대한 이상한 관습들의 근저에서 재채기나 하품이 영적인 존재에 기인한다는 뚜렷한 생각을 발견하게 된다고 주장한다. 타일러는 재채기의 미신이 원래부터 임의적이고 무의미한 관습이었던 것은 아니며, 오히려 어떤 원칙에서부터 나온 것이라고 말한다. "곧 재채기에 관한 관념 및 관습은, 도처에 영들이 깃들어 있다가 침입해오기에, 영들이 선한 영이냐 악한 영이냐에 따라 다르게 대응해야 한다는 고대의, 그리고 야만인들의 교리와 연관된다는 것이다."[36]

[사례2] 인간 희생제의

가장 터무니없는 관습의 또 다른 사례로 인간 희생제의를 살펴볼 수 있다. 『원시문화』에 소개된 수많은 사례들 가운데, 가장 슬프고 끔찍

---

36   에드워드 버넷 타일러, 『원시문화: 신화, 철학, 종교, 언어, 기술, 그리고 관습의 발달에 관한 연구』 1권,
      유기쁨 옮김, 아카넷, 2018, 152쪽.

한 튀링엔의 전설을 살펴보자.

튀링엔의 전설은 다음과 같이 전한다. 사람들은 리벤슈타인 성을 견고한 난공불락의 성으로 만들기 위해서 어미에게 돈을 주고 아이를 사왔고, 성벽을 만들 때 그 속에 아이를 집어넣었다. 이야기는 계속 이어지는데, 석공들이 일할 동안 아이는 케이크를 먹다가 외쳤다. "엄마, 난 엄마가 아직 보여요." 좀 있다가 아이는 소리쳤다. "엄마, 난 엄마가 아직 조금 보여요." 석공들이 마지막 돌을 쌓아올렸을 때 아이는 울부짖었다. "엄마, 이제는 엄마를 전혀 볼 수 없어요."

타일러는 어떤 건물이나 다리 등의 토대를 견고하게 만들기 위해 인간을 바치는 인간 희생제의가 단지 상상 속 이야기나 전설에 불과한 게 아니라, 고대에 실제로 존재했으리라고 봤다. 그리고 타일러 당대에도 건물이나 다리, 성벽 등을 견고하게 만들기 위해 이른바 피를 먹이는 수많은 "다소 덜 문화화된 나라들"의 관습들을 사례로 든다.

보르네오의 밀라나우 다약족은 가장 큰 집을 세울 때 첫 기둥을 받칠 깊은 구멍을 파놓고 그 위로 기둥을 매달아 두었다. 그리고 노예 소녀를 그 구덩이 속에 집어넣었다. 신호에 맞춰 줄이 끊어지면 엄청나게 큰 목재가 떨어져서 그 소녀를 으스러뜨려 죽게 만들었는데, 이는 영들에게 바치는 희생제의였다.

[사례3] 물에 빠진 사람을 구해주지 말 것!

이해하기 어려운 관습 중에 물에 빠진 사람의 구조를 금지하는 잔인한 관습이 있다. 타일러는 야만인의 민간전승과 문명화된 지역의 민간전승의 수많은 사례들을 살피고, 그 근저에서 어떤 사람이 사고로 익사한 것은 그가 영에게 붙잡혔기 때문이라는 믿음을 발견한다. 가령 수족 인디언들은 웅크타헤$^{Unk-tahe}$란 물의 괴물이 홍수나 급류로 희생자들을 익사시킨다고 말한다. 마오리족은 강 굴곡에 타니화라 불리는 거대한 초자연적 파충류 괴물들이 살고 있다고 여기며, 그것들이 밑에서 잡아당기기 때문에 사람들이 익사하게 된다고 말한다. 시암 사람들은 프뉘크 혹은 물의 영이 목욕하는 사람을 붙잡아서 자신의 처소까지 끌고 내려가는 것을 두려워한다.

　그러한 믿음을 바탕으로 볼 때, 물에 빠진 사람을 구조하는 것은 오히려 물의 영의 손아귀에서 희생자를 낚아채는 일이 되어버린다. 영적 존재들은 복수하지 않고 지나가는 일이 거의 없다. 무모하게 도발해서는 안 된다. 그러니 물에 빠진 사람을 구해주는 것을 금할 뿐 아니라 심지어 스스로 헤엄쳐 나오는 사람을 다시 물속에 밀어넣는 관습까지 생겨나게 되었다는 것이다. 물론 물에 빠진 자를 구조하면 오히려 영적 존재들에게 해를 입는다는 편견은 오늘날 거의 혹은 완전히 사라졌다. 그렇지만 오늘날에도 민간전승이나 시에서 표류하는 구태의연한 관념들은 여전히 "원시적 교리와 잔존하는 관습 사이의 뚜렷한 관계"^{37}를 보여 준다는 것이다.

37　에드워드 버넷 타일러, 『원시문화: 신화, 철학, 종교, 언어, 기술, 그리고 관습의 발달에 관한 연구』 1권, 유기쁨 옮김, 아카넷, 2018, 161쪽.

의미는 떠나고
형식만 남아

타일러는 기본적으로 인류의 진화를 전제하고 있다. 타일러가 볼 때, 세상은 점점 발전한다. 그러니 한때는 (당시의 생각으로는) 타당했던 행동과 관습들은 세계의 발달이 계속됨에 따라 점점 쇠퇴해서 단순한 잔존물이 되어버릴 것이다. "원래의 의미는 서서히 자취를 감추고 각 세대는 원래의 의미를 점점 더 잊어버려서, 마침내 그것은 대중의 기억에서 떠나버린다."[38] 그렇지만 의미는 날아갔더라도 형식만큼은 좀 더 오래 살아남아서 계속 이어진다. 그것이 잔존물이다.

---

[38] 에드워드 버넷 타일러, 『원시문화: 신화, 철학, 종교, 언어, 기술, 그리고 관습의 발달에 관한 연구』 1권, 유기쁨 옮김, 아카넷, 2018, 161쪽.

5. 계몽의 빛

과거를 그리워하는 사람들:

타락한 현대인 대 고상한 야만인?

"옛날이 좋았지." 사람들은 종종 당대의 부패와 타락을 한탄하면서 막연히 과거를 그리워한다. 마치 예전에는 좋은 일만 있었다는 듯이, 사람들은 선택적인 기억을 통해 지난날을 미화하며 과거를 호출한다. "그땐 말이야……"

때로 우리는 아득한 옛날에는 타락한 오늘날과 달리 더욱 순수하고 고상한 사람들이 살았고, 심지어 오늘날보다 더 높은 수준의 문명을 누리며 살았을 것이라고 상상해보곤 한다. 사실 아득한 고대에 이상향을 설정해두고 경험하지 못한 과거를 그리워하며 고대인의 지혜를 찬미하는 것은 자신이 살아가는 사회의 한계와 타락상을 심각하게 느끼면서 대안적인 문화를 갈망하는 사람들 사이에서 되풀이해서 등장하는 경향이기도 하다. 타일러는 이를 노인의 지혜를 고대인의 것으로 여기는 생각의 혼란으로 일컬으며, 언제나 더 옛날의 영광의 시대를 그리워하는 인간의 경향을 다음과 같이 빗대어 말한다.

파시교도는 사람도 소도 죽지 않았고 물과 나무도 결코 마르지 않았으며 식량이 무궁무진했고 추위도 더위도 없었고 질투도 늙음도 없던 이 마왕이 통치하던 행복한 시절을 그리워한다. 불교도는 지면에 형성된 맛있는 거품을 맛보고 악에 물든 뒤 차례차례 타락해서 쌀을 먹고 아이를 낳고 집을 짓고 재산을 나누고 카스트를 수립하게 된 불행한 시대가 도래하기 이전의, 죄도 성별도 없었고 음식도 필요로 하지 않았던 찬란하게 우뚝 솟은 존재들의 시대를 그리워한다.[39]

타일러는 지식과 기술적인 측면에서, 나아가 도덕과 정치적인 측면에서 볼 때, 이른바 야만인 사회가 문화의 세부 항목에서 탁월함을 나타내는 경우가 종종 있다고 인정한다. 가령 타일러가 근대 문명인의 모델로 상정한 표준적인 영국인은 자신이 오스트레일리아 원주민처럼 나무에 올라가지 못하고, "브라질 숲의 야만인처럼 사냥감을 뒤쫓지도 못하며, 고대 에트루리아인이나 현대 중국인과 금세공 작업 및 상아조각의 섬세함을 겨룰 수도 없고, 고대 그리스 수준의 웅변술이나 조각술에도 도달하지 못함을" 인정할 수밖에 없다. 또한 타일러는 근대 유럽 대도시의 부랑아들이 빠져 있는 비참한 상황을 언급하면서, "만약 우리가 뉴칼레도니아의 파푸아인들과 유럽의 거지와 도둑 무리를 나란히 놓고 비교해야 한다면, 우리들 한복판에 야만성보다 더 나쁜 무

---

39   에드워드 버넷 타일러, 『원시문화: 신화, 철학, 종교, 언어, 기술, 그리고 관습의 발달에 관한 연구』 1권, 유기쁨 옮김, 아카넷, 2018, 66-67쪽.

언가가 있다는 점을 애석하게도 인정해야 할 것이다."라고 말한다.[40]

과거가 기술적으로나 지성적으로나 도덕적으로나 정치적으로나 오늘날의 우리보다 더 고상하고 더 탁월한 것처럼 보이는 강력한 사례는 헤아릴 수 없을 정도이다. 문화의 발달을 주장하는 타일러는 어떻게 이 난관을 뚫고 설명을 이어갈까? 해결은 의외로 간단하다. 그러한 사례들을 일종의 예외적 상태로 여기는 것이다. 인류의 지성적, 도덕적, 정치적 생활은 폭넓은 관점에서는 진보하고 있다. 그렇지만 그것들이 동일한 보폭으로 발전하는 것은 아니다. 일종의 지체 혹은 역전 현상이 곳곳에서 나타날 수밖에 없다. 그러나 인류 역사 전체를 조망할 때, 진보의 흐름은 거스를 수 없는 물결이라는 것이다. 그렇게 볼 때 문명의 억지와 쇠퇴는 발달의 큰 흐름 속에 나타나는 국지적 현상에 불과하다.

고상한 야만, 이상적 원시를 그리워하는 경향은 단지 대중의 막연한 관념 속에서 나타났을뿐 아니라 지식인들 사이에서 이론화되어왔다. 최초의 인류가 고등한 문화를 향유했으나 시간이 흐르면서 퇴보해왔다는 19세기 초 조제프 드 메스트르Joseph de Maistre 백작의 퇴보 이론이 그 사례이다. 그의 주장에 따르면, 인간의 원상태는 거의 고등 문화에 해당하는 것이었다. 그러한 이론들은 대중적 견해에 상당한 영향력을 미쳐 왔다. 그렇지만 타일러가 볼 때, 그러한 퇴보 이론들은 민족지적 근

---

40   에드워드 버넷 타일러, 『원시문화: 신화, 철학, 종교, 언어, 기술, 그리고 관습의 발달에 관한 연구』 1권, 유기쁨 옮김, 아카넷, 2018, 69쪽.

거를 결여하고 있으며, 흔한 신학적 사색의 결과물에 불과하다.

가령, 고등 문화를 본래적인 것으로 보고, 후대의 야만 상태는 고등 문화로부터 퇴보한 것이라고 보는 가설은 (신이든 오늘날 어떤 사람들이 주장하듯이 외계인이든) 초자연적 개입을 당연시하는 경향이 있다. 신적인 개입으로 고상하고 탁월한 원문명이 인간에게 수여되었다고 가정하는 것이다. 그러나 타일러는 그러한 신학적 주장을 강력히 거부한다.

게다가 고상한 야만인에 대한 이야기들은 흔히 과장되기 십상이다. 타일러는 북미 인디언들을 낭만적으로 이상화하는 당대의―그리고 오늘날에도 흔히 나타나는―경향에 대해 다음과 같이 경고한다.

북미 인디언의 환대, 상냥함, 용기, 깊은 종교적 감정을 묘사한 글을 읽을 때, 우리는 진심으로 감탄하면서 그러한 주장을 인정한다. 그러나 우리는 그들이 글자 그대로 지나칠 정도로 환대한다는 것과, 그들의 친절은 화가 솟구치면 광포함으로 변한다는 것, 그들의 용기는 잔혹하고 기만적인 악의로 물든다는 것, 그리고 그들의 종교는 어리석은 믿음과 쓸데없는 예식으로 표현된다는 것을 잊어서는 안 된다.[41]

---

41   에드워드 버넷 타일러, 『원시문화: 신화, 철학, 종교, 언어, 기술, 그리고 관습의 발달에 관한 연구』 1권, 유기쁨 옮김, 아카넷, 2018, 54쪽.

문명,
그녀는 앞으로 나아간다

우리는 문명이 세계를 가로지르는 인격적 인물인 양 상상해볼 수 있을 것이다. 우리는 그녀가 도중에 지체하거나 쉬는 것을, 그리고 종종 길을 벗어나서 오래전에 지나왔던 곳으로 고생스럽게 돌아가게 하는 길로 접어드는 것을 목격한다. 그렇지만 바로 가든 둘러 가든 그녀의 길은 앞을 향해 나 있으며, 만약 그녀가 몇 보를 뒷걸음질하려고 시도한다면, 그녀의 걸음은 곧 속수무책으로 휘청거리게 된다. 이는 그녀의 본성에 따른 행동이 아니며, 그녀의 발은 자기 뒤로 불확실한 걸음을 떼도록 만들어지지 않았다. 왜냐하면 앞을 향한 시야와 앞으로 나아가는 걸음걸이 모두에서 그녀는 진정 인간적인 유형에 속하기 때문이다.[42]

타일러는 확신했다. 문명은 진보한다. 종교의 경우도 마찬가지다. 타일러는 하등 문화의 종교와 고등 문화의 종교를 비교해보면 방향성을 가진 일종의 벡터를 발견할 수 있다고 여겼다. 곧, 하등 문화에서는 종교가 철학적 교리이자 자연 현상의 원리를 설명하는 과학의 기능을 했다면, 고등 문화에서는 그것이 윤리가 되고 도덕적 엔진이 된다. 타일러

---

42   에드워드 버넷 타일러, 『원시문화: 신화, 철학, 종교, 언어, 기술, 그리고 관습의 발달에 관한 연구』 1권, 유기쁨 옮김, 아카넷, 2018, 103쪽.

는 그 대표적인 사례로 하등 문화의 교리와 고등 문명의 저승 교리의 차이를 든다.

타일러의 생각을 좀 더 따라가 보자. 타일러는 저승 교리와 관련해서, 야만과 미개의 접점에서 가상의 선을 그어보라고 제안한다. 야만 쪽에서는 배회하는 유령에 관한 이론이 강력하게 나타나며, 인간이나 동물의 몸으로 재탄생하는 영에 관한 관념도 자주 나타나지만, 무엇보다도 야만인들에게는 죽음 이후 멀리 떨어진 지상 영역에서, 혹은 지하 세계나 하늘에서 누리게 될 새로운 삶에 대한 기대가 널리 퍼져 있다.

그에 비해 문화화된 쪽으로 옮겨갈수록 영들의 영역은 축소된다. 비록 서성이는 유령에 관한 이론이 여전히 이어지고 있지만, 현상을 설명하는 권위 있는 철학이라기보다는 민간에서 내려오는 이야기의 영역으로 가라앉는 경향이 있다. 또한 인간이나 동물의 몸으로 환생한다는 이론은 좀 더 정교한 위대한 철학 체계들로 형성되지만, 타일러가 볼 때 결국에는 과학적 생물학의 반대로 인해 자취를 감추게 될 것이다. 나아가 지리학이 발달하면서 죽은 자들이 머무르는 저승은 살아 있는 자들의 영역에서 몰아내어졌고, 천국과 지옥의 자리는 지하 세계나 하늘 저편이라기보다는 점점 더 영적으로 해석되게 되었다.

또한 야만인들은 저승에서도 이승에서와 똑같이, 혹은 좀 더 이상화되거나 과장된 방식으로 영혼의 삶이 "지속"된다는 관념을 주로 고수하였지만, 문화화가 진행될수록 생전의 삶에 대한 사후 심판 및 도덕적 "응보" 교리가 우세해지게 되었다.[43] 이와 관련해서, 많은 야만인들은 사후 낙원에 대해 상상하면서도 그들에게서 형벌로서의 지옥 관념은 거의 나타나지 않는다는 점이 주목할 만하다. 야만인은 인간과 자연과 초자연의 영역에서 연속성을 가정하는 반면, 고등 문명에서는 인간과 자연을 구별하고, 초자연적인 사후 세계를 추상화하는 경향이 있다.

이처럼 사후 세계에 대한 야만인들의 상상은 문명의 발달에 따라 점차 추상적인 사후 세계 관념으로 변화된다. 타일러에게 근대인으로서 "우리"와 비근대 "타자"의 관계는 양가적인 것이었다. 타일러의 애니미즘 논의는 "우리"와 "타자"의 연속성과 차이를 동시에 이야기한다. 인류는 그 본성이 동일하지만, 마치 어린아이가 어른으로 자라나듯이 인류 역시 유아기적 단계로부터 점차 진보해왔다는 것이다.

타일러는 아직도 잔존하고 있지만 결국에는 인류의 유아기적 단계의 철학인 애니미즘이란 근대인으로서 극복해야 할 사고 체계로 보았다. 인류는 과거의 오류를 딛고 앞으로 나아간다. 인류 문화의 역사는 그러한 진보의 흐름을 뚜렷이 보여준다. 야만인 철학자들은 생명이 없는 존재를 살아 있다고 믿었고 세계에 영들이 가득하다고 믿었지만, 결국 타일러가 볼 때 그러한 믿음은 극복되어야 할 잔존물에 불과하다.

이와 같은 타일러의 생각은 근대 서구의 시선으로 인류 문화의 다양성을 조망하는 가운데 19세기 중후반이라는 시대적 한계를, 그리고 그

---

43   에드워드 버넷 타일러, 『원시문화: 신화, 철학, 종교, 언어, 기술, 그리고 관습의 발달에 관한 연구』 1권, 유기쁨 옮김, 아카넷, 2018, 257쪽.

럼에도 그의 논의가 지닌 장점과 잠재력을 뚜렷이 보여주고 있다. 인류 문화의 보편적이고 합리적인 규칙성, 인류의 동질성, 문화의 과학적 탐구 가능성, 나아가 하등 문화와 고등 문화의 본질적 동일성에 관한 그의 지적은 당시 시대적 분위기를 감안할 때 과감하고 시의적절할 뿐 아니라 또한 파격적인 주장이기도 했다. 그렇지만 다른 한편으로 그의 논의는 시대적 한계를 보여준다. 그는 야만인을 되풀이해서 어린 아이에 비유한다. 타일러의 논의 속에서 "우리"와 "그들"은 본성상 동질적이지만 수준에서 차이가 있으며, 그들의 지성은 어린애 같은 단계에 머물러 있다. 나아가 어린애 같은 추론을 통해 산출된 설명 체계인 애니미즘은 문명의 진보 과정에서 결국에는 더욱 합리적 설명 체계인 과학에 자리를 내어주게 될 것이다. 빅토리아 시대의 지식인으로서, 인간의 합리성 및 문명의 진보에 대한 타일러의 확신은 흔들림이 없었다.

문화과학은
개혁자의 과학

타일러는 왜 이런 방대한 규모의 복잡하고 힘든 연구를 수행한 것일까? 앞서 살펴보았듯이, 타일러는 문화가 무작위적인 선택의 산물이 아니라 일정한 법칙에 따라 단계적으로 상승해가는 과정에 있다고 여겼다. 또한 인류 문화 진보의 과정에서 자신과 같은 '과학적' 문화 연구자들의 역할이 중요하다고 보았다. 문화과학의 목적은 단지 지적인 교양을 넓힌다거나 지식인들의 현학적 담론을 위해서가 아니라 "현재를 이해하고 미래를 만들어가기" 위함이다. 타일러는 문화에 대한 과학적 연구는 학문적으로 중요할 뿐 아니라 실제적으로 사회에 기여할 수 있다고 여겼다.

지금 여기를 이해하고 더 나은 미래를 만들어간다는 목표는 오늘날 대부분 연구자들의 목표와 겹쳐질 것이다. 그런데 어떻게 그러한 기여가 가능할까? 그는 문화 현상들을 산출한 원인과 그 법칙을 연구하는 문화과학의 연구를 통해서, 사회에서 통용되는 갖가지 관습들 중 무엇이 직접적인 증거에 근거해서 얻어진 것이고, 무엇이 더 조야한 고대 교리가 현대의 목적에 부합하게 새롭게 개선된 것인지, 그리고 무엇이 현대 지식의 옷을 입은 관례적인 미신에 불과한 것인지를 식별할 수 있다고 보았다. 남은 과제는 그러한 식별을 바탕으로 버릴 것은 버리고 보전할 것은 보전하는 일이다. 쉽게 오류에 빠지는 불완전한 인간을 교육을 통해 개량할 수 있으며, 인류는 시행착오를 거쳐 계속 발전할 것이라는 근대 세계의 낙관을 타일러도 공유하고 있었다. 타일러는 무엇을 고쳐야 할 것인지 헛갈리는 사람들을 위해, 질질 끌며 남아있는 야만의 잔존물들 위에 밝은 빛을 비춰주는 것이 문화과학자의 역할이라고 주장했다.

타일러가 볼 때, "야만인이나 미개인 혹은 열광자"는 자기가 믿는 것을 보고, 자기가 보는 것을 믿는다. 그런데 문제는, 그러한 일이 단지 과거에만 일어나는 게 아니라는 점이다. 오늘날의 공공 도로가 종종 '미개인들'이 다니던 길의 변함없는 궤도를 따라 세워지듯이, 현대인들이 야만적 사유의 원시적 과정을 따라가는 경우도 상당히 자주 나타난다.[44]

특히 인류 종교의 역사는 "개혁에도 불구하고 더 낮고 더 어두운 과거의 상태로 다시 떨어지기 쉬운 인류의 경향성을 너무나 분명히 보여준다."[45] 타일러는 당시 힌두교나 동남아시아 불교가 질질 끌며 쇠퇴하고 있다고 보았다. 그리고 그 무렵 지속되던 수많은 다양한 믿음과 실천 들은 실은 그저 조상의 유물로, 세계에 대한 합리적 설명으로서의 생명력을 잃고 있으며, 문명의 진보를 가로막는 장애물에 불과한 것으로 여겼다. 또한 타일러는 그가 중국의 지배적 종교라고 여겼던 조상 숭배와 관련해서, 수천 년에 걸쳐서 죽은 자들의 영과 함께 살아가는 삶을 추구하는 중국인들에 대해 의문을 제기한다. 자식이 부모에게 그리고 조상에게 무한히 복종하는 관습은 조상 전래의 제도로부터의 변화를 막게 되고 나아가 문명의 진보를 멈추게 한다는 것이다. 이처럼 타일러는 인간 사회, 자연, 초자연 등 세 영역이 분리되지 않고 서로 교차하고 뒤섞이는 현상이 야만인들에게서는 물론이고 근대 세계에서도 종종 나타나는 것을 발견한다. "영혼은 아닐지라도, 교리는 환생

---

44   에드워드 버넷 타일러, 『원시문화: 신화, 철학, 종교, 언어, 기술, 그리고 관습의 발달에 관한 연구』 2권, 유기쁨 옮김, 아카넷, 2018, 533–534쪽.

45   에드워드 버넷 타일러, 『원시문화: 신화, 철학, 종교, 언어, 기술, 그리고 관습의 발달에 관한 연구』 2권, 유기쁨 옮김, 아카넷, 2018, 79쪽.

한다."[46]

　타일러의 논의에 따르면, 종교는 물리적 세계를 설명한다는 필요를 충족시키기 위해 발생했다. 그러나 문명이 점점 진보하여 근대에 접어들면서 물리적 세계를 설명하는 역할은 과학으로 넘어갔다. 근대 이전에 온 세상에 충만하던 영들은 근대 세계에서 과학에 의해 물질 세계로부터 잘려나갔다. 종교가 계속 지속하기 위해서는 물리적 세계의 설명 이외의 다른 필요를 발견 혹은 발명할 필요가 있었다. 근대 종교가 물질 세계에 대한 설명에서 물러나 비물질성, 윤리, 형이상학의 영역으로 후퇴한 까닭이 거기에 있다. 근대 세계에서 자연은 과학의 영역이 되었고, 종교의 몫으로는 초자연의 영역이 할당되었다. 근대에 이르러 인간과 자연, 초자연의 영역은 서로 분리되었다. 오늘날까지 남아 있는 세 영역의 뒤섞임은 "잔존물"에 불과하다. 타일러는 이러한 세 영역의 분리를 지향하며, 그것이 인류의 발전에 걸맞는 방향이라고 여기는 듯하다.

　엄밀히 말해 현대 세계에서도 앞선 문화의 믿음과 관습이 상당 부분 "잔존물"로 남아 있다는 점을 고려할 때, 타일러가 일종의 지향으로서의 "근대"를 추구했다는 것을 알 수 있다. 그가 지향하는 근대는 과학으로 계몽된 시대로서, 야만과는 구분된다. 물론 타일러 당대의 서구 사회에서도 우스꽝스러운 풍습 등이 여전히 존재했는데, 타일러는

46　에드워드 버넷 타일러, 『원시문화: 신화, 철학, 종교, 언어, 기술, 그리고 관습의 발달에 관한 연구』 2권, 유기쁨 옮김, 아카넷, 2018, 253, 277, 144쪽.

근대 서구 사회에서 발견되는 "야만"의 믿음과 관습을 원시 시대로부터 계속 남아 있는 잔존물로 명명하였다.

타일러는 해로운 미신이 되어버린 조잡한 옛 문화의 잔존물을 드러내고, 무엇을 없애고 무엇을 보전할 것인지를 표시하는 것이 민족지 연구자의 직무라고 여겼다. 사라져야 할 잔존물을 식별해내는 것은 가혹하고 심지어 고통스러운 작업이지만, "인류의 유익을 위해 긴급히 요청되는 일"이라는 것이다. 문화과학은 문명의 한편으로 진보를 돕고 다른 한편으로 장애물, 곧 과거의 잔존물을 적극적으로 제거함으로써 인류의 미래에 기여한다. 그래서 타일러가 볼 때 문화과학은 개혁자의 과학인 것이다.

마지막으로 간과해서는 안 될 것은, 앞서 언급했듯이 인류의 유사성과 차이의 물음에 대한 타일러의 대답은 복잡하다는 점이다. 그는 둘 다 긍정한다. 인류는 그 본성이 동질적이다. 그렇지만 또한 "야만인"과 "우리"(서구 근대인) 사이에는 차이가 있다. 타일러는 그 차이를 설명하기 위해, 먼저 그들 야만인의 입장에서 동일성과 차이의 물음을 제기하고, 그들의 입장에서 답을 제기한다.

물론 타일러가 19세기 중후반이라는 시대적 한계와 유럽 중심적인 생각의 한계를 완전히 탈피할 수 없었지만, 야만, 아웃사이더, 농민, 민중의 삶과 믿음에 대한 관심을 지속한 부분은 눈여겨볼 만하다. 그리고 유럽 안에서도, 심지어 유럽 그리스도교 안에서도 그리스도교의 우산 안에 포괄될 수 없는, 그리스도교라고 뭉뚱그려 넣기 어려운 매우 복잡하고 다양한 믿음, 관습들이 있고 결코 간단히 무시될 수 없다는 것을 고려할 때, 그 시간적, 공간적으로 복잡한 결들을 되살려낸 것은 주목할 만한 성과이다.

3장

낯선 타자에게 붙이는
멸칭의 꼬리표로서
애니미즘

1. 타일러의 유산, 그 선택적 전유

앞서 살펴보았듯이, 19세기 유럽의 지성은 '지리상의 발견'을 통해 낯선 타자와 조우하게 되었을 때 그들과의 차별화를 통해 스스로의 정체성을, 더 나아가 우월성을 확인하기를 원했다. 그런데 타일러의 포지션은 다소 애매하다. 그가 근대인과 낯선 타자와의 동일성과 차이를 모두 인정했기 때문이다. 타일러는 비서구, 비근대 타자의 문화와 동시대인의 문화 사이에는 어떤 연속성이 존재한다고 가정했다. 특히 타일러는 당시 자신이 수집한 다양한 종교적 신념과 실천의 사례들 속에서 어떤 기본적인 형태가 존재할 것이라고 생각했으며, 당시의 종교나 원시인의 종교, 또는 다양한 다른 종교들에서 공통적인 것이 영에 대한 믿음이라고 여기고, 여기서부터 애니미즘 논의를 풀어나갔다. 그리고 유물론 철학에 반대되는 영적 철학의 정수를 체현하고 있는 애니미즘이야말로 야만인들로부터 문명화된 사람들에 이르기까지 종교 철학의 토대라고 주장하였다.

우리는 종교를 영적인 존재들에 대한 믿음이라고 폭넓게 정의하는 타일러의 애니미즘 논의 속에서 종교 교리나 실천 들을 인간의 이성이 고안한 것으로 여기는 기본적인 생각을 찾아볼 수 있는데, 이는 종교를 초자연적 계시에서 비롯된 것으로 여기기보다는 설명의 대상으로 여긴다는 점에서 종교학 태동기의 대표적 종교 이론 가운데 하나로서 평가될 만한 것이었다. 그러나 후대에 이것은 타자를 비하하기 위한 이데올로기의 도구로 전유되기에 이르렀다. 그러한 빌미를 제공한 것은, 타일러가 근대 서구 문화와 비근대 비서구 문화 사이의 근본적인 연속성을 주장하면서도, 엄연히 존재하는 그것들 사이의 '차이'를 설명하기 위해서 진화라는 시간적인 축을 도입했기 때문이었다.

타일러는 많은 원시인이 동물, 식물, 나아가 광물에게도 생명과 개성을 부여한다는 점을 설명하기 위해서, 타일러 자신이 야만적 사유의 잔존물이자 부활로 여겼던 근대의 영성 운동과 어린이들의 습성을 관찰하면서 야만인의 사유 방식을 추론하였다. 또한 그는 종종 인류의 역사에서 원시인의 시기를 유아기에 비유했고, 문화 발달의 초기 단계라고 보았다. 그리고 원시인은 어린아이처럼 자신의 본질을 인간이 아닌 다른 사물에게 그대로 적용한다고 생각했다. 원시인은 동식물을 포함해서 무생물에게까지도 영이 존재하며 이러한 영은 인간에게 중요한 영향을 미치기 때문에 숭배해야 한다고 믿었다는 것이다.

그가 볼 때 애니미즘은 세계를 설명하기 위한 인류의 시도였으며, 그 특징은 인간적인 성격을 자연, 나아가 초자연에 투사하는 것이다. 애니미즘적 세계관 속에서 인간의 영역과 비인간의 영역(자연의 영역, 초자연의 영역)은 서로 분리되지 않으며 뒤섞인다. 타일러는 애니미즘이 인류의 매우 하등한 부족들을 특징 지으며, 그것이 전달되는 과정

속에서 많이 수정되었지만, 처음부터 마지막까지 깨지지 않는 연속성을 보유하고서 고등한 근대 문화의 중심에까지 이어진다고 여긴다. 그렇지만 애니미즘은 근대 과학의 탄생 이후 세계에 대한 적법한 설명으로서의 자리를 잃게 되었으며, 근대세계의 애니미즘은 다만 잔존물에 불과하다는 것이다.

타일러는 영적인 존재들에 대한 믿음이 종교 자체와 모든 종교들을 정의한다고 생각했지만, 소위 "원시 단계"들의 사례들을 훨씬 더 많이 제시하고 있다. 따라서 애니미즘 논의는 종교의 기원에 관한 이론으로 오해받기 쉽게 되었지만, 사실 그것은 종교의 본성에 관한 논의로 보는 것이 더 적절한 것이다.[1] 그리고 타일러의 애니미즘은 종교의 본성에 대한 논의인데, 애니미즘 자체가 하나의 '종교'인 것처럼 종종 제시되는 것은 대표적인 오독의 사례라고 할 수 있을 것이다.[2]

---

[1]   여기에 대한 자세한 논의로는 Graham Harvey, "Animals, Animists, and Academics," *Zygon*, vol. 41, no. 1, March 2006, p.11 참조.

[2]   Kees W. Bolle, "Animism and Animatism," *The Encyclopedia of Religion*, ed. by Mircea Eliade, Vol. 1, New York: Macmillan Publishing Company, 1987, p. 299.

2. 애니미즘이란 꼬리표

타일러가 "애니미즘"이란 용어를 널리 알린 『원시문화』 초판은 1871년에 출판되었다. 타일러의 애니미즘 이론은 무려 150여 년 전에 세상에 나왔다. 인류의 종교를 설명하는 타일러의 애니미즘 이론은 종교를 정의하고 설명하는 다른 방식들과 경합했고 곧 가장자리로 밀려났다. 그런데 놀라운 것은, 애니미즘이란 용어는 오늘날까지 학계의 경계를 넘어 대중적으로도 매우 강력하게 살아남아 있다는 점이다. 애니미즘은 대중 문화에서 다양한 층위에서, 다양한 의도와 색깔로 아직까지도 생명력을 유지하면서 살아 있는 용어인데, 흥미롭게도 그 용어는 공통적으로 '차이'를 극대화하기 위해 사용되고 있다. 곧 비근대적 타자와 근대적 우리 사이에 선을 긋고 낯선 타자에게 붙이는 꼬리표로서 애니미즘이란 용어가 널리 사용된다.

종교학자 그레이엄 하비는 현재 사람들 사이에서 애니미즘이란 용어가 어떻게 유통되고 있는지 살펴본 바 있다. 애니미즘이란 용어는 사람들이 (어딘가에서) "영들을 믿는다"는 생각과 결합되어 있다. 그렇지만 그 용어는 사실상 의미의 제한을 수용함으로써 살아남았다. 타일러의 작업에서 "애니미즘"은 "종교"와 같은 의미였는데, 오늘날에는 그것이 단지 '어떤' 종교들만을 의미하게 된 것이다. 애니미즘이란 용어는 더 이상 모든 종교를 규정하는 특징이 아니라 단지 지역화된 종교들의 부분집합에만 주의를 집중시키게 되었다.

타일러의 애니미즘 이론은 "우리"와 "타자"의 연속성과 차이를 동시에 이야기했지만, 오늘날 애니미즘은 가장 근대적인 시각에서 비근대적인 타자를 고립시키고 비판하기 위한 용어로서 흔히 사용된다. 동물이나 식물에 영혼을 부여하고 사람처럼 대하는, 나아가 살아 있지 않은 사물에 영혼을 부여하고 또 살아 있다고 여기는 "다른 사람들의 어리석은 믿음"을 가리키기 위해 애니미즘이란 용어가 사용되고 있는 것이다. 사실 타일러의 애니미즘이 각광을 받았으며 오늘날까지 일반인들에게 널리 알려져 있는 것은 타자의 문화를 애니미즘으로 지칭하면서 원시/열등/오류/유치함의 부가적 의미를 읽어내는 근대적 독법이다. 오늘날 많은 사람들은 애니미즘이란 살아 있지 않은 것들을 살아 있는 것으로 "착각"하고, 더 나아가 인간 이외의 동물이나 사물까지도 영혼을 지니고 있다고 믿는 어리석은 "원시인"들의 종교라고 여기고 비하하는 경향이 있다. 사람들은 때때로 야비하게 타자를 비난하기 위해 무기를 필요로 하는데, 애니미즘은 종종 그 좋은 무기가 되어왔다.

스튜어트 거스리 Stewart Guthrie가 지적했듯이, 타일러는 애니미즘을 종교의 본질과 관련해서 이야기했는데, 오늘날 가장 널리 퍼진 독법은 애니미즘을 단지 종교의 한 형태로 보는 것이라는 점이 흥미롭다.[3]

이때 종교의 하위 분야로서의 애니미즘은 보통 유일신 종교의 우주적 신격과 대비되는 지역적 범위의 영들과 연관된 하등 종교로서, 근대성에 미치지 못하는, 덜 발달된 특정 지역의 종교를 가리키는 것으로 여겨진다. 그것은 흔히 더 낮은 발달 단계의 종교, 또한 유일신 종교들의 지구적인 혹은 우주적인 신격들과 대조해서 지역적 범위의 "영들"에 대한 시각을 가리키게 되었다. 이러한 선긋기를 통해 애니미즘은 "그들"(미개한 야만인들)의 것으로 여겨진다. 그리고 그들과의 거리두기를 통해 근대적 자아를 확립하려는 시도가 엿보인다.

인류는 본질적으로 동일하지만, 문명의 발달 단계에 따라서 유아기적인 단계가 있고 어른 단계의 성숙한 문화가 있다는 19세기식의 발상은 아직까지도 많은 사람들에게 영향을 미치고 있다. 특히 여러 사회, 문화들을, 때로는 특정 종교들을 성숙 정도에 따라 일직선상에 나열해 놓고 우열을 판단하는 시도가 이루어져왔다. 그런데 이러한 시도들에는 몇 가지 반복되는 주제가 있다. 우선, 진화는 항상 하등한 것에서 고등한 것, 원시적이고 초라한 것에서 고상하고 문화적이고 세련된 것을 향해 이뤄진다는 점이다. 이러한 시각에서는 종종 현재 가장 부유하고 권력을 지닌 사회 집단, 그리고 그들의 문화가 가장 고등한 것으로 여겨진다.

"진화"가 타일러의 논의에서 중요한 부분을 차지하는 것은 사실이

---

3   Stewart Guthrie, "On Animism", *Current Anthropology*, Vol. 41, No. 1, February 2000, p. 106.

지만, 동시에 그는 인류 정신의 "동일성"을 강조해왔음을 간과해서는 안 된다. 오늘날 많은 이들이 그의 애니미즘 논의를 전유해서 타자(의 문화)를 "진화가 덜 된" 자들로 비하하기 위해 사용하는 것은 적절하지 못한 인용이다. 타일러는 동시대인들이 비서구, 비근대 타자들에 대해서 가지는 이러한 오만한 시선을 비판하면서, 인류의 어떤 종교도 나머지로부터 완전히 고립되어서 존재하지 않으며, 근대 그리스도교의 사상과 원칙들은 그리스도교보다 훨씬 이전의 시대들을 통해서 인간 문명의 바로 기원에 되돌아가는 지성적 실마리들과 연결되어 있음을 되풀이해서 강조하였다.

기표와 기의의 미끄러짐이 용이할수록, 하나의 용어는 더 많은 것을 담을 수 있고 더 유행할 수 있다. 학계에서나 일반적으로나 오랜 세월에 걸쳐서 생명력을 가지고 자주 사용되는 용어들은 오히려 그 내용이 비어 있는, 그래서 다양하게 전유 가능한 용어들인 경우가 있는데, 애니미즘은 대표적인 사례라고 할 수 있겠다.

3. 근대의 허구

"근대"는 구별을 전제로 성립하는 개념이다. 라투르의 말대로, "근대 적이라는 형용사는 시간에 있어서 새로운 체제, 가속, 파열, 혁명을 지 칭"하며, "낡아빠지고 정적인" 비근대(전근대)와의 시, 공간적 차별성 을 전제로 생성되고 사용된다. 근대인의 정체성은 비근대적 존재(야만 인, 원시인 등) 및 비-인간과의 구별을 전제로 수립되는데, 달리 말해서 "근대성의 탄생은 '비-인간성nonhumanity'—사물, 대상, 혹은 야수—의 탄생"을 수반한다.[4]

라투르는 근대성 내부에서 활성화되는 이중의 분리 작용에 주목하 였다. 한편으로는 인간적인 것과 비-인간적인 것 사이의 분리 작용이 나타난다. 혼보리는 "근대성 modernity"의 사회적 조건과 기술적 성취들 은 자연과 사회 사이의 범주적 구별에 기초한 것이라고 말한다. "근대 적" 기획은 객체의 세계와 의미의 세계 사이에 경계선을 그으며 등장 했다.[5] 다른 한편으로는 위에서 일어나는 일과 아래에서 일어나는 일

---

4   브뤼노 라투르, 『우리는 결코 근대인이었던 적이 없다』, 홍철기 옮김, 갈무리, 2009, 40쪽, 49-50쪽.

5   Alf Hornborg, "Animism, Fetishism, and Objectivism as Strategies for Knowing (or not Knowing) the World", *Ethnos*, Vol. 71:1, March 2006, p. 21.

사이의 분리가 그것이다. 신, 곧 초자연의 영역은 인간의 영역인 사회에서 분리되고 나아가 자연의 영역에서도 제거된다. 자연에서 모든 신성성의 흔적은 제거되고, 사회에서 모든 기원의 신성성도 제거된다.[6]

그러나 근대 세계가 인간 영역과 자연 영역, 초자연의 영역의 분리를 선언하고 있지만, 이들 세 영역은 사실 근대 세계 내에서도 미끄러지듯 얽힌다. 근대인들은 자연은 인간적인 것을 벗어난 영역이며, 사회는 인간이 만든 것이고, 신은 더 이상 이 세계에 과거처럼 개입하지 않는다고 선언한다. 그러나 근대 세계에서 자연은 인간적인 것을 초월해 있는 듯하지만 "동원 가능하고 인간화할 수 있고 사회화할 수 있는 것으로 유지된다." 인간이 인간의 영역인 사회를 구성하고 건설한다고 여겨지지만, 또한 사회는 우리를 능가하고 우리를 지배하며, 그러한 의미에서 초월적이다.[7] 실은 깔끔한 분리가 완료된 근대 세계라는 것은 결코 존재한 적인 없는 세계이며, 일종의 환상이나 허상에 불과한 것이다. 그러니 자연-초자연-인간 사회가 말끔히 분리되는 '근대성'의 지향은 곤경에 처하게 마련이다. 라투르는 근대인들이 치러야 했던 대가 중에서 스스로를 전근대인과의 연속선상에서 개념화할 수 있는 능력의 상실에 주목한다. 근대인들은 스스로를 전근대인과 절대적으로 다르다고 여겨야 했다. 그들은 적어도 인류 문명의 철로 위에서 계몽의 빛을 따라 좀 더 앞으로 나아가야 했다. 앞서 살펴보았듯이, 그러한 사

---

6   브뤼노 라투르, 『우리는 결코 근대인이었던 적이 없다』 홍철기 옮김, 갈무리, 2009, 50쪽, 95쪽.

7   브뤼노 라투르, 『우리는 결코 근대인이었던 적이 없다』 홍철기 옮김, 갈무리, 2009, 104-105쪽.

고 방식에서는 타일러도 마찬가지였다. 전근대인들, 타일러의 용어로는 야만인과 미개인들에게서는 인간–자연–초자연의 영역이 분리되지 않는다. 전근대는 인간과 자연, 초자연의 영역이 마구 뒤섞인 혼동의 시기였고 인류 문명의 유아기였다. 근대적 지식인으로서 타일러는 인류가 다시 유아기로 퇴보하지 않도록 계몽의 빛을 비추는 것이 학자들의 의무이자 책임이라고 여겼다.

하지만 타일러가 발견했듯이, 인류는 생각만큼 "야만인"의 세계에서 멀리 떨어져 있지 않았다. 과거의 유물인 이해하기 어려운 믿음이나 관습은 근대 유럽의 한복판에도 남아 있을 뿐더러 심지어 부흥하기도 한다. 이러한 이해할 수 없는 현상을 타일러는 "잔존"으로 명명했고, 잔존물의 제거가 지식인들의 사명이라고 여겼다. 타일러는 비근대인과 근대인 사이에서 설명을 필요로 하는 차이를, 또한 그럼에도 불구하고 존재하는 공통점을 발견했다. 그리고 그러한 차이와 공통점을 모두 관념의 작용으로 여겼으며, 인류 정신의 보편적 특성에 기반해서 직선적인 근대적 시간관을 도입하여 차이에 대한 설명을 시도했다.

그러나 라투르처럼, 철로 같은 직선보다 나선형으로 사유해보면 그림이 달라질 수 있다. 동시대의 요소들을 직선이 아닌 나선형 위에 배치한다고 상상해보자. 비록 여전히 하나의 미래와 하나의 과거가 주어지더라도, 그 미래는 사방으로 확장될 수 있으며, 과거는 단지 극복해야 할 대상이 아니라, "재고하고, 반복하고, 둘러싸서, 보호하고, 재조합하고, 재해석하고 다시 섞어야 하는" 대상이 된다.[8] 또한 라투르는 여러 문화의 요소들을 나선형 위에 재구성함으로써 "차이(나사선들의 차이의 차원들)의 부분과 유사성(모든 집합체는 동일한 방식으로 인간적 요소와 비-인간적 요소를 결합시킨다)을 동시에 인정할 수 있다"고 본다.[9] 어쩌면 타일러 애니미즘 논의를 새롭게 읽기 위한 가능성도 여기에서 찾을 수 있을 듯하다. 나선형으로 사유할 때 과거는 극복해야 할 대상이 아니라 재해석하고 다시 활용해야 할 대상이 된다.

결코 자연-인간 사회(문화)-초자연 사이에 완전한 분리가 있었던 적이 없고, 분리를 전제로 한 "근대인"도 "근대성"도 특정 시기 특정 지역의 특정 사람들 사이에서 강하게 일어났던 일종의 지향일 뿐이다. 자연-인간 사회(문화)-초자연은 언제나 어떤 식으로든 뒤섞여왔다. 이를 무시하고 오로지 분리를 전제하고 강제하는 근대적 기획의 부작용으로, 현대 세계는 곤경에 처하게 되었다. 가장 큰 위기가 오늘날 세계가 직면한 생태 위기이다. 이러한 상황에서 자연-인간-초자연 연결됨을 인정하는 것이 점점 더 요청되고 있다. 타일러의 애니미즘 논의도 새롭게 부각되고 있다. 오늘날의 상황에서 타자와의 분리, 인간과 비인간 영역 사이의 분리가 아니라 연결, 관계, 나아가 두 영역을 엮는 일의 중요성이 대두되고 있기에, 나선형의 사유를 통해 과거를, 과거의 "잔존물"로 치부되었던 부분을 다시 끌어와서 재조합하고 재해석해서 새롭게 활용해볼 수 있을 것이다.

---

8   브뤼노 라투르, 『우리는 결코 근대인이었던 적이 없다』, 홍철기 옮김, 갈무리, 2009, 194-195쪽.

9   브뤼노 라투르, 『우리는 결코 근대인이었던 적이 없다』, 홍철기 옮김, 갈무리, 2009, 271쪽.

위기 상황에서는 "우리"의 울타리를 공고히 치고 그 외부에 있는 타자에게 꼬리표를 붙여서 차별하고 혐오하는 일이 유독 자주 일어난다. 코로나19 바이러스의 확산 이후 피부색이 다른 사람들에게 백인들이 무차별로 혐오적 언행을 하는 일도 빈번히 일어나고 있다. 가령 백인이 강아지를 데리고 산책하다가 한국 여성을 마주치자 "코로나, 더러워." 라고 말하며 피한다거나, 유색인들을 무차별로 폭행하는 일들이 비일비재하다. 흑사병처럼 세계를 휩쓰는 역병 앞에 무기력한 인간의 모습이 결코 먼 과거의 일이 아니듯, 마녀사냥, 차별과 혐오 역시 먼 과거의 일이 아니다. 이럴 때일수록 우리와 그들을 가르는 경계를 다시 살펴보고 그 의미를 짚어보는 반성적 사유가 필요하다.

　　물론 오늘날 도시화, 근대화된 세계에서 사람들이 살아가는 방식과 아마존 열대우림의 어떤 원주민 부족이 살아가는 방식 사이에서 차이는 분명히 존재한다. 오늘날 우리가 살아가는 방식이 보편적인 것은 아니다. 그 차이를 유아기의 철학, 합리적이지만 유치한 사유, 잘못된 믿음 등 관념에서보다는 존재하는 방식에서 찾아보면 어떨까? 애니미즘적 문화와 그렇지 않은 문화의 차이를 살아 있음의 감수성과 세상에 존재하는 방식이 다르기 때문에 생겨난 것으로 상상해보면 무슨 일이 일어날까? 이와 같은 탈근대적 애니미즘 논의는 무엇보다도 관심의 초점을 관념으로부터 세상과 관계하는, 세상에서 존재하는 방식으로 전환시킨다. 2부에서 이러한 접근법을 제대로 살펴볼 것이다.

제 2 부

우리의
애니미즘

"무엇이 우리와 그들을 연결하는가?"

4장

애니미즘의 귀환

우리가 자연에서 모든 감각적 다양성을 벗겨내고 정말로 무색의 것을
집어넣는 동안, 애니미즘은 반대 방향으로 움직인다.[1]

—에두아르도 콘

---

1   에두아르도 콘, 『숲은 생각한다』, 차은정 옮김, 사월의책, 2018, 175쪽.

1. 배경: 생태 위기의 문제의식 확산

타일러를 비롯한 수많은 근대적 지식인들은 인류가 계속 발전해왔고 앞으로도 발전을 거듭하리라고 믿었다. 그들은 과학적 사고와 합리성의 빛으로 인류를 계몽함으로써 인류 발전에 기여하고자 했다. 그처럼 인류 문명의 계속적 진보를 믿은 이들은 단지 지식인에 국한되지 않았다. 많은 이들이 인류 문명이 꾸준히 진보해왔고 앞으로도 계속 발전할 것이라고 확신했다. 한때 영원할 것 같던 장밋빛 전망에 뚜렷한 금이 가기 시작한 것은 1940년대에 인류가 지구상 생명체의 절멸을 가져올 수 있는 강력한 무기인 원자폭탄을 손에 쥐면서부터다. 이후 환경오염이 심각해지면서 인류의 미래에 대한 우려와 암담한 전망이 점점 더 커졌다.

타일러의 시대로부터 불과 150여 년이 지난 오늘날에는 인류가 파멸을 향해 달려가고 있다는 우울한 예감이 세계를 뒤덮고 있다. 인간이 야기한 생태 위기의 심각성이 학자들의 논의와 일부 선각자들의 호소를 넘어 보통 사람들의 삶 속에서도 가시화되고 있기 때문이다. 생태 위기 심화가 체감되는 속도는 매우 빠르다. 2010년경 도심의 자욱한 미세먼지가 현대인의 막연한 잿빛 우울감의 배경이었다면, 2020년에 전 세계 인류의 활동을 강제로 멈추게 한 코로나19 바이러스의 대유행과 세계 도처의 기상이변, 특히 대한민국 전역을 물바다로 만들고 수많은 이들의 삶을 뒤바꾼 오랜 장마와 그로 인한 피해는 추상적으로만 들리던 기후 변화를 인류가 직면한 위기로 실감하게 했고, 인류 전체의 미래를 앞이 보이지 않을 정도로 캄캄하게 만들었다. 국지적인 환경 오염에 대한 문제 의식은 지구적인 "생태 위기"를 염려하는 방향으로 확장되었고, 기후 위기, 나아가 기후 멸종이라는 말은 세계 각지의 대중매체에서 흔히 볼 수 있는 용어가 되었다.

이러한 국면에서 사뭇 놀라운 점은, 생태 문제의 원인과 해결을 이야기할 때 영성을 언급하는 현상이 도처에서 발견될 뿐더러 점점 더 많은 이들에게 호응을 얻고 있다는 점이다. 특히 최근 생태 환경의 악화를 배경으로 애니미즘이 일종의 대안적 자연관으로서 다시 호명되기 시작한 것도 눈에 띄는 현상이다.

맥락을 좀 더 살펴보자. 생태환경의 악화와 관련해서 본격적으로 인류 문명 전반에 대한 진지한 반성이 이루어지기 시작한 것은 1960~70년대부터다. 그 무렵 서구 사회에서는 인간이 자신들과 뭇 생명의 서식지인 지구의 생태 환경을 심각하게 파괴하고 있다는 위기감이 확산되면서, 인간이 지금껏 쌓아온 모든 것, 곧 문명에 대한 비판적인 성찰이 일어났다. 특히 심층생태학Deep Ecology이란 용어를 처음 제안한 아느네스Arne Næss는 1970년대 초반에 발표한 짧은 글에서 "심층적이고 장기적인" 생태운동과 피상적인 생태운동을 대비했다. 그는 공해와 자원 고갈을 극복하려는 기존의 환경운동이 기존의 경제적, 사회적, 테크놀로지적 틀 속에서 주로 선진국 사람들의 시각을 가지고 생태 문제에 단편적으로 접근한다고 보았다. 그리고 그러한 기존의 접근법을 이른바 "얕은"생태학으로 지칭하는 가운데, 좀 더 "심층적이고 장기적인 생태학"을 제안하였던 것이다. 네스는 피상적 운동이 생태적 위기의 철학적, 사회적, 정치적 근원까지 파헤치지 못하고 단지 표피적인 방법을 추구하는 경향을 갖고 있다고 여겼다. 이에 비해 "심층생태학의 핵심은 더욱 심층적인 물음들을 묻는 것"[2]이다. 네스는 생태 위기의 현실에 직면해서 심층적인 물음을 물음으로써 심층적인 변화를 모색하고자 하였다. 그는 생태 위기의 원인을 깊이 들여다보면 현 문명의 바탕에서 편협한 인간 중심주의를 발견할 수 있다고 여겼고, 인간 중심적인 좁은 시각의 확장이 심층적인 변화를 위해 필수적이라고 여겼다.

인류의 미래에 대한 전망이 그처럼 변화하는 가운데, 어떤 이들은 근대 서구인들이 자연에서 성스러움을 박탈하고 세계를 탈주술화했기에 인간이 자연을 거리낌 없이 착취할 수 있게 되었다고 여기고 근대 세계의 세계관이 오늘날의 생태적 파국을 일으킨 근본적 원인 중 하나라고 지적한다. 가령 뚜 웨이밍은 생태 위기를 일으키는 파괴적인 힘의 바탕에 깔려 있는 정신문화적 원인으로서 근대 서구 계몽주의의 심성을 지적한다. 뚜 웨이밍은 "진보, 이성, 개인주의에 대한 신앙은 근대

---

2   네스가 1982년에 어떤 인터뷰에서 한 말이다. Bill Devall, George Sessions, *Deep Ecology*, Salt Lake City: Gibbs Smith, 1985, p. 74.

서구가 근대성을 향한 쉼 없는 행진 속에서 세계를 집어삼키도록 몰아 댔다."고 주장한다.[3] 서구 근대성의 기획에서 문제를 발견한 여러 지식 인들은 좀 더 적절한 대안적 자연관을 발견하려 했고, 비근대, 비서구 의 종교문화에서 그러한 자원을 발견하려고 시도해왔다.

역사가인 린 화이트Lynn White는 1967년에 발표한 글에서 당면한 생 태 위기를 헤쳐 나가기 위해서 과학과 기술에만 의존할 것이 아니라[4] 생태 위기의 바탕에 깔린 "근본적인 것에 대해서 생각"할 필요가 있 음을 강조하였다.[5] 생태 위기의 바탕에 깔린 근본적인 것이란 세계를 바라보는 관점, 자연에 대한 시각 등 일종의 관념의 문제를 가리킨다. 그는 서구의 지배적인 인간 중심적 그리스도교가 자연 착취를 가능하 게 했다고 주장했을 뿐더러, 생태 위기의 원인에서도 해결책에서 도 종교를 결정적 변수로 제안함으로써 생태 문제와 종교를 연결지었다.[6] 그는 "더 많은 과학과 기술은 우리가 새로운 종교를 발견하거나 우리 의 옛 종교를 다시 생각하기까지는 현재의 생태 위기로부터 우리를 구 하지 못할 것"이라면서, 종교를 생태 위기 극복을 위한 결정적 변수로

---

3   뚜 웨이밍, 「계몽주의의 심성을 넘어서」, 메리 이블린 터커, 존 A. 그림 엮음, 『세계관과 생태학: 종교, 철 학, 그리고 환경』, 유기쁨 옮김, 민들레책방, 2003, 17쪽.

4   Lynn White, "The Historical Roots of Our Ecological Crisis," *Science*, Vol. 155, No. 10, 1967.

5   Lynn White, "The Historical Roots of our Ecological Crisis", in Roger S. Gottlieb ed., *This Sacred Earth: Religion, Nature, Environment*, New York: Routledge, 1996, p. 186.

6   Bron Taylor, *Dark Green Religion: Nature Spirituality and the Planetary Future*, Berkeley: University of California Press, 2010, pp. 11-12.

여겼다.[7]

생태계 보전을 위해 종교가 가진 힘에 특별히 주목하는 경향은 특히 북미의 심층생태(학)운동 deep ecology movement 으로 일컬어진 흐름에서 발견된다. 노르웨이의 철학자 아느 네스는 생태 위기의 극복을 위해서는 심층적 수준에서의 변화가 필요하다는 심층생태학을 주장했고 생태 위기의 심층적 원인과 심층적 해결을 철학적으로 모색하였다. 네스의 철학적 심층생태학은 북미의 토양에서 드볼 Bill Devall 과 세션스 George Sessions 에 의해 새로운 방향으로 전개되었다. 네스가 철학을 강조했던 곳에서 그들은 영성과 종교를 강조했으며, 심층생태학을 다양한 종교·영성 문화와 접목시키려 했다.[8] 네스의 철학적 심층생태학이 북미에서 특히 종교와 밀접히 결합되게 된 배경으로는 1970~80년대 미국 사회에서 대안을 찾는 사람들이 탈근대/비서구/마이너리티 종교에 걸었던 기대가 깔려 있다. 드볼과 세션스는 당면한 위기를 극복하기 위해 "생태학적, 철학적, 영적 접근법"[9]이 요청된다고 보고 그것이 곧 심층생태학이라고 여겼다. 이후 다양한 생태 운동의 현장에서도 점차 좀 더 근본적인 변화를 위해 종교와 영성에 대한 관심이 부상하기 시작했는데, 가령 그린피스의 공동창설자 중 하나인 폴 왓슨 Paul

---

7 Bron Taylor, *Dark Green Religion: Nature Spirituality and the Planetary Future*, Berkeley: University of California Press, 2010, p. 11.

8 Bill Devall, George Sessions, *Deep Ecology*, Salt Lake City: Gibbs Smith, 1985, p. 65 참조.

9 Bill Devall, George Sessions, *Deep Ecology*, Salt Lake City: Gibbs Smith, 1985, p. ix.

Watson은 사람들에게 세계의 지배적 종교들을 버리라고 충고하면서, "우리는 모든 종을 포함하는, 그리고 자연이 성스럽고 존중받을 만하다는 사실을 확립하는 종교를 건설할 필요가 있다"[10]고 주장하였다.

이와 함께, 1960년대 북미 사회를 들여다보면 소비 사회의 안락함과 물질주의를 거부하면서 이른바 주류적 사고방식과 상반되는 정치적 견해와 생활 양식, 철학적 개념을 주창하는 "반문화counter-culture"의 분위기를 감지할 수 있다.[11] 이들 주류 문화를 거부하는 사람들 사이에서는 서구의 주류 종교들을 거부하는 풍조가 확산되고 있었다. 근대 서구 문화, 서구 종교의 한계를 직시하고 비서구, 비근대 문화에서 대안을 모색하는 가운데 "자기와 다른 것, 기이한 것이나 외래의 것, 특히 '이국적인' 것에 대해 매우 개방적"인 반문화의 경향이 두드러졌던 것이다.[12]

이러한 맥락 속에서 눈에 띄는 것은 자연의 성스러운 차원에 관한 논의들이 증가하였다는 점이다. 자연에서 성스러움을 박탈한 인간 중심적 서구 종교들이 결과적으로 환경 재앙을 초래한 중심 엔진이었고, 병든 지구를 치료하기 위해서는 이를 대신하는 대지의 영성이 필요하

---

10   Bron Taylor, *Dark Green Religion: Nature Spirituality and the Planetary Future*, Berkeley: University of California Press, 2010, p. 99.

11   크리스티안 생-장-폴랭, 『히피와 반문화: 60년대, 잃어버린 유토피아의 추억』, 성기완 옮김, 문학과지성사, 2015, 7쪽.

12   크리스티안 생-장-폴랭, 『히피와 반문화: 60년대, 잃어버린 유토피아의 추억』, 성기완 옮김, 문학과지성사, 2015, 47쪽.

다는 생각이 점점 확산되었다.[13] 나아가 생태 문제의 해결을 위해 영적 변화를 일으키는 데 집중하는 영성생태론의 흐름도 생겨났다.

더 크고 근원적인 "생태 영성", "대지의 영성"을 소환하고 계발하려는 움직임은 오늘날에도 세계 도처에서 발견된다. 근대화 기획의 문제로 오늘날 생태 위기가 생겨났다고 여기는 분위기 속에서, 어떤 이들은 서구의 기계론적 태도를 대체할 수 있는 대안적 영성으로서 애니미즘을 새롭게 소환하기에 이르렀다. 무제한적 자연 착취에 이르게 된 기계론적 자연관을 극복하기 위해 대자연에 깃든 영적 존재들에 대한 믿음을 부활시키고 영적 존재들로 가득한 세계상을 불러일으킴으로써 자연의 성스러움을 고취하려는 것이다.

그런데 과연 오늘날 생태 위기에 직면한 현대인에게 영적 존재들에 대한 믿음을 부활시키고 영적 존재들로 가득한 세계관을 되살리려는 기획으로서 애니미즘을 다시 소환하는 것이 과연 적절한 시도일까?

잠시 고개를 돌려 오늘날의 상황을 살펴보자. 오늘날 자본주의 상품화의 물결이 세계를 뒤덮고 있다. 현대인에게 '시장'은 피할 수 없는 것으로 제시되며, 점차 인간 생활의 다른 모든 차원들에 침투해서 모든 것을 소비주의의 언어와 철학으로 번역하고 변화시키고 있는데, '영성'도 예외가 아니다. 자본주의와 개인주의, 소비주의가 만연한 사회문화적 맥락 속에서, 영성은 이미 시장의 상품으로 제시되고 있다. 또

---

13   Bron Taylor, "Deep Ecology and Its Social Philosophy: A Critique", *Beneath the Surface: Critical Essays in the Philosophy of Deep Ecology*, MIT Press, 2000, p. 270.

한 자연의 본질적 가치를 인정하고 나아가 숭배하는 자연 종교의 스펙트럼 안에서도 비슷한 현상이 나타난다. 생태 위기에 직면해서 일부 생태주의자들에 의해 소환된 애니미즘도 영성 상품화의 흐름 속에서 자연의 영적인 힘, 혹은 생명력을 믿으며 개별적으로 이를 얻기 위해 여러 방법을 사용하는 사사화私事化되고 상품화된 "뒤틀린 애니미즘"의 형태로 왜곡되기 십상이다. 개별 자연물이나 존재의 힘과 생명력에 대한 인식과 감수성이 개인주의 및 자본주의적 맥락과 결합해서 이를테면 개별 사물의 생명력을 구매하여 개인의 생명력을 증진하려는 방향으로 전개되는 경우, 이는 자본주의에 흡수되어 생태 영성의 사사화와 상품화에 일조하는 뒤틀린 애니미즘이 되어버리는 것이다.

게다가 서구-근대의 세계관이 생태 위기의 근본적 원인에 자리하고 있으니 멀리 떨어진 비근대(주로 전근대를 의미한다) 비서구 타자의 세계관에서 대안을 찾아보겠다는 발상은 실은 근대인으로서의 "우리"와 전근대인으로서의 "그들" 사이의 차이를 전제한다는 점에서는 "근대 지식인들"의 생각과 다르지 않다. 다만 근대 지식인들은 문명의 진보를 주장하며 전근대인을 더 낮은 문명 단계에 위치한 인류의 유아기 상태로 여겼던 데 비해, 이들은 전근대인을 우리가 돌아가야 할 상태로 가정하면서 "원시"에 대한 향수를 드러낸다는 점에서 다를 뿐이다.

2. "다시 연결"의 희망과 애니미즘

그렇지만 생태 위기에 직면한 오늘날 "영적 존재들에 대한 믿음"으로 서가 아니라 다른 각도에서 애니미즘에 접근하는 것이 가능하고 또 요청된다. 현대 사회에서 자연의 지배자로서 자연을 끝없이 착취하는 방식이 아니라, 세계와 인간이 연결되는 풍부하고 다채로운 방식들 가운데 하나로서 애니미즘을 살펴볼 수 있는 것이다.

타일러의 애니미즘 이론은 실재의 세계를 "객관적"으로 조망하는 서구 근대적 지식인의 시선으로 타자의 종교 현상을 이해하고 설명하려는 기획이다. 그의 이론은 인간만 영혼을 갖고 있다는 선이해를 바탕으로 했다. 그리하여 애니미즘은 영혼이 없는 존재에게 영혼이 있다고 상상하고 인간이 아닌 존재를 사람처럼 여기는 잘못된 믿음이라고 여겨졌다. 오늘날에도 애니미즘을 원시적이고 유치한 믿음으로 규정하는 용법이 아직도 우세하다. 최근에는 생태 위기 상황에서 인간 중심주의에 대한 반성적 움직임이 일어나면서, 일각에서는 이른바 세상의 모든 존재를 살아 있다고 믿는 믿음이나 일종의 세계관으로서 애니미즘이 근대 서구적 인간 중심주의에 대한 대안으로 새롭게 조명되고 있지만, 비판적으로 접근하든 대안적인 것으로 보든, 영적인 존재들에 대한 믿음이나 일종의 세계관으로서 애니미즘에 접근한다는 점에서는 공통적이다. 그런데 영적인 존재들에 대한 믿음이나 세계관이란 용어를 사용하지 않는다면, 우리는 애니미즘에 어떻게 접근할 수 있을까?

인간은 인간적인 것, (타일러가 말하는) "복합적 전체들"로서의 문화에 뿌리내리고 살아간다. 그런데 인간은 또한 인간적인 것 너머의 세계에도 뿌리내리고 살아간다. 그렇지만 근대적 기획은 자연-인간 사회-초자연의 분리와 단절을 가정하고 강제할 따름이다. 알프 혼보리의 말대로, 근대적 기획은 관계됨의 능력을 부자연스럽게 절단함으로써 가능해진다.[14] 그래서 인류학자 그레고리 베이트슨 Gregory Bateson은 일찍이 생태 위기는 곧 소통의 위기라고 주장하기도 했다.[15] 오늘날 생태 위기에 직면한 우리의 관심은 분리와 단절에 있지 않으며, 오히려 인간적인 것이 인간적인 것 너머의 세계와 어떻게 연결되는가에 초점이 맞춰진다.

2부에서는 이처럼 문명의 낮은 단계에서 나타난 유치한 믿음이나 뉴에이지 영성의 어떤 버전으로서가 아니라, 인간과 비인간 세계를 다시 연결하는 어떤 태도, 존재론, 생활 방식으로서 애니미즘에 접근해 볼 것이다.

---

14 Alf Hornborg, "Animism, Fetishism, and Objectivism as Strategies for Knowing (or not Knowing) the World", *Ethnos*, Vol. 71:1, March 2006, p. 24.

15 Alf Hornborg, "Animism, Fetishism, and Objectivism as Strategies for Knowing (or not Knowing) the World", *Ethnos*, Vol. 71:1, March 2006, p. 26 참조.

3. 어쩌면 잔존이 아니라 생존, 살아남은 것

타일러의 애니미즘 논의에서는 "잔존물survival"이 핵심적인 개념이다. 그런데 영단어 "survival"은 기본적으로 사라져야 마땅한데 죽지 않고 남아 있다는 의미와 더불어 살아남는다는 뜻도 포함하고 있다. 사실 그 단어의 의미는 중의적이다. 이 말은 이를 바라보는 시선에 따라 잔존 혹은 생존의 의미를 부여받게 되며, 바라보는 시선에 따라 잔존물로도 생존물로도 번역될 수 있다. 애니미즘을 survival이라고 말할 때, 그것은 화석일까, 새싹일까? 타일러의 경우, 그는 애니미즘을 이제는 사라져야 할 잔존물의 의미로 주로 사용했다. 그렇지만 오늘날 우리는 애니미즘의 탈근대적 부활에 대해, 오래된 뿌리에서 살아남은, 그리하여 계속 뿌리를 떠올리게 하며 자라나는, 마치 잡초처럼 살아남아 끊임없이 되살아나는 강인한 생존의 의미를 부여할 수 있을 것 같다.

애니미즘의 탈근대적 부활은 어떤 고정된 실체로서의 근대를 상정하고 근대 이후를 이야기하는 것이 아니라, 애니미즘에 대해 일종의 지향으로서의 근대적 기획에서 벗어난 접근을 가리키는 말이다. 라투르는 "우리는 결코 근대적이었던 적이 없었다"고 말한다. 라투르에게 객체의 세계와 주체의 세계가 분리가능하다는 관념은 처음부터 환상^{illusion}이었다.

타일러는 애니미즘을 잔존물로서 이야기하고 일종의 화석, 폐기되고 극복되어야 할 부분처럼 이야기한 측면이 있지만, 오늘날 생태 위기를 살고 있는 우리가 새로운 시각에서 접근할 때, 어쩌면 그것은 그럼에도 불구하고 살아남은 것으로 볼 수 있다. 애니미즘은 어쩌면 생태 위기에 직면한 오늘날 우리에게 적절한 생존을 가능케 하는 싹이 될 수도 있을 것이다.

나아가 우리는 약간 변형된 물음을 우리 자신에게 던져볼 수 있다. 자동차, 휴대폰, 인터넷, 각종 기계의 매개, 영화 등으로 둘러싸인 세상에서 현대인은 무엇을 살아 있는 것으로 경험하는가? 현대인의 상상력은 어디를 향해 있는가? 현대인에게 살아 있는 것과 살아 있지 않은 것 사이의 경계는 무엇인가? 식물이나 동물, 심지어 동료 인간조차 살아 있는 것으로 느끼지 못하는, 생명에 대한 감수성이 둔감해지는 오늘날, 애니미즘의 감수성은 무엇을 의미하는 것일까?

5장

"인간-사람"과
"비인간-사람"

1. 미래에서 온 물음: 인간이 사람일까?

과학소설 작가인 앤 레키는 2017년에 외계 생명체와 인간의 만남을 그린『사소한 기원^{Provenance}』을 발표했다. 이 소설에서는 기존에 우리가 가진 생각의 범주들을 뒤틀고 확장하는 새로운 용어들이 사용되고, 현재 지구상 대다수 인간들의 사유를 한참 뛰어넘는 새로운 세계관이 제시된다.

언뜻 생각할 때, 사람이라고 하면 인간과 동의어인 것 같다. 인간만이 사람이다. 그런데 이 소설에서는 우주에서 말하고 사유하고 "문명"을 건설한 존재는 인간에 국한되지 않는다. 인간은 극히 일부일 뿐이다. 이 소설에서는 인간이 아닌 외계의 "게크"라는 종이 등장한다. 게크들은 그들의 행성에 불시착한 인간이란 낯선 종을 처음 조우했을 때 자신의 입장에서 과연 이들이 사람일까 고민했다. 일단 인간이란 종이 나타나자 주위에 있는 것들이 죄다 죽어나갔다. 좋지 않은 일이다. 인간이 낯선 동물을 발견하면 식용이 가능한지 검토해보듯이, 게크들은 인간이란 종이 먹을 만한지 살펴보았는데, 인간은 먹을 만한 식재료로도 그다지 좋지 않았다. 그래서 게크의 일부는 행성에 불시착한 인간들을 죄다 죽여버리자고 했지만, 다른 게크들은 반대했다. 인간이 너무 연약해서 여기서 쫓겨나면 살 수 없을 테고, 어쩌면 이들이 "사람"일지도 모르기 때문이라는 것이다. 소설 속에서 비인간 행성의 게크 대사가 인간 인그레이 옥스콜드에게 하는 말은 "비인간"의 입장에서 "인간"과 처음 조우했을 때의 인상, 그들의 혼란을 보여준다. 게크들이 볼 때 인간은 이상하고 주위 것들을 죽게 하는 존재이지만, "이 이상하기 짝이 없는" 존재가 어쩌면 사람일지도 모르기에, 게크들은 인간의 생존을 돕기로 했다. 이때 인간은 결코 보편적 존재가 아니라 지방화된, 어쩌면 사람에 포함될 수도 있는 한 종에 불과하다. "사람"이란 살아 있는 존재를 일컫는 훨씬 더 광범위한 의미 범위를 가진 용어가 된다.[1]

이 소설의 세계상에는 훨씬 못 미치지만, 현대 사회 일각에서도 '사람'이란 용어의 의미 확장이 시도되고 있다. 그리고 그 중심에는 애니미즘에 대한 새로운 접근이 자리하고 있다. 과거 타일러에 의해 "영적인 존재들에 대한 믿음"으로 정의되었던 애니미즘은 오늘날 인간뿐 아니라 모든 존재가 저마다 어떤 힘, 생명력을 지니고 있음을 인식하고 존중하는 감수성으로 재해석되며 생태주의적으로 새롭게 가치가 부여되고 있다. 이때 의미가 확장되어 사용되는 용어가 사람이다. 가령 북미 심층생태학자들이 종종 인용하는 존 뮤어John Muir는 인간 이외의 다른 종들에 대해서도 "식물 사람들", "곤충 사람들" 등과 같이 "사람

---

1   앤 레키, 『사소한 기원』, 신해경 옮김, 아작, 2020, 284-285쪽.

들^{Peoples}"이라고 지칭함으로써 모든 생명체와 느끼는 친족 의식을 고취하였는데, 이처럼 인간이 아닌 생물, 바위 같은 자연물, 나아가 바람 같은 자연 현상에 이르기까지 사람^{person}으로 지칭하는 북미 원주민들의 애니미즘 문화가 생태주의적으로 유의미한 것으로 새롭게 발견되고 있다.

2. 사람의 범위

사람의
의미

심너울 작가의 소설집 『나는 절대 저렇게 추하게 늙지 말아야지』는 2020년 한국에서 출판된 베스트셀러 소설 중 한 권이다. 책에 실린 단편 중 「컴퓨터공학과 교육학의 통섭에 대하여」는 가까운 미래에 작은 학교에서 일어나는 일을 그리고 있다.

　남해의 작은 바닷가 마을에 위치한 배추초등학교는 교사가 두 명, 전교생이 4학년 학생 한 명인 작은 학교이다. 2033년 어느 날, 배추초등학교에 정부 지원으로 인공지능 대화봇인 "깊은벗"(아이의 정서발달을 돕기 위한 대화 로봇) 한 대가 배정되었다. 기술이 발달이 충분하지 않아서, 깊은벗은 카메라 렌즈와 스피커가 장착된 엉성한 로봇, "대충 맞장구만 쳐주는, 스스로 어떤 이야기를 만들어낼 수 없는" 컴퓨터에 덮개를 씌운 인형에 지나지 않는다. 그렇지만 예상 밖으로, 교사들이 보기에 엉성하기 짝이 없는 기계 덩어리에 대해 아이는 정서적으로 반응했다. 깊은벗이 얼마나 사람다운지는 전혀 문제가 아니었던 것이다. 아이와 인공지능 대화봇의 '관계'를 관찰하던 교사는 말한다. "그래요, 그렇게 느끼는 거, 그게 사람이라는 생각이 갑자기 확 드네. 사람이 아닌 것에서 사람을 애써 발견하려고 하는 게 사람의 중요한 특성인 것 같다고."[2] 소설 속에서 인간은 자극을 받을 경우 얼마든지 대상을 "사람"으로 상상하고 반응하게 되는 존재로 그려진다.

이 단편소설의 저자 심너울은 "작가의 말"을 통해 "생명이 없는 사물에서 사람을 연상해내는" 것이야말로 사람의 중요한 특성이라고 말하며, 그러한 특성이 사람의 포용력을 보여준다고 말한다. 그는 "사람이 사람의 표정을 인식하고 해석하기 위해 나타난 진화적 적응"으로 인해 그러한 특성이 나타났다고 여긴다.[3]

사실 인간이 가령 사물에게서 인간 외 존재를 인간으로 여기는 것이 "진화적 적응"이라고 여기는 논의는 학계에서 드물지 않다. 가령 심리학자 피아제Jean Piaget는 아이들은 비활성 물체와 능동적 행위 주체 사이를 부정확하게 구별한다면서, 모든 아동은 주변 세계에 대해 좀 더 진보된, 합리적이고 정확한 이해를 발달시키기 전까지는 세계를 애니미즘적으로 이해한다고 주장했다. 또한 인지종교학자 스튜어트 거스리는 인간의 특징을 비인간에게 부여하는 의인주의anthropomorphism가 인간 생존에 도움이 되는 메커니즘이라고 본다. 가령 인적 없는 길을 걷다가 가로등 불빛이 미치지 않는 어둑한 골목 입구를 지나가게 되었

---

2   심너울, 『나는 절대 저렇게 추하게 늙지 말아야지』, 아작, 2020, 139쪽.
3   심너울, 『나는 절대 저렇게 추하게 늙지 말아야지』, 아작, 2020, 337쪽 참조.

다고 하자. 어두운 골목을 곁눈으로 슬쩍 살피니 어쩐지 그 속에 어떤 사람이 숨어 있는 것처럼 느껴진다. 어둠 속에서 어떤 얼굴을 본 것만 같다. 이처럼 어둠 속에 어떤 살아 있는 사람이, 특히 잔혹한 사람이 도사리고 있다고 '잘못' 상상할 경우, 설령 정말로 강도나 위험한 자가 어둠 속에서 튀어나오더라도 우리는 달아날 준비를 갖추었기에 생존할 기회를 갖게 된다. 그렇지만 우리가 어둠 속에서 아무것도 보지 못하고 아무런 대비책도 없이 골목 입구에 다가간다면, 정말로 위험한 강도가 내 팔을 낚아채고 칼을 들이대더라도 속수무책으로 당할 수밖에 없을 것이다. 이때 어둠 속에서 존재하지 않는 인간의 얼굴을 본 것은 분명 잘못된 판단이다. 그렇지만 거스리는 그러한 의인주의가 합리적일 뿐 아니라 생존을 위해 불가피한 전략이기도 하다고 주장한다.

이처럼 비인간에게 인간의 속성을 투사할 뿐 아니라 심지어 살아 있지 않은 것에 생명을 부여하는 전략은 인간 뿐 아니라 동물에게서도 발견된다. 개구리는 움직이는 커다란 무언가를 지각하면 곧바로 물속으로 뛰어든다. 인지과학자들은 이를 두뇌의 "과활성 행위자 탐지 장치 hyperactive agent detection device, HADD"의 작동에 의한 것으로 일컫는데, 그것은 미지의 행위자를 어느 정도의 낌새만으로도 파악하기 위해 다소 과도하게 활성화된 두뇌의 기능을 가리키는 용어이다.[4] 거스리를 비롯한 많은 학자들은 비인간을 인간으로 여기고 생명이 없는 것을 생명체

---

4   구형찬, 「종교인들의 뇌는 특별한가?」, 『우리에게 종교란 무엇인가』, 들녘, 2016, 94-95쪽.

로 여기는 인간과 다른 생물의 특성을 그야말로 생존을 위한 진화 전략이라고 여긴다. 내 생명을 걸고 배팅한다면, 어둠 속의 무언가가 살아 있고 적대적인 존재라는 데 거는 쪽이 그렇지 않다고 여기거나 그것을 무시하는 쪽보다 더 낫다. "틀렸지만 안전한" 쪽으로 방향을 트는 것이다. 거스리는 애니미즘이, 어떤 것이 살아 있는지의 여부가 의문스러울 때 그것이 살아 있다고 추측하는 지각적 전략에서 생겨났다고 말한다.[5] 우리는 세계를 해석할 때 의미를 찾게 되는데, 가장 큰 의미를 지닌 것은 인간의 얼굴이다. 인간은 종종 아무것도 없는 곳에서 사람의 얼굴을 본다.

그런데 이러한 논의는 흔히 왜 인간은 인간이 없는 곳에서 인간의 모습을 보는 것인지, 사물에서 사람의 얼굴을 보는 것인지의 물음에 초점이 맞춰진다. 다시 말해서, "이것은 사람이 아니다"라고 판정하는 제3자의 시선(주로 근대 자연과학의 시선과 일치한다)의 정당성을 바탕에 깔고, 사람이 아닌 것을 사람으로 착각하는 일종의 오류 혹은 잘못을 설명하는 데 초점이 맞춰진다. 이때 사람, 혹은 사람다움의 정의는 생활 세계에서 위험이 도처에 도사리고 있다는 지식, 그리고 계속 살아가기 위해 그러한 위험을 피하는 것과 관련된다.

이처럼 거스리는 생존을 위해 유리한 인지 경향으로 사람 없는 곳에서 사람의 모습을 발견하는 의인주의를 이야기하고, 그러한 논의를 확

---

5   Graham Harvey, *Animism : Respecting the Living World*, New York: Columbia University Press, 2006, p. 15.

장해서 애니미즘을 설명하지만, 종교학자 그레이엄 하비가 말하듯, 거스리의 설명은 지극히 제한적이다. 두려움을 기저에 깔고 생존을 위해 의인화하는 경향이 나타난다는 이론은, 인간이 없는 곳에서 사람을 발견하는 수많은 경우들을 설명하지 못한다. 인간이 생명이나 사람의 현존 혹은 부재를 발견하는 데에는 생명을 위협할 수 있는 적대적 존재에 대한 두려움보다 훨씬 더 많은 이유가 있다. 그레이엄 하비는 "새로운 애니미즘"을 제안하면서 그것이 생명을 그리고/혹은 인간다움의 속성을 부여 혹은 투사하는 것보다는, 오히려 관계 속에서 더 나은 사람이 되는 법을 찾는 것과 관련된다고 주장한다.

그러면 이야기의 방향을 살짝 틀어보자. 그레이엄 하비의『음식, 섹스 그리고 낯선 자들: 종교를 일상 생활로 이해하기*Food, Sex and Strangers: Understanding Religion as Everyday Life*』(2013)에는 사람^person이란 단어가 많이 등장한다. 가령 "종교는 이 관계적이고 물질적이며 참여적 세계에 함께 거주하는 사람들 사이에서 이루어지는 교섭이다." 등의 문장이 그것이다. 일견 매우 단순한 듯 보이는 문장이지만 해석이 까다로운 이유는 하비가 "사람"이란 단어를 인간에 국한해서 사용하지 않으며, 인간이외의 다른 종들을 가리키기 위해서도 사용하기 때문이다. 그렇다면 이때 사람을 어떻게 해석해야 할까?

하비는 과연 사람이 무엇을 의미하느냐를 이야기하는 데 그 책의 대부분을 할애한다. 눈에 띄는 것은, 하비는 무엇보다도 "사람을 다른 사람들과 상호작용하는 자"로 설명한다는 점이다. 곧, 사물을 논할 때에 비해 사람을 논할 때 가장 중요한 것은 다른 존재들과의 관계성이다. 이러한 접근은 근대적인 인간 중심적 접근법과는 매우 차이가 있다.

최근 들어 생태 위기 상황에서 인간 중심주의에 대한 성찰이 일어나면서, 일군의 학자들은 서구적 통념에서는 인간이 아닌, 심지어 생명이 없는 대상에게서 또 다른 의미의 "사람다움"을 발견하는 토착 문화를 적극적으로 재조명하기 시작했다. 근대 서구 문명이 생태 위기를 초래했다는 데 대한 반성과 대안에 대한 관심 속에서 점점 더 많은 인류학자, 철학자, 종교학자들, 나아가 예술가, 작가들이 사람의 의미 확장을 시도하고 있으며, 생태주의자들 사이에서 그러한 확장된 의미 범위를 가진 "사람"의 사용이 뚜렷한 의도와 지향점을 가지고 확산되고 있는 것이다.

그와 같은 사람의 의미 확장은 그 단어를 인간에 국한해서 사용하는 현대사회의 일반적 통념과는 차이가 있기에 혼란을 불러일으킨다. 그렇지만 그러한 혼란은 의도된 것이다.

『표준국어대사전』에 따르면, "사람"은 일차적으로 "생각을 하고 언어를 사용하며, 도구를 만들어 쓰고 사회를 이루어 사는 동물"로 정의된다. 그렇지만 또한 "어떤 지역이나 시기에 태어나거나 살고 있거나 살았던 자"로도 규정된다. 사람의 우리말 어원을 살피면 좀 더 흥미롭다. 박갑수의 『우리말 우리문화』에 따르면, 사람의 옛말은 '사룸'인데, 곧 "살다生"의 어간 "살—"에 접미사 "ㅁ"이 결합된 것이라고 한다. 통상적으로 사람은 인간을 가리키기 위해 사용되어 왔지만, 만약 위의 어원설명을 받아들일 경우, 사람은 "살아 있는 존재"를 가리키는 좀 더 폭넓은 의미를 내포하고 있기에, 사람의 범위가 급진적으로 확장되는 것도 불가능하지 않은 것이다.

근대 서구의 "개인"이
사람의 보편적 기준은 아니다

고고학자 크리스 파울러는 『고고학과 인류학을 통해 본 사람다움』에서 사람, 사람다움의 개념이 고정된, 보편적인 것이 아니라 사회적, 정치적, 상징적 상호작용을 통해 생성되는 가변적인 것임을 다양한 증거를 통해 보여준다. 사람의 의미, 사람과 사물의 경계 등에 대한 이해는 사회마다 또한 맥락에 따라 서로 다르기에, 동물이나 사물, 심지어 자연 현상도 사람으로 여겨질 수 있다.[6]

　인간에 관해서 현대인들에게 보편적 상식처럼 널리 용인되는 생각, 곧 신체적 경계로 구분되며 그 안에 마음, 정신, 영혼이 담겨 있는 불가분의 개인적 정체성을 강조하는 인간관이 보편적인 것은 아니다. 그것은 특히 근대 서구적 맥락에서 형성되고 널리 통용된 개념이다. 파울

6　　크리스 파울러, 『고고학과 인류학을 통해 본 사람다움』, 우정연 옮김, 서경문화사, 2018, 17쪽.

러는 그러한 "서구적 개인" 관념이 형성된 맥락을 살피고, 그러한 개념에서 드러나는 사람다움에 어떤 의미가 깔려 있는지 파헤친다.[7] 데카르트는 "몸을 포함한 세계의 생명이 없는 물질로부터 마음을 분리하여 유지하고자" 하였고, 르네상스기와 그 이후 서구에서 개인은 점점 더 나머지 물리적 세계로부터 완전히 갈라져 나와서 뚜렷이 구별된 것으로 여겨지게 되었다. 16~17세기의 많은 지식인들은 외적인 물리적 세계로부터 분리된 "내적 공간"으로서 마음을 만들어냈고, 사람다움의 속성은 세계와의 관계 속에서 형성된다기보다 점차 몸에 담긴 마음/정신/영혼에 있는 것으로 간주되었다. 그리고 파울러는 20세기에 접어들면서 "사람", "자아", "몸", "인간"이란 개념이 서로 거의 같은 말로 여겨지게 되었다고 본다. 그는 서구적 사람다움의 핵심적 속성으로 개인성과 불가분성을 든다. 특히 개인성이 있고 나서야 관계가 형성되는 것으로 보는 인식이 서구 사회에서 널리 자리 잡게 되었다.

사람에 대한 그와 같은 관념의 자취는 타일러에게도 나타난다. 타일러가 수집한 동서고금의 자료에서 어떤 종족은 인간이 아닌 동물을 사람처럼 대한다. 이때 타일러 역시 서구적 인간 관념의 바탕에 깔린 전제에서 벗어날 수 없었던 것 같다. 근대적 지식인의 상식에서 사람은 곧 인간이다. 그런데 인간이 아닌 존재를 사람처럼 여기는 이들이 있다. 이러한 애니미스트들에 대해, 타일러는 그들이 인간이 아닌 존재

---

[7]   이하의 인용은 크리스 파울러, 『고고학과 인류학을 통해 본 사람다움』, 우정연 옮김, 서경문화사, 2018, 25-27쪽을 보라.

안에 영혼이 있다고 믿는다고 보았던 것이다.

하지만 근대 서구적 맥락에서 두드러지게 된 "개인으로서 인간 혹은 사람"에 대한 관념이 보편적인 것은 아니며, 그러한 편협한 인간 관념을 기준으로 모든 시간과 공간에서의 사람다움과 연관된 관습을 설명하려 해서는 안 된다. 외적 세계에서 분리된 내적 공간으로서 마음을 상정하거나 불가분의 개인성을 관계의 전제로 두지 않는 사람에 대한 개념과 그와 연관된 관습을 찾을 수 있기 때문이다. 동서고금의 다양한 수많은 종교 문화들에서 사람에 해당하는 용어는 인간의 범위를 훨씬 넘어서 확장 적용될 수 있다. 심지어 인간이 사람의 주요 범례로 여겨지지 않는 경우도 발견된다.

결국 우리는 사람이 무엇인가 하는 문제로 다시 돌아온다. 사람은 대단히 많은 의미와 가능성을 품은 단어이다. 서구 근대적 한계를 넘어 "인간=사람"이라는 전제를 비틀어보면 우리는 어떤 세계를 만나게 될까?

비인간-사람

2020년 4월, 한국 최대 웹툰 플랫폼 중 하나에서 독특한 웹툰이 연재되기 시작했다. d몬 작가의 웹툰 《데이빗》이다.[8] 웹툰 소개글은 간명

했다. "시골 농장 데이빗의 자아를 찾기 위한 여정. 사람은 무엇으로 정의하는가." 시골 농장에서 태어나 자아를 찾기 위한 여정을 시작하는 주인공의 이름은 데이빗이다. 그런데 그는 돼지이다. 데이빗은 능력치가 꽤 높은 편이다. 인간의 말을 할 수 있을 뿐더러, 인간의 책도 읽고, 농담도 하고, 토론도 연설도 할 수 있다. 데이빗은 스스로가 자신을 낳은 어미돼지(인간의 말도 못하고 당연히 책도 못 읽는 '평범한' 돼지)보다 오히려 인간과 더 비슷하다고 여기는데, 정작 인간은 그를 자신들과 동등한 "사람"으로 대하기가 쉽지 않다. 데이빗은—아니, 데이빗을 통해 d몬 작가는—줄곧 묻는다. 사람은 무엇으로 정의하는가?

자기 자신을 "사람"으로 인정해 달라는 데이빗의 호소는 작품 속 수많은 인간들을 불편하게 했다. 감히 돼지가 사람으로 인정해달라니! 심지어 웹툰 속 주인공의 호소는 웹툰 바깥의 수많은 독자들까지도 불편하게 했다. 우리는 그 사실을 댓글창에 달린 수많은 의견들을 통해 알 수 있다. 저 돼지는 왜 군이 사람으로 인정받으려는 거지? 댓글을 통해 독자들은 데이빗이 사람일 수 있는지, 인간과 돼지의 차이가 무엇인지 논쟁을 벌였고, 무엇이 사람을 정의하는지에 대한 저마다의 주장들로 댓글창이 들끓었다.

돼지인 자기 자신도 사람으로 인정해달라는 데이빗의 주장은 이처럼 웹툰의 경계 안팎에서 논란과 혼란을 불러일으켰다. 지금껏 사람이

---

8   https://comic.naver.com/webtoon/list.nhn?titleId=745186.

라고 하면 당연히 인간과 동의어로 여겨져 왔는데, 독자들이 느낀 불편함에는 경계가 흔들리는 데 대한 일말의 불안감도 깔려 있었을 것이다. 비록 데이빗이 말을 하고 감정을 느끼지만, 그렇다고 해서 돼지를 사람으로 인정하는 것이 타당할까? 하나의 경계가 비틀어지면 그 틈새로 낯선 것들이 와르르 쏟아져 들어와 인간이 구축해온 모든 질서가 무너지는 게 아닐까? 사실 그럴 것이다. 그러나 그것이 나쁜 일일까? 인간 중심적으로 구축해온 근대 문명의 부작용이 도처에서 나타나는 이 즈음에, 지금까지 인간이 구축해온 질서가 흔들리는 것이 반드시 나쁜 일로만 보이지는 않는다. 로지 브라이도티는 인간 중심적인 사유가 도전을 받으면 "'인간'과 그의 타자들 사이의 여러 경계선이 눈사태처럼 무너져 내리면서 뜻밖의 관점이 열리게" 될 것이라고 말한다.[9] 틈새를 통해 빛이 들어오고, 한 세계가 무너질 때 새로운 세계가 열릴 수 있는 것이다.

사실 지금 우리의 상식으로는 어색하게 느껴지지만, 인간이 아닌 존재를 사람으로 일컫는 인간 집단의 사례는 드물지 않다. 시베리아의 수렵부족인 유카기르족 사이에서 연구를 수행한 덴마크 인류학자 빌레르슬레우Rane Willerslev는 유카기르족의 사냥을 따라다니면서, 그들이 인간과 동물 사이의 관계를 어떻게 바라보는지를 서술한다. 서구인들은 보통 동물을 자연적이고 본능적인 존재, 사람다움의 속성이 결여

---

9   로지 브라이도티, 『포스트휴먼』, 이경란 옮김, 아카넷, 2015, 88쪽.

된 존재로 여겨왔다. 이에 비해서, 유카기르족의 세계에서 사람은 다양한 형태를 취할 수 있으며, 인간은 그 가운데 단지 하나일 뿐이다. 수렵을 주요 생계수단으로 삼는 유카기르족이 특히 포유동물을 "인간이 아닌 사람들"로 여기는 것이 흥미로운데, "인간과 동물은 임시로 서로의 몸을 입음으로써 다른 종의 시각으로 들어가거나 거기서 벗어날 수 있다"고 한다. 실제로 유카기르족은 동물을 수렵할 때, 해당 동물을 모방mimesis함으로써 해당 동물로의 변형을 꾀하는데, 그러한 관습의 바탕에는 일차적으로 상대가 시선을 가진 존재임을 인정하는 발상이 깔려 있다. 모방을 통해 다른 존재의 모습과 관점을 입는 이러한 능력은 유카기르족에게 사람이 되는 핵심적 측면들 중 하나로 여겨진다.[10]

북미 포타와토미족 출신의 식물학자 로빈 월 키머러는 나무, 곰, 바위 등 자연의 존재들을 사람으로 여기는 일이 "세상을 살아가는 전혀 새로운 방법으로 우리를 인도할 수 있을지도 모른다."라고 말한다. 나무를 "그것"이라고 말할 때 나무는 단지 인간의 이용을 기다리는 목재일 뿐이다. 키머러가 볼 때 그것은 나무와 인간 사이에 벽을 세우고 도덕적 책임을 방기하는 일이다. 그러나 다른 종을 "사람"으로 부를 때, 자작나무 사람들, 곰 사람들, 바위 사람들로 일컬을 때, "다른 종을 주권자로 대우하고 하나의 독재가 아니라 종의 민주주의를 실현하는 세상, 물과 늑대에게 도덕적 책무를 지는 세상, 다른 종의 처지를 고려하

---

10   Rane Willerslev, *Soul Hunters: Hunting, Animism, and Personhood among the Siberian Yukaghirs*, Berkeley: University of California Press, 2007, p. 2.

는 법률 체계를 가진 세상"으로 향하는 길이 열릴 수 있다.[11]

포타와토미족을 비롯해서 세계 곳곳에서 지역 생태계에 뿌리 내리고 살아가는 토박이들의 경우, 생계와 관련된 주요 대상(식물이나 동물, 바위, 심지어 날씨까지도)을 사람으로 일컫는 일이 종종 발견된다. 아마 그들이 살아남으려면 해당 동식물이나 자연물, 혹은 자연 현상을 예민하게 관찰하고 존중하며 대하는 일이 요청되기 때문일 것이다.

이처럼 인간 이외의 존재들에게 "사람"이란 용어를 사용하는 토착민들의 애니미즘을 새로운 빛에서 조명하는 논의를 본격적으로 촉발한 것은 1960년에 발표된 할로웰Irving A. Hallowell의 논문 「오지브와족의 존재론, 행동, 그리고 세계관Ojibwa Ontology, Behavior, and World View」이라 할 수 있다. 그 글은 할로웰이 20세기 초반부터 중엽에 이르기까지 캐나다 중남부에서 오지브와족과 나눈 대화에서 시작되었다. 그는 그 글에서 오지브와족의 "사람" 범주가 인간 존재에게 국한된 것이 결코 아니며, 그들의 "사람" 개념이 인간과 동의어가 아니라 사실상 그것을 초월한다는 점을 보여주었다. 특히 그는 그 글에서 오늘날 많은 연구자들 및 생태주의자들 사이에서 일종의 경구처럼 사용되는 "인간이 아닌 사람other-than-human persons"라는 표현을 사용했는데, 여기에는 바위, 나무, 곰, 벼락 등 경험적 존재들 혹은 실재들이 포함된다. 그렇지만 그것은 그들이 인간의 특징을 "살아 있지 않은inanimate" 물체에 투사해서

---

11   로빈 월 키머러, 『향모를 땋으며: 토박이 지혜와 과학 그리고 식물이 가르쳐준 것들』, 노승영 역, 에이도스, 2019, 93-94쪽.

일종의 혼동을 일으킨 결과가 아니다. 사람이 되기 위해 인간과 닮은 점이 있어야 하는 것은 아니다. 오히려 오지브와족에게서 사람은 더욱 폭넓은 범주이며, 그 밑으로 "인간 사람", "바위 사람", "곰 사람" 등의 하위 집단이 포함된다는 것이다.[12] 사람(다움)의 의미에 대한 이러한 생각은 오늘날 인간과 세계의 관계성을 근본적으로 다시 고려하는 생태주의 논의에 새로운 빛을 던져주고 있다.

---

[12] Graham Harvey, *Animism : Respecting the Living World*, New York: Columbia University Press, 2006, pp. 16-18.

3. 새로운 애니미즘

투사가
아닌 존중

타일러의 논의를 따라가다 보면, 원시인 혹은 야만인들은 마치 어린애가 놀이하면서 나무에 이름을 붙이고 조약돌에게 말을 걸 때와 마찬가지로 자연에 인간성을 투사하는 듯하다. 그리하여 어떻게 보면 타일러가 그려낸 애니미즘은 인간 중심적인—타일러의 표현으로는 어린애 같은—철학으로 보이게 된다. 오늘날에도 많은 사람들에게서, 특히 아메리카 원주민 부족들에게서 인간 이외의 존재를 사람으로 여기는 현상이 두드러지게 나타나는데, 가령 오지브와족의 애니미즘은 인간이 인간성을 주위 세계에 투사하는 것일까? 다시 말해서, 잘 모르는 미지의 것에 친숙한 상을 뒤집어씌우는 것에 해당할까?

그러나 오늘날 할로웰을 비롯한 많은 인류학자, 철학자, 종교학자 들은 애니미즘을 인간성의 투사가 아니라, 다른 존재들의 생명성을 (그리고 자신이 그것들을 다 알 수 없음을) 인정하는 존재론, 따라서 인간의 한계를 인정하는, 인간 중심적이지 않은 존재론으로 재해석한다. 자연에 생계를 직접적으로 의탁해서 살아온 사람들은 동식물 혹은 자연 현상에 대해 인간적인 특성을 투사해서 다 안다고 생각할 수가 없다. 물론 예측은 하지만, 잘 모른다는 것을 늘 염두에 두고 겸허해질 수밖에 없다. 인간 외 다른 존재의 생명성을 인정하는 애니미즘은 우리가 잘 모르는 생명세계에 대한 존중의 관계를 표상하는 하나의 방식이 된다.

지금 왜 다시 애니미즘을 이야기하는 것일까? 어린애의 것처럼 유치한 자연 이론이 과학으로 대치된다고 여겨지던 시대에 글을 썼던 타일러는 애니미즘에 관해, 야만인들이 자연을 온통 살아 있고 생기가 불어넣어진 것으로 여기면서 "원시적인 어린애 같은 이론을 근거로 자연을 설명하는 것"으로 일컫는다.[13] 여기서 우리가 애니미즘을 이야기하는 것이 다시 '원시'로 돌아가자는 '원시주의'를 제안하려는 것은 물론 아니다. 여기서 이야기하는 애니미즘은 원시와는 무관하다. 하비는 지금까지의 문제적 사용 혹은 남용의 역사에도 불구하고, 애니미즘이란 용어는 그것이 지금껏 가져왔던 것보다 우리의 사유와 상상, 대화를 도울 수 있는 잠재력을 가지고 있다고 여긴다.[14] 그 용어는 다양한 공동체들의 삶의 방식에 주의를 환기시키면서, 거의 규범인 듯 암묵적으로 강요되어 온 근대성에 대한 풍부한 대안들을 제시하기 때문이다. 마주한 모든 '것'이 살아 있는 사람인 세계에서, 인간은 다른 존재들을

---

13 에드워드 버넷 타일러, 『원시문화: 신화, 철학, 종교, 언어, 기술, 그리고 관습의 발달에 관한 연구』 2권, 유기쁨 옮김, 아카넷, 2018, 363쪽.

14 Graham Harvey, *Animism : Respecting the Living World*, New York: Columbia University Press, 2006, p. xiii.

사람으로서 존중하며, 서로 관계 맺고 소통하는 일에 좀 더 진지해질 수 있다.

관계와
소통

오늘날 대안적 삶을 추구하는 여러 부류의 사람들을 만났던 종교학자 그레이엄 하비는 그들의 구체적이고 일상적인 생활 속에서 서로 다른 종 사이의 소통이 이루어지는 것을 보면서 애니미즘이란 개념을 떠올리게 되었다. 그러나 타일러의 옛날식 접근과는 달리, 그는 인간의 머리나 마음이나 영 안에서가 아니라 그들과 다른 (흔히 서로 다른 종의) 사람들을 서로 연결하는 데서, 곧 안에서가 아니라 "사이에서in between" 애니미즘을 발견하였다. 그리고 하비는 많은 원주민 문화들에 강력히 퍼져 있는 "관계성"이 단지 이론적인 것이 아니라 항상 지역적이고 구체적이며 실제적이고 실용적인 것임을 깨닫게 되었다.[15] 팀 잉골드Tim Ingold, 누리트 버드데이비드Nurit Bird-David, 필리페 데스콜라Philippe Descola 등이 보여주었듯이, 지역 생태계로부터 자신의 생계에 필요한 것들을 직접적으로 얻는 많은 이들은 오늘날에도 그들의 비−인간 환경에 "관

---

15   Graham Harvey, *The Handbook of Contemporary Animism*, New York: Routledge, 2014, p. 3.

계적" 태도로 임하며, 환경 속의 다른 존재들을 소통 가능한 주체들로 대하는 것을 볼 수 있다. 그리하여 하비는 믿음이나 세계관이란 용어를 최대한 배제하고, 애니미즘을 "주위의 존재들을 존중하면서 살아가려고 애쓰는 사람들peoples의 문화"로서 조명한다.[16]

한편, 누리트 버드데이비드는 어떤 존재를 로컬의 언어로 사람으로 묘사하는 것이 갖는 인식론적 기능에 주목한다. 타자를 사람으로 묘사할 때, 자기와 타자가 함께 존재한다는 것을 인식하고 세계 안에 존재하는 다원성 속의 상호관계성을 배우는 것에 탐구적인 관심으로 나아가게 된다는 것이다.[17] 비슷한 맥락에서, 비베이루스 지 까스뚜르는 아메리카 원주민의 인식론적 관습을 서구 근대성이 촉진하는 객관주의적 인식론의 대척점에 둔다. 서구 근대성의 경우, 인식하기는 "객관화하기", 곧 "탈주체화하기"라 할 수 있다. 여기서 타자의 형식은 곧 사물이다. 이에 비해, 아메리카 원주민에게서 인식한다는 것은 "인격화하기"이고, 타자의 형식은 곧 사람이다. 타자를 알기 위해서 타자를 사람으로 여기게 된다는 것이다.[18]

아메리카 대륙의 원주민들이 인간 이외의 존재들을 사람으로 칭하고 그렇게 여길 때, 그러한 현상을 세상의 인간 이외 다른 존재들의 생

---

16   Graham Harvey, "Animals, Animists, and Academics", *Zygon*, vol. 41, no. 1, 2006, p. 12.

17   Nurit Bird-David, "Animistic Epistemology: Why Do Some Hunter-Gatherers Not Depict Animals?", *Ethnos*, Vol. 71:1, March 2006, pp. 33-50.

18   에두아르두 비베이루스 지 까스뚜르, 『식인의 형이상학: 탈구조적 인류학의 흐름들』, 박이대승, 박수경 옮김, 후마니타스, 2018, 49-52쪽.

명성에 민감한 생태적 감수성이라는 측면에 초점을 맞추어 접근할 수 있다. 이러한 접근법에서는 세계에 대해 생각하는 방식이 아니라 세계 속에서 살아가는 방식, 세계 속에서 존재하는 조건에 초점이 맞춰진다. 우리는 팀 잉골드처럼, 애니미즘을 "매순간 달라지는 영원한 흐름flux"으로서의 환경 속에서 다른 "살아 있는" 존재를 민감하게 지각하고 행동하며 살아가는 방식으로 바라볼 수 있다.[19]

그레이엄 하비는 세상의 다양한 "애니미즘들"에 관해서, 모두가 인간은 아니지만 모두가 존중 받을 가치가 있는 다른 사람들과 함께 있는 사람, 그리고 "인간-사람"이 된다는 것의 의미를 좀 더 충분히 깨닫는 것에 관한 이론들, 담론들, 그리고 실천들로서 조명한다. 사람이 된다는 것은 살아가기 위해 여러 존재들과 관계 맺고 소통한다는 뜻이다. 사람들로 가득한 세계에서 하나의 "인간-사람"이 된다는 것은 세계 내 다른 "사람들"과 관계 맺고 소통한다는 것을 의미한다. 이와 같은 의미에서의 애니미즘은 "인간이 되는 근대적이지 않은other-than-modern 수많은 방식들 중 하나"이다. 하비의 말대로, 많은 이들이 생각하듯이 애니미즘이 예외적인—미개한—어떤 것이 아니라, 오히려 인간만을 세계의 중심에 놓는 근대적 기획이야말로 인간이 되는 방식들 가운데 지극히 예외적인 방식이라 할 수 있다.[20] 하비는 라투르의 "우

---

19   Tim Ingold, "Rethinking the Animate, Re-Animating Thought", *Ethnos*, Vol. 71:1, March 2006, p. 10.

20   Graham Harvey, *Animism : Respecting the Living World*, New York: Columbia University Press, 2006, pp. xvii, xxi.

리는 결코 근대인인 적이 없었다"는 말을 지지하면서도, 나치의 홀로코스트가 근대적 기획의 역겨운 가능성을 충분히 표현했다는 점을 간과하지 않는다. 사실 근대적 기획은 결코 완전히 성공한 적이 없으니, 모든 외견상의 이원성이 서로 얽히는 세계에서 인간이 되어 살아가는 대안적 방식들을 없애는 데 결코 완전히 성공한 적이 없으며, 일종의 지향으로 남아 있는 것이다.

4. 인간적인 것 너머의 세계

인간은 신체적 존재이다. 인간은 몸을 통해 세계를 감각하며 다양한 방식으로 세계에 참여한다. 역사적으로 인간은 인간과 그리고 인간이 아닌 다른 부류의 존재들과 물리적, 감각적^{sensuous}, 관계적 세계에서 함께 살아가기 위하여 적절한 공존의 방식을 모색해왔다. 애니미즘은 세계 도처의 원주민들, 특히 북미 원주민들이 생명을 존중하고 긍정하는 가운데 발전시켜온 삶의 방식들 중 하나이다. 북미 원주민들이 인간이 아닌 존재를 "사람"으로 대할 때, 우리는 인간이 살아 있는 세계에 말을 걸고 인간적인 것 너머의 세계, 인간적인 것보다 더 큰 세계와 관계 맺는 독특한 한 양식을 발견하게 된다.

세계 내 다른 존재들에 대해서 그들이 인간이 의미를 부여해주고 사용해줄 것을 기다리는 수동적 사물이 아니라 시점을 가진 존재, 행위 주체성을 가진 존재임을 인정한다는 것은, 인간이 세계의 작동 원리를 모두 아는 것이 결코 아니고 실은 세계를 잘 모르며, 따라서 인간의 의도에 따라 세계를 좌지우지하려 해서는 안 된다는 사실을 겸허히 인정하는 것이기도 하다. 그러한 맥락에서, 애니미즘은 잘 알지 못하는 존재들과 관계 맺으며 살아가는 방식으로서 재발견된다.

기어츠^{Clifford Geertz}는 인간에 대해 "자신이 자아낸 의미의 그물에 걸린 동물"이라고 말했다.[21] 인간적인 의미의 그물망 속에서 또한 스스로 의미의 실을 자아내며 살아가는 존재가 인간이라는 것이다. 기어츠식으로 생각하면, 세계는 인간이 자아낸 의미의 그물에 걸릴 때 비로소 존재하게 되는 셈이다. 그러나 과연 그러할까? 인류학자 에두아르도 콘이 말하듯, 전체 생태계는 이미 자체로서 "기호작용의 그물망을 구성"하고 있다. 세계는 인간적인 것 너머로 "열린 전체"이다. 인간의 고유한 기호작용은 "이 그물망에 얽히는 한 올의 실에 불과하다."[22]

잉골드는 기어츠 말을 다음과 같이 비틀어 고친다. "구두 신고 의자에 앉아서—쉴 때나 움직일 때나—땅^{ground}과의 직접적인 접촉으로부터 인위적으로 단절된 사람만이 스스로가 그렇게 걸려 있다고 여길 것이다."[23] 잉골드는 현대 사회가 땅에서 멀어지는 현실을 비판적으로 바라보았다.[24] 많은 현대인들은, 특히 도시 생활자들은 책상 앞에서 창조적 지성을 발휘하는 데 골몰하느라 주변 세계로부터 분리되는 경향이 있다. 그런데 우리는 상징적 사고를 통해 고도로 복잡한 추상적인 것들을 말할 수 있지만, "무제한적인 상징적 사고"는 그것이 생성된 우리

---

21   Clifford Geertz, *The Interpretation of Cultures*, New York: Basic Books, 1973, p. 5. 이 책은 한국어로도 번역되었다. 클리퍼드 기어츠, 『문화의 해석』 문옥표 옮김, 도서출판 까치, 2009.

22   에두아르도 콘, 『숲은 생각한다』 차은정 옮김, 사월의책, 2018, 81쪽.

23   Tim Ingold, *Being Alive: Essays on Movement, Knowledge and Description*, New York: Routledge, 2011, p. 39.

24   Tim Ingold, *Being Alive: Essays on Movement, Knowledge and Description*, New York: Routledge, 2011, p. 44.

주변의 세계로부터 우리를 분리시키는 위험을 내포한다.[25] 인간을 독특하게 만드는 상징적 사고는 더 넓은 생명의 기호 작용의 장으로부터 창발하는 것이다. 그러한 사실을 잊지 말고, 허공에 부유하며 자신이 자아낸 의미의 그물에 매달려 있는 것이 아니라 지면에 다시 발을 붙이는 일이 요청된다. 세상을 위에서 내려다보는 냉정한 관찰자이자 분석가, 보편적 이성으로서의 위치에서 지면으로 내려와서 인간의 시선을 수많은 존재들의 시선들 중 하나로 인정하고 다른 시점들을 마주할 때, 우리는 좀 더 다채로운 세계와 좀 더 풍성하게 관계 맺을 수 있을 것이다.

19세기에 타일러가 문화 혹은 문명을 "지식, 믿음, 기술, 도덕, 법, 관습, 그리고 사회 구성원으로서 인간이 습득한 다른 모든 능력과 습관을 포함한 복합적 전체"라고 정의한 이래, 인간의 문화는 세계 내에서 인간을 예외적인 존재로 만들어주는 특징으로 일컬어져왔다. 그러나 인간적인 것보다 더 큰 세계에서 인간이 아닌 다른 부류의 존재들과 함께 이 세계의 일원으로 살아가기 위해서는, 콘이 말하듯이 "우리를 예외적인 존재로 만들어주는 하나의 습관—상징적인 것—의 한계"를 넘어서, "우리가 열린 전체로 존재하는 방식에 대한 감각"을 되찾을 필요가 있다.[26]

에두아르도 콘은 아마존 강 유역 원주민들과 함께 생활하며 그들과

---

25   에두아르도 콘, 『숲은 생각한다』 차은정 옮김, 사월의책, 2018, 82쪽, 103쪽, 105쪽.

26   에두아르도 콘, 『숲은 생각한다』 차은정 옮김, 사월의책, 2018, 121쪽.

함께 사유하는 가운데, 시점을 가진 다른 부류의 존재들과 함께 살아가는 루나족의 방식을 통해 숲과 함께 생각하는 법을 배운다. 콘의 말대로, "숲은 인간을 중심으로 펼쳐질 필요도 없고 인간으로부터 유래하지도 않는 의미화의 또 다른 창발적인 처소를 품고 있다." 루나족 사람들은 주의 깊게 숲의 "생각"을, 다른 존재들의 시점을 고려하는 가운데 숲을, 다른 부류의 존재들을 존중하는 태도를 갖추게 되고, 인간의 목적을 위해 함부로 접근하고 남용하는 것이 아니라 다른 존재들과 상호작용하면서 열린 전체로서 살아가는 법을 배우는 듯하다. "숲의 존재들을 창출하고 연결하고 지탱하는 관계적 논리를 제대로 꿰뚫어보기 위하여"[27] 그들은 다른 존재들의 생명성^{animacy}을 인정하는 방식을 택했다.

현대 세계에서는 인간이 야생동물 서식지를 파괴하면서 야생동물과 인간의 접촉이 밀접해지는 가운데 인수공통 감염병이 빠른 속도로 확산되는 일이 점점 빈번히 일어나고 있다. 함부로 인간 중심적 생각만을 가지고 인간의 이용을 위해 생태 환경을 남용할 때, 쉽게 바이러스에 노출될 수밖에 없다. 이러한 맥락에서 애니미즘적 시각, 삶의 방식의 의미가 더욱 다가온다. 인간적인 것보다 더 큰 세계에서 인간적인 것 너머의 다른 부류의 존재들을 고려하는 가운데 열린 전체로 살아가는 길을 모색해야할 때다.

---

27   에두아르도 콘, 『숲은 생각한다』, 차은정 옮김, 사월의책, 2018, 129쪽, 130쪽.

5. 우리의 물음: 지금 인간은 인간 외 존재들과 어떤 관계를 맺고 있는가?

오늘날 과학소설이나 애니메이션, 영화, 특히 웹툰의 세계에서는 인간이 인간적인 것 너머의 다른 부류의 존재들과 맺는 관계에 대한 상상이 다채롭게 그려지는 것을 볼 수 있다. 젤리빈 작가의 웹툰《어둠이 걷힌 자리엔》[28]은 "과거와 미래와 현재가 공존하며 교차하는 경성"을 배경으로 서로 다른 부류의 존재들 간의 만남을 그려낸 작품이다. 작품의 기본 줄기는 골동품을 취급하는 오월중개소의 중개인[29] 최두겸이 "인간적인 것 너머"의 세계에 속한 여러 존재들을 만나서 "보통 사람들은 보지 못하고 듣지 못하는 것들의 이야기"를 귀 기울여 들어주고 함께 사건을 해결하는 것이지만, 작품에 등장하는 여러 존재들 사이의 만남과 대화 역시 흥미롭다. 특히 인간의 모습을 취한 영물 뱀 "치조"의 말과 행동을 눈여겨볼 만하다. 작품 속에서 치조는 식물의 구조와 세포의 작용, 생명의 기제 등을 알고 싶어 하는—작중 시대적 배경에서는 선도적인—여성 식물학자를 산에서 만난다. 자연을 탐구하려

28　2019년 1월 11일부터 2020년 10월 30일까지 '다음 웹툰'에서 연재된 작품이다. http://webtoon. daum.net/webtoon/view/darkness#pageNo=3&sort=asc&type=.

29　이때 '중개인'이란 단어는 중의적 의미를 갖는다. 이 작품에서 최두겸은 골동품 매매를 중개할 뿐 아니라 인간과 인간이 아닌 다른 부류의 존재 사이를 중재하는 중개인이기도 하다.

는 열정에 찬 그녀의 말을 듣다가 치조는 읊조리듯 말한다.

인간과 우리들의 관계는 빠르게 새로워지는 중이구나.[30]

여기서 "우리들"은 인간적인 것보다 더 큰 세계, 이른바 자연 세계의 존재들을 가리킨다. 인간은 자연을 더는 신비의 영역에 두지 않고 법칙과 이해의 영역에 놓기 시작했는데, 이 작품에서 흥미로운 것은 이 시대가 그런 커다란 변화 속에 있다는 것을 비인간 존재들 역시 깨닫고 있다는 점이다. 과연 다른 부류의 존재들 역시 그들과 인간 사이의 관계가 변화되었다는 것을—비록 작품에서처럼 인간의 언어로 표현하지는 않더라도—느끼고 있을 것이다.

현실 속에서 인간과 인간 외 존재들과의 관계는 점점 더 빠르게 변화하고 있다. 인간은 인간중심적인 시선으로 세계를 빠르게 침략해왔고, 온갖 생명의 서식지인 숲을 파괴해왔으며, 서식지가 사라진 야생동물들은 인간과 접촉면이 넓어지면서 새롭게 엮이게 되었다. 그리고 마침내 2020년 코로나19 대유행이 시작되었다. 인간이 이 세계와 어떤 관계를 맺을 것인지가 인류의 생존과 직결되는 시대를 우리가 살고 있다는 점은 분명하다. 콘은 만약 "우리"가 "인류세—인간적인 것 너머의 세계가 너무나 인간적인 것에 의해 점차 변해버리는 이 불확실한 우

---

30   http://webtoon.daum.net/webtoon/viewer/93910?fbclid=IwAR2ZZLwCXw6g9BmbOYfXFd
       PRcpoSwmZOA8yMaNBlwqrPqAUnIcg_cxpXkv8.

리의 시대—에서 살아남고자 한다면, 우리는 숲과 함께 그리고 숲처럼 생각하는 이 방식들을 적극적으로 갈고 닦아야 할 것"[31]이라고 말했다. 콘의 말대로, "숲과 함께 그리고 숲처럼 생각하는" 길을 적극적으로 모색해야 할 때가 온 것이다.

---

31   에두아르도 콘, 『숲은 생각한다』, 차은정 옮김, 사월의책, 2018, 388쪽.

6장

인간과 동물

1. 스스로를 인간이라고 부르는 자와 그가 동물이라고 부르는 것 사이의 관계[1]

그것은 대왕갑오징어였다.

[...]

나는 이 동물을 보려고 숨을 참고 몇 번이고 물속으로 들어갔다. 금세 지쳤지만 그만두고 싶진 않았다. 내가 관심을 가진만큼 이 동물도 내게 관심을 가진 듯했기 때문이다. 나는 이때 처음으로 두족류의 흥미로운 면모를 경험했다. 그들과 내가 상호 "관계^{engagement}"를 맺고 있다는 느낌이었다.[2]

—피터 고프리스미스

2007년 어느 날, 시드니의 어느 바다 속에서 스노클링을 즐기던 철학자 피터 고프리스미스는 튀어나온 바위 밑에서 길이 1미터 가량의 크기에 시시각각으로 색깔이 변하는 무언가를 발견했다. 그것은 두족류에 속하는 대왕갑오징어였다! 그는 이 이질적인 존재를 보려고 몇 번

---

1   이 절의 제목은 자크 데리다, 「동물, 그러니까 나인 동물(계속)」, 최성희, 문성원 역, 『문화과학』 76, 2013, 346쪽에 실린 데리다의 표현을 따온 것이다.

2   피터 고프리스미스, 『아더 마인즈: 문어, 바다, 그리고 의식의 기원』, 김수빈 옮김, 도서출판 이김, 2019, 15-16쪽.

이고 물속으로 들어갔고, 인간인 자기 자신이 이 낯선 두족류 동물에게 매혹되었을 뿐 아니라 상대 역시 낯선 존재인 자신(인간)에게 관심을 나타내는 가운데 일종의 상호 "관계"가 이루어지고 있다는 강렬한 느낌을 받았다. 그리고 그 느낌을 이해하기 위해 두족류를 쫓아다니며 연구를 시작하게 되었다. 그러한 연구의 결과물인 『아더 마인즈』에서 그는, 흔히 문어와 갑오징어를 비롯한 두족류와 인간이 전혀 다른 부류의 존재인 것으로 여겨지지만, 실은 인간만이 사고할 수 있다는 통념과 달리 인간이 아닌 동물도, 그러니까 문어나 오징어처럼 너무나 인간과는 다르게 보이는 두족류 역시 일종의 사고를 한다는 것을 설득력 있게 보여준다. 『아더 마인즈』는 우리가 지나치게 인간만을 중심에 두고 세계를 보는 시각을 벗어나서 인간의 것과는 다른 "정신 mind"을 존중하는 태도를 갖추도록 촉구한다.

인간이 세계 안에서 어떤 위치에 자리하고 있을까, 인간과 세계 내 다른 존재들, 특히 동물은 어떤 관계에 있을까? 이것은 유사 이래로 많은 이들이 떠올려온 물음이며, 오늘날 우리 앞에 놓인 물음이기도 하다. 알다시피, 사실 인간은 영장류에 속하는 동물이다. 그러나 많은 인간들은 스스로를 다른 동물들과 구별되는 좀 더 고귀한 생명체로 여기며, "인간"과 "동물"이라는 엄밀히 말해서 잘못된 표현을 통례적으로 사용해왔다. 그러나 사실 인간 역시 동물의 일부로서, 인간 이외의 다른 동물들과 연속성을 가진 존재이다.

서구 사상사를 돌아보면, 인간을 중심에 두고 세계를 바라보면서 인간 외 다른 존재들의 가치를 인간보다 낮게 매기는 경향이 널리 나타나는 것을 알 수 있다. 서구 철학의 기초를 놓은 플라톤과 아리스토텔레스에게서도 인간과 동물의 존재론적 경계에 대한 생각을 엿볼 수 있다. 플라톤과 아리스토텔레스는 기본적으로 인간이 동물보다는 신에 더욱 가까운 존재라고 여겼다. 특히 플라톤 이래로 인간과 동물을 구별하는 중요한 특성으로 직립 자세가 강조되었는데, 인간은 불멸의 영혼이 천사와 연결되어 있기에 신체가 하늘을 향하게 되었다는 것이다.[3]

아리스토텔레스는 인간의 영혼에 세 가지 면이 있는데 그중에서 이성적인 면은 인간에게만 있고, 영양적인 면은 식물과 함께, 감각적인 면은 동물과 함께 공유한다고 여겼다. 이처럼 그는 한편으로는 인간과 동물과의 (나아가 식물과의) 연결성을 인정하면서도, 인간을 동물이나 식물로부터 구별 짓는 특징, 가령 언어 사용 능력을 강조하면서 인간과 동물, 식물 사이의 존재의 위계를 수립하고 있었다. 아리스토텔레스의 위계도는 삼각형 구조를 띠는데 위로 갈수록 복잡한 특성들이 많아진다. 맨 아래에는 돌과 광물 등 생명력이 결여된 사물이 자리하며, 그 위에는 살아 있지만 활력과 운동성이 제한된 식물, 그 위에는 감각적이고 운동성을 지닌 동물, 맨 꼭대기에는 가장 활기차고 이성적인 인간이 자리한다.[4] 이러한 존재의 위계도는 또한 가치의 위계도이기도 하

3   수나우라 테일러, 『짐을 끄는 짐승들』, 이마즈 유리 옮김, 오월의봄, 2020, 164쪽.
4   도미니크 르스텔, 김승철 역, 『동물성: 인간의 위상에 관하여』, 동문선, 2001, 11쪽; 수나우라 테일러, 『짐을 끄는 짐승들』, 이마즈 유리 옮김, 오월의봄, 2020, 171-172쪽.

다. 아리스토텔레스는 『정치학』에서, "식물은 동물을 위해 존재하며, 동물은 인간을 위해 존재한다. 가축은 인간에게 부림당하고 식량을 제공하기 위해, 야생 동물은 식량이나 기타 생활의 부수품, 이를테면 옷이나 이런저런 도구를 제공하기 위해 존재한다. 자연은 무엇이든 목적 없고 쓸모없는 것은 만들지 아니하므로, 모든 동물이 인간을 위해 만들어졌음에는 의심의 여지가 없다."고 말한 바 있다.[5]

후대의 서구 그리스도교 역시 인간과 동물 사이에 근본적인 존재론적 장애물을 설정하였다. 그리스도교의 「창세기」에는 신이 인간을 자신의 모습대로 창조했고, 인간 외 동물을 비롯한 모든 피조물을 다스릴 권한을 부여했다는 이야기가 나온다. 아시시의 프란치스코처럼 예외가 있지만, 일반적으로 그리스도교에서는 인간과 신이 만든 피조물, 특히 동물 사이의 경계가 뚜렷하며, 인간의 우월한 자리가 당연한 것으로 여겨진다. 프랑스의 종교개혁가인 칼뱅은 "인간과 동물을 구별 짓는 것은 신에 대한 경배이며, 인간이 다른 동물보다 우월한 것은 신에 대한 경배를 하기 때문"[6]이라고 하면서, 동물에 대한 인간의 우월성을 강조한다.

그런데 앞에서 잠깐 다루었듯이, 지리상의 발견 이후부터 서구 세계에서는 각지에서 수집된 신기한 사례들에 관심이 집중되었다. 인간과 동물의 경계는 일반적으로 당연한 것으로 여겨졌지만, 인간과 동물의

---

5 데이비드 보이드, 『자연의 권리: 세계의 운명이 걸린 법률 혁명』 이지원 옮김, 교유서가, 2020, 23-24쪽.

6 장석만, 「종교와 동물, 그 연결점의 자리」 『종교와 동물』 모시는사람들, 2014, 32쪽.

경계선상에 있는 듯한 낯선 존재들은 분류 체계를 혼란스럽게 만드는 듯했다. 17세기와 18세기에는 서구의 많은 지식인들이 "호텐토트족"처럼 낯선 종족들부터 오랑우탄처럼 신체적 특징이 인간과 비슷한 동물, 심지어 농인들을 비롯한 장애인에게 이르기까지, 과연 이들이 인간인가 아니면 동물인가에 관해 신랄한 토론을 벌였다. 그렇지만 대체로 논의는 존재의 위계도에 바탕을 둔 분류 체계 자체를 뒤흔드는 데까지 나아가지 못했고, 17~18세기 서구 사상사의 영향력 있는 인물들은 인간 중심적 시각을 강화하는 데 기여했다.

17세기 철학자 데카르트는 동물이 생각하거나 말하거나 감정을 느낄 수 없다고 여겼고, 이성과 영혼을 가진 인간이 동물과 확연히 구별되는 독보적 존재라고 주장했다. 그가 볼 때, 인간에게는 영혼이 있지만 동물에게는 영혼이 없으며, 동물은 어떤 감정도 느낄 수 없고 언어도 없는 복잡한 기계, 일종의 자동기계 인형 automata에 불과했다. 동물을 자동기계 인형으로 여기는 시각은 인간이 동물을 자신의 이익을 위해 이용하고 나아가 조작할 가능성을 열어 주었다.

18세기의 식물학자 린네 Carl Linnaeus는 자신의 책 『자연의 체계』에서 새로이 고안해낸 "포유류"라는 분류에 인간을 포함시킴으로써 인간을 동물계에 위치시켰다.[7] 그렇지만 인간 역시 동물이라는 점을 인정하면서도, 다른 한편으로 인간을 다른 동물들로부터 구별 짓는 뚜렷

---

7   수나우라 테일러, 『짐을 끄는 짐승들』, 이마즈 유리 옮김, 오월의봄, 2020, 172쪽.

한 특징(영혼이나 이성 등)을 강조함으로써, 린네를 비롯한 여러 지식인들은 여전히 인간 중심적인 시각에서 벗어나지 못했다. 특히 린네는 인간을 호모 사피엔스로 명명했는데 이는 "지혜로운 인간/남자 man of wisdom"를 뜻한다. 이것은 이성을 통해 인간과 동물을 구별하는 함의를 띠고 있는데, 당시 이성은 거의 전적으로 백인 남성에게 귀속되는 특징으로 여겨져왔다는 점에 주목할 필요가 있을 것이다.[8] 인간을 정의할 때 서구 백인 비장애인 남성을 암묵적 기준으로 삼고, 범주에서 벗어난 존재들을 짐승, 야만으로 타자화하는 경향은 광범위하게 영향을 미쳐왔던 것이다.

한편, 철학자 자크 데리다는 다양한 존재들을 하나로 뭉뚱그리는 "동물"이라는 명명 자체에 의문을 제기한다. 그는 "동물"이라는 말이 게으르고 모욕적인 의미로 사용된다는 점을 지적하고, "인간/남성이 만들어낸" 동물이란 이름에 포괄되는 존재들이, "바로 그 동물이라는 이름으로 인해 다양성을 제거당한다."고 주장하였다.[9] 동물이라는 단순한 이름 아래에는 엄청나게 다양한 존재들이 포함되고 있다.

그런데 인간 세계에서 그렇게 다양한 동물을 만나는 일은 쉽지 않다. 특히 다수의 인간이 거주하는 도시 환경 속에서 인간이 만날 수 있는 동물은 매우 한정되어 있다. 눈에 띄는 동물이라면 반려동물에 국한된다. 반려동물을 제외하고, 최근에 만난 동물을 떠올려보라. 많은

---

8   수나우라 테일러, 『짐을 끄는 짐승들』, 이마즈 유리 옮김, 오월의봄, 2020, 173쪽.

9   수나우라 테일러, 『짐을 끄는 짐승들』, 이마즈 유리 옮김, 오월의봄, 2020, 168쪽.

이들은 대답하기에 어려움을 겪을 것이다. 현대인에게 반려동물을 제외한 동물은 눈에 보이지 않는다. 동물은 티비나 영화 속에서만 존재하지, 이 세상에, 적어도 인간이 거주하는 공간에는 없는 것 같다. 현대 세계에서 인간과 동물은—반려동물을 제외하고는—별다른 관계가 없으니, 동물은 그들의 세계에서 살고 인간은 인간의 세계에서 산다. 겹쳐지는 부분은 거의 없는 듯하다.

그러나 과연 그럴까? 사실 현대 세계에서 인간 생활의 거의 모든 장면은 동물과 관계되어 있다. 아니, 좀 더 정확히 말해서, 현대 사회에서 인간 생활의 많은 부분은 동물에 의존하고 있다. 그런데 그 과정이 대단히 폭력적이다. 데리다는 지난 2세기를 거치면서 동물을 다루는 전통적인 방식이 완전히 뒤바뀌게 되었고, "동물의 대량 학살"이라 할 만한 폭력이 자행되었다고 지적한다. 특히 현대 사회에서 자행되는 동물 학살은 동물을 단지 죽이는 데 그치지 않고, 동물에게 영양을 공급하고 대규모 인공수정 등을 통해 과도하게 수를 불린 뒤 죽인다는 점에서 더욱 폭력적이라는 것이다.[10] 몇 가지만 예로 들어보자. 가장 눈에 띄는 것은 인간의 육식을 위해 동물을 마치 기계처럼 찍어내는 공장식 축산이 일반화되었다는 점이다. 인간이 점점 더 육식을 즐기면서 고기 수요가 폭증해왔다. 축산물 안전관리 시스템 홈페이지에 따르면, 한국의 경우, 2020년 한 해 동안 도축된 가축 수가 11억 4,662만 9,000여

---

10   장석만, 「종교와 동물, 그 연결점의 자리」, 『종교와 동물』, 모시는사람들, 2014, 23쪽.

마리에 이른다.[11] 수요에 맞춰 고기의 대량 생산을 위해 공장식으로 가축이 사육, 생산되기에 이르렀는데, 이러한 공장식 축산업은 좁은 공간에 많은 개체들을 밀집 사육하면서 전염병에 취약한 환경을 만들었다. 그리고 집단 전염병이 돌 때면 이러한 가축들은 집단적으로 살처분되었던 것이다. 잘 알려진 예를 들면, 2010년 말부터 2011년까지 구제역이라는 가축 전염병이 전국적으로 돌았을 때, 질병 확산의 우려 때문에 발병지역의 가축은 물론이고 인근 지역의 건강한 가축까지도, 340만 마리 이상의 가축이 "예방적 살처분"되었다. 2019년에는 아프리카돼지열병 ASF이 발생해서 돼지 약 39만 마리가 살처분되었다. 2003년 이래 예방적 살처분된 가금류의 수는 대략 1억 마리에 달한다. 인간의 식탁 위에 올라오는 음식을 위해 엄청난 수의 동물들이 희생되고 있다. 다만 우리 눈에 잘 보이지 않을 뿐.

우리 눈에 자주 보이는 동물이라고 하면 무엇보다도 반려동물을 꼽을 수 있다. 인간과 함께 하는 반려동물의 수는 점점 더 많아져서, 농림축산식품부에서 실시한 〈2019 동물보호 국민의식조사〉에 따르면, 반려동물을 키우고 있다고 응답한 이들이 전체의 26.4퍼센트라고 한다. 여기서 추산하면 반려동물을 키우는 가구 수는 약 591만에 달한다. 그런데 안타까운 것은, 점점 더 많아지는 반려동물 수만큼 버려지는 유기동물의 수도 증가해왔다는 점이다. 2020년 1월부터 9월까지 버려진

---

11   https://www.lpsms.go.kr/home/stats/stats.do?statsFlag=butchery.

동물 수는 일평균 372마리에 이른다.[12]

그 외에도 인간이 이용하는 화장품과 의약품을 위해 광범위한 동물 실험이 이루어져왔고, 나아가 인간을 위한 대규모 벌목 및 개발 사업들은 동물이 살아가는 서식지를 파괴해왔다. 현대 사회에서 인간과 동물의 관계는 급격히 변화되었고, 인간은 인간을 위해 동물을 다양한 방식으로 이용하면서도 동물의 경험과 안녕에는 거의 관심을 기울이지 않았다. 이러한 상황에서 프랑스의 철학자 데리다는 인간으로 인해 동물이 겪게 된 끔찍한 고통에 항의하고, "우리를 쳐다보고" 있는 동물 앞에서 책임감 있는 태도를 가질 것을 현대인에게 요청했던 것이다.

> 그 누구도 특정한 동물들을 엄습할 수 있는 고통을, 두려움이나 공황 상태를, 공포나 놀람을 부정할 수 없습니다.[13]

세계인권선언 이후 30년만인 1978년에 동물권리선언UNESCO-Universal Declaration of Animal Rights이 나왔다. 선언문의 1항과 2항은 단순하지만 강렬하다. "모든 동물은 [...] 존재할 수 있는 동등한 권리를 가진다." "모든 동물은 존중받을 권리를 가진다." 우리는 그 말에 귀 기울일 필요가 있다.

---

12 https://news.sbs.co.kr/news/endPage.do?news_id=N1006050736&plink=ORI&cooper=NAVER&plink=COPYPASTE&cooper=SBSNEWSEND.

13 자크 데리다, 「동물, 그러니까 나인 동물(계속)」, 최성희, 문성원 역, 『문화과학』 76, 2013, 343쪽.

2. 인수공통 감염병이 퍼지는 시대, 인간과 동물의 관계를 다시 생각함

2020년 11월 어느 날, 나는 연이은 발표와 토론 수업으로 지친 몸을 이끌고 지역 생태 탐방에 나섰다. 지역의 토박이 전문가 선생님 한 분이 이끄는 대로, 생태학적으로 중요한 지점들을 둘러보는 시간이었다. 그중 한 곳은 민물과 바닷물이 만나는 지점이었는데, 멸종위기 야생생물 2급으로 지정된 흰발농게가 아직까지 발견되는 곳이라고 해서, 둑위에 서서 유심히 흰발농게의 자취를 살피고 있었다. 그런데 아래쪽에서 푸드득 소리가 나더니 커다란 뭔가가 뛰쳐나오는 것을 보게 되었다. 바로 수리부엉이였다! 천연기념물이고 멸종위기 야생생물 2급인 수리부엉이. 그 부엉이가 둑 밑에 있다가 말소리가 들리니까 푸드득 뛰쳐나온 것이다. 그리고 조금 날아서 옆쪽으로 갔는데, 안타깝게도 상태가 많이 안 좋아 보였다. 야생 동물 구조단체에 연락했더니 곧 구조대원들이 와서 부엉이를 구조했고, 열흘쯤 뒤에 발견 장소에 다시 방사했다는 전갈을 받았다.

탈진한 수리부엉이와의 갑작스러운 만남을 계기로, 나는 야생 영역과 인간 영역의 경계가 점점 흐려지면서 야생 동물과 인간의 접촉 기회가 많아진 현실을 생각해보게 되었다. 사실은 경계가 흐려진다기보다

그림 4 | 2020년 지역 생태탐방 중 우연히 만난 탈진한 수리부엉이

는 인간 영역이 빠른 속도로 확장되고 있다는 게 더 정확한 말일 것이다. 인구는 폭발적으로 증가해왔고, 인간의 편의를 위한 환경 파괴가 가속화되는 가운데 인간 영역은 급속도로 확장되고 야생동물이 서식하는 자연 생태계는 붕괴되어 왔다. 그리고 인간 영역의 급속한 확장은 동물에게 큰 고통을 안겼다. 생활하고 쉬고 먹이 활동을 할 수 있는 영역이 점점 더 축소되면서, 많은 야생 동물이 급격한 환경변화에 적응하지 못하고 죽어갔고 일부는 먹이 활동을 위해 인간의 영역에 자주 출몰하게 되었다.

그런데 야생 동물이 겪는 고통은 그들의 고통에서 끝나지 않았다. 인간 영역의 확장으로 인해 인간과 야생 동물의 접촉면이 늘어나면서 인수공통 감염병이 크게 확산되었고, 이는 인류의 고통으로 이어지게 된 것이다. 인수공통 감염병이란 동물의 병원체가 인간에게 건너와서 생기는 병인데, 데이비드 콰먼에 따르면 현재까지 알려진 감염병 중에서 60퍼센트 정도가 인수공통 감염병이라고 한다.[14] 특히 2020년은 인수공통 감염병인 코로나19의 전 세계적 대유행이 시작된 해로 기억할 만하다. 국제 통계사이트 월드오미터에 따르면, 2021년 1월 11일 현재 코로나19 바이러스 확진자 수는 9,068만 명이 넘었고, 사망자 수는 194만 명이 넘었다.

코로나19 이후, 우리는 동물의 고통과 인간의 고통의 연결성에 대해 생각해보게 된다. 데이비드 콰먼의 말대로, 이런 질병들을 경험하면서 우리는 "인류도 동물종의 하나에 불과하다는 다윈주의의 오래된 진실", 곧 "인류의 기원과 혈통과 질병과 건강은 다른 동물종과 떼려야 뗄 수 없을 정도로 밀접하게 연관되어 있다는 진실"을 새로이 절감하게 된다. 그런데 인간이 인간의 편의와 안녕만을 염두에 둔 채 "너무 많이 존재하고, 너무 주제넘게 침범하는" 까닭에 다른 동물들 뿐 아니라 결국에는 인간 자신의 고통까지도 유발하고 있는 것이다.[15]

세계자연기금World Wide Fund for Nature, WWF에서 발표한 〈유엔 생물

---

14   데이비드 콰먼, 『인수공통 모든 전염병의 열쇠』, 강병철 옮김, 꿈꿀자유, 2020, 28쪽.
15   데이비드 콰먼, 『인수공통 모든 전염병의 열쇠』, 강병철 옮김, 꿈꿀자유, 2020, 18쪽, 53쪽.

다양성전망 보고서(GBO-5)에 대한 입장문〉에 따르면, 1970년에서 2016년 사이에 전 세계 생물종 개체수가 평균 68퍼센트 급감했다. 또한 이번 세기에 포유동물 550종 이상이 추가로 멸종할 것이 예상되며, 육지의 75퍼센트, 바다의 66퍼센트가 인간의 활동에 의해 훼손되었다고 한다. 인간은 이처럼 점점 더 빠른 속도로 다른 동물에게 고통을 가하고 그들을 죽음에 이르게 하면서도 그렇게 고통당하고 죽임 당하는 동물에 대해서는—심지어 그들의 존재 자체에 대해서도—거의 모른다. 시선을 인간적인 세계 안으로만 고정하고 있기 때문일지도 모르겠다.

그렇다면 과연, 우리가 인간적인 것보다 더 큰 세계로 눈을 돌려서, 살아 있는 존재로서 동물을 마주하게 된다면 어떤 일이 일어날까?

3. 발견, 눈이 마주친 순간

보는 동시에
보이는 존재

인간이 비인간 동물과 눈이 마주쳤을 때, 어떤 사물이 아닌 생명으로서 자기 존재를 주장하는 그 동물의 생명성을 문득 인식하게 되는 경우가 종종 나타난다. 20세기 초반에 북아메리카에서 늑대 근절 캠페인에 참여했던 알도 레오폴드의 경험이 그러했다. 산림청 직원이던 그와 동료는 어떤 늑대—어미 늑대였다—를 총으로 쐈는데, 그때 그는 강렬한 경험을 하게 된다. "우리는 늙은 늑대에게 다가가서 그녀의 눈에서 맹렬한 녹색 불꽃이 꺼져가는 것을 바라보았다. [...] 나는 어렸기에 [...] 늑대 수가 적어지면 사슴이 많아질 거라고 생각했지만, [...] 그 녹색 불꽃이 사그라드는 것을 본 후로, 그 늑대도 산도 그러한 시각에 동의하지 않을 것임을 알아차렸다."[16] 레오폴드가 야생 늑대의 눈에서 본 "맹렬한 녹색 불꽃"은 하나의 주체로서 자기 삶을 영위하던,

---

16   Bron Taylor, *Dark Green Religion: Nature Spirituality and the Planetary Future*, Berkeley: University of California Press, 2010, p. 33.

그러나 이제 총에 맞아 죽어가는 늑대의 강렬한, 스스로의 존재를 주장하는 생명의 눈빛이었을 것이다.

잘 알려진 동물학자인 제인 구달은 그가 데이비드 그레이비어드라고 불렀던 수컷 침팬지와 눈을 마주치며 소통했는데, "그의 눈은 마치 그의 마음을 볼 수 있는 창처럼 느껴졌다."고 한다. 동물행동학자 마크 베코프는 연구를 위해 필요한 실험을 수행하려고 고양이 한 마리를 죽이려 했다. 그때 고양이가 뚫어져라 자신을 쳐다보았고, 그것은 마치 "왜 나지?"라고 묻는 것처럼 느껴졌다고 한다.[17]

이들 세 사람은 각기 다른 영역에서 생태계 보전을 위해 중요한 업적을 남긴 사람들이다. 이들을 비롯한 많은 생태주의자들에게서 비슷한 종류의 어떤 경험이 삶의 전환점이 된 것을 볼 수 있다. 그것은 비인간 동물과 눈에서 눈으로 만나는 경험이다. 브론 테일러는 그러한 경험들을 "눈에서 눈으로의 현현 eye-to-eye epiphanies"으로 명명한다.[18] 눈에서 눈으로, 문화의 필터를 거치지 않은 생생한 만남의 경험은 많은 이들에게서 삶의 전환점이 되는 일종의 충격으로 작용했다. 동물의 눈을 바라보면서, 더 이상 어떤 사물이 아니라 살아 있는 존재로서 동물의 생명성을 감지하게 되는 것이다.

그런데 비인간 동물과 눈이 마주치는 순간, 인간은 종종 당혹감을

17   Bron Taylor, *Dark Green Religion: Nature Spirituality and the Planetary Future*, Berkeley: University of California Press, 2010, pp. 24-25.

18   Bron Taylor, *Dark Green Religion: Nature Spirituality and the Planetary Future*, Berkeley: University of California Press, 2010, p. 24.

느끼기도 한다. 예를 들어 보자. 요즘 반려동물 수가 많아지면서, 인간이 개나 고양이 등 반려동물과 눈을 마주칠 기회도 자연스럽게 많아졌다. 그런데 평소에 반려동물을 사랑하고 같이 놀아주는 시간이 많은 이들조차 자신이 잘 안다고 생각했던 반려동물의 낯선 시선을 문득 의식하게 되는 때가 있다 데리다의 경우처럼 말이다.

시간 이래로, 그러니까.

시간 이래로, 동물이 우리를 지켜본다고 말할 수 있을까요?

어떤 동물이죠? 타자군요.

때로 나는 내게, 내 스스로 시험 삼아 묻곤 합니다. 나는 누구인가요? 발가벗은 채 침묵 속에서 어떤 동물의 시선에, 가령 고양이의 눈에 포착된, 곤란해하는, 그래요, 거북함을 이겨내기 곤란해하는 그런 순간에 놓인 나는 누구인가요?[19]

철학자 자크 데리다는 어느 날 목욕탕에서 고양이가 벌거벗은 자신을 무심히 쳐다보는 시선을 느끼게 되었다. 자신의 반려동물인 암고양이 "로고스"가 목욕탕에 따라 들어온 것이다. 물끄러미 바라보는 로고스의 시선을 알아차린 순간, 데리다는 굉장한 당혹감을 느꼈다. 그리고 스스로가 취약하다고 느끼게 되었다. 평소에 데리다는 로고스와 많은 시간을 보냈고 그 고양이의 눈을 바라보는 일도 드물지 않았을 것이다. 그런데도 그토록 당혹스러움을 느낀 까닭은, 자신이 벌거벗은 채 타자의 시선에 노출되었다는 이유도 있겠지만—실제로 데리다는 "벌거벗음"에 방점을 찍는다—, 인간으로서 자신이 주도하지 않은 무방비 상태에서 반려동물로부터 응시되는 경험이 굉장히 낯설게 느껴졌다는 이유도 있을 것이다. 이때 시선의, 그리하여 상황의 주도권은 인간이 아니라 동물에게 있다. 시선을 주는 것은 비인간 동물이고, 인간은 그의 시선을 받는다. 일반적인 상황의 역전이다. 데리다는 벌거벗은 상태로 로고스의 시선을 받으면서, 나와 마주하고 나를 바라보며 심지어 벌거벗은 나를 바라보는 "대체할 수 없는 생명체"로서 그 고양이의 존재감을 새로이 느낀다. 데리다는 "바닥 없는 전적인 시선으로서, 타자의 눈으로서 '동물'이라는 이 시선"이 자신으로 하여금 "인간적인 것의 깊은 한계를 보도록" 한다고 말한다.[20]

친숙하게 지내면서 내가 매우 잘 안다고 생각했던 반려동물의 가만

---

19   자크 데리다, 「동물, 그러니까 나인 동물(계속)」, 최성희, 문성원 역, 『문화과학』76, 2013, 303쪽.

20   자크 데리다, 「동물, 그러니까 나인 동물(계속)」, 최성희, 문성원 역, 『문화과학』76, 2013, 314쪽, 319쪽.

한 응시조차 당황스럽게 느껴질 때가 있는데, 낯선 동물, 특히 나보다 더 크고 강한 포식자 동물의 시선을 경험하게 된다면 어떨까? 예전에 내가 밴쿠버 박물관에 들렀을 때, 그곳에서는 소규모 특별전시가 이뤄지고 있었다. 전시장 입구에 늑대, 곰 등 맹수들의 실물 크기 모형이 설치되어 있었는데, 흔히 바닥에 모형을 세워두는 일반적인 전시장과는 달리, 그곳에서는 맹수 모형을 지상 1미터 이상의 높이에 두어서, 전시장에 들어갔을 때 관람객의 눈과 맹수의 눈이 마주치게끔 배치되어 있었다. 맹수와 눈이 마주치는 것은—비록 모형이었지만—굉장히 낯선 경험이었다. 그 눈을 보면서 순간적으로 무서웠고, 인간인 나 자신의 취약함을 인식하게 되었다.

실제로 무방비 상태에서 포식자와 눈이 마주친 철학자가 있었다. 1985년 2월의 어느 날, 철학자이자 에코페미니스트인 발 플럼우드Val Plumwood는 오스트레일리아의 카카두 습지에서 홀로 카누를 타다가 커다란 악어를 맞닥뜨렸다. 악어는 카누 곁으로 돌진해왔고, 플럼우드는 "그 아름다운, 얼룩이 있는 황금색 눈"을 마주보게 되었다. 그 악어는 플럼우드의 카누를 되풀이해서 들이받았다. 또 그 악어는 플럼우드의 다리를 꽉 물고 끌어내려서 수차례 물속으로 처박았다. 그는 온몸으로 저항하다가 겨우겨우 그곳을 벗어나서 악어의 영역에서 빠져나오게 되었다. 구사일생의 경험이었다. 그가 나중에 회상하기를, 그악어와 눈이 마주친 그 순간이야말로 인간인 자신이 먹잇감이라는 것을 구체적으로 이해한 최초의 순간이었다고 한다. "악어의 눈을 들여다보면서, 강 상류로 가는 이 여행 계획이 인간 생명의 중요한 측면, 곧 식용 가능한 동물로서 나 자신의 취약성을 충분히 고려하지 않은 것이었음을 깨달았다."는 것이다. 그의 말대로, "진실의 순간에 추상적 지식은 구체적인 것이 된다."[21]

우리는 흔히 간과하지만, "안다는 것은 항상 그리고 어디에서나 알려지는 것으로부터 분리될 수 없다."[22] 우리는 동물을 발견하고 동물을 바라보지만, 동물도 우리를 발견하고 우리를 바라본다. 우리는 보통 동물을 바라보는 우리 인간의 시선에만 주의를 기울이느라, 인간을 바라보는 동물의 시선, 그 의미에 대해서는 간과하기 쉽다. 그렇지만 대자연에 깃들어 살아온 많은 종족들에게 동물이라는 인간과 다른 부류의 존재들의 시선을 예민하게 인식하는 일은 생사를 좌우하는 일이었다. 에콰도르 아마존 강 상류 유역에서 루나족과 함께 생활한 에두아르도 콘은 그 문제를 상세하게 다룬다. 재규어와 마주쳤을 때, 재규어가 나를 어떻게 바라보는지가 내 생사를 좌우한다. 재규어가 나를 자신과 같은 존재로 본다면 나를 가만히 놓아두겠지만, "재규어가 우리를 먹잇감—'그것'—으로 보게 된다면, 우리는 죽은 고기나 다름없다." 여기서 본다는 것은 표상하는 것, 아는 것, 나아가 생각하는 것으로 이어지며, 그 모든 행위는 "인간만의 전매특허가 아니다."[23]

---

21   Val Plumwood, *The Eye of the Crocodile*, Canberra: ANU Press, 2012, p. 10.

22   Nurit Bird-David, "Animistic Epistemology: Why Do Some Hunter-Gatherers Not Depict Animals?", *Ethnos*, Vol. 71:1, March 2006, p. 43에서 재인용.

23   에두아르도 콘, 『숲은 생각한다』, 차은정 옮김, 사월의책, 2018, 11–12쪽.

이처럼 동물의 시점에서 우리 인간이 어떻게 보일 것인가를 생각해 본다는 것은 동물을 자기 시점을 가진 존재로서 인정한다는 뜻이기도 하다. 비베이루스 지 까스뜨루는 이를 존재론적 잠재 능력 중 하나인 관점성으로 지칭한다. 가령 퓨마도, 악어도 저마다 하나의 시점을 차지할 수 있다.[24] 나도 퓨마를, 악어를 바라보지만, 퓨마도, 악어도 자신의 시점에서 나를 바라본다. 이점을 고려할 때 나와 다른 부류의 존재를 넓은 의미에서 "사람"으로 인정하는 애니미즘은, 달리 말하면, "나는 보는 동시에 보이는 존재"라는 사실에 좀 더 민감한 존재론으로 재조명될 수 있을 것이다.

다른 존재의 시점을
인정하는 애니미즘

인류학자 팀 잉골드는 북극 인근의 핀란드 라플란드 지역에서 민족지 조사를 수행하면서 순록을 뒤쫓다가 기묘한 순간을 경험했다.[25] 잉골드의 존재를 알아차리는 순간, 순록은 멈춰 서서 꼼짝도 하지 않고 그를 똑바로 응시하기 시작했던 것이다. 생물학자들은 순록의 이러한 행

---

24   에두아르도 콘, 『숲은 생각한다』, 차은정 옮김, 사월의책, 2018, 44쪽 참조.

25   이하는 잉골드의 이야기를 간략히 요약한 것이다. Tim Ingold, *The Perception of the Environment: Essays in livelihood, dwelling and skill*, London: Routledge, 2000, p. 13 참조.

동이 포식자인 늑대에게서 달아날 기회를 포착하기 위한 적응적 행동이라고 설명한다. 순록이 멈추면 늑대도 멈추고 잠시 고요한 시간이 온다. 이제 우선권을 쥔 것은 순록이다. 순록은 적절한 기회를 포착해서 갑자기 높이 뛰어오르며 달아나고, 대개는 늑대로부터의 도주에 성공한다. 순록의 이 같은 도주 전략은 늑대에 관해서는 종종 성공적이지만, 인간 사냥꾼을 만났을 때는 정반대의 결과를 낳는다. 사냥 도구를 가진 인간은 순록이 멈추어 응시하는 동안 손쉽게 순록을 포획할 수 있기 때문이다.

그런데 잉골드는 캐나다 북동부의 토착 사냥꾼인 크리족에게서 순록을 사냥하기 쉬운 이유에 대하여 생물학자들과는 다른 결의 설명을 듣게 된다. 그들은 순록이 사냥꾼에게 선한 의도로 의도적으로 스스로를 내어준 것이라고 말한다. 그들은 순록을 잡은 게 아니라 받은 것이라고 말한다. 순록이 땅에 서서 사냥꾼의 눈을 응시하는 순간, 일종의 "봉헌"이 이루어졌다는 것이다. 그렇다면 인간과 순록의 눈이 마주친 순간 일어난 일에 대한 서구 자연과학자와 토착민 사냥꾼의 서로 다른 설명들을 우리는 어떻게 이해해야 할까?

크리족의 설명은 적어도 순록을 지각하고 소통하는 행위주체^{agency}로, 일종의 사람으로 여기는 애니미즘적 해석이다. 물론 순록이 자기를 내어준 것이라는 설명은 인간의 입장에서 순록의 행위를 해석한 것이지만, 행위주체로서 순록의 의지 같은 것을 인정하는 말로 볼 수 있다. 이처럼 비인간 동물의 의지나 동기, 시선을 인정하는 태도는 자연에 의탁해 살아가는 사람들 사이에서 두드러지게 나타난다.

일반적으로 반려견, 반려묘와 함께 살아본 사람들은 이종간의 소통을 긍정한다. 적어도 자신과 바로 그 반려동물과의 관계에서는 어떤 종류의 감정 교류와 소통이 이루어진다고 인정한다. 그러나 그 외의 생명들, 자신과 밀접 접촉하지 않는 생명에 대해서는 소통 가능성을 염두에 두지 않으며, 그들과 관계를 맺지 않는다. 그저 사물이나 배경으로 생각할 뿐이다.

그런데 어떤 사람들은 생명들과 좀 더 폭넓게 관계를 맺고 있다. 자연에 기대어 살아온 사람들은 일반적으로 좀 더 넓은 범위의 생명과 어떤 식으로든 관계를 맺고 있으며 그 변화에 민감하다.

첨엔 몰랐지. 근데 거기 장수말벌이 있었어. 그놈이 딱 내 코앞에서 나를 노려보는겨. 내 이마빡을 쏠라고 준비하는 거지. 그래서 내가……

수년 전에 나는 작은 섬에 살면서 땅과 바다에 기대어 살아가는 어떤 농부이자 어부와 이런저런 이야기를 나눈 적이 있다. 화제는 어느새 벌에 대한 것으로 넘어갔다. 그는 벌 중에서 위험한 것은 장수말벌이라고 하면서, 언젠가 한적한 곳에 혼자 있다가 위협적으로 노려보는 장수말벌 한 마리와 맞닥뜨리게 된 경험을 말하기 시작했다. 나는 그가 장수말벌을 의도와 감정을 갖고 행동하는 사람처럼 묘사하는 것이 흥미로웠다. 이 경우에 그는 장수말벌을 사람처럼 여기고, 장수말벌의 시점에서 자신이 어떻게 보일지를 자연스럽게 유추했는데, 이는 어떤 믿음 같은 것에서 나왔다기보다는 생존을 위한 즉각적인 반응이라고 보는 것이 적절할 것이다.

자연과 밀접한 관계 속에서 살아가는 사람들은, 생존과 생계를 위해서, 인간이 저마다 자기의 시점을 지닐 뿐 아니라 다른 생명체들 역시 자기들의 시점을 가지고 그에 따라 행동하고 있음을 예리하게 인식하고 인정하게 된다. 이들에게 애니미즘은 실용적이고 실제적인 문제이다. 물고기나 낙지, 키조개를 잡고 콩과 배추를 심을 때, 인간의 시점에만 의존해서 수확을 거두기란 쉽지 않은 일이다. 지역 생태 환경에서 뭔가를 얻기 위해서는, 그리고 숲에서 바다에서 생계 활동을 하면서 해를 입지 않기 위해서도, 인간적인 것을 훌쩍 넘어서는 다른 존재들의 시점에서 내가 어떻게 보일 것인지를 상상하고, 서로 다른 여러 관점들이 어떻게 상호작용하는지 상상함으로써 지역 생태계를 이해할 필요가 있는 것이다.

여기서 중요한 것은 애니미즘은 가령 인간이 숲에 대해―동물에 대해, 나무에 대해, 혹은 오히려 세계에 대해―어떻게 사유하느냐가 아니라 숲이―동물이, 나무가, 혹은 오히려 세계가―어떻게 생각하느냐를 묻는 일과 더욱 연관된다는 점이다.[26] 애니미즘과 관련해서 생각할 때, 우리의 시선은 자꾸만 인간이 다른 존재를 바라보는 시각, 인간의 사유, 믿음에 맞춰진다. 그러나 애니미즘은 다른 존재들이 저마다의 시점에서 나를 포함한 세계를 바라본다는 사실을 인정하면서 서로 관계 맺는 방식이라 할 수 있다.

여러 학자들이 지적하듯이, 신대륙의 많은 인간 집단들은 세계가 다양한 시점들이 역동적으로 얽혀 있는 다양체로 이루어져 있다는 개념을 공유한다.[27] 다른 부류의 존재들도 자기 시점을 가지고 다른 존재들과 세계를 바라보며, 기호 작용에 의해 주변 세계를 표상한다. 그리고 그러한 살아 있는 기호적 상호작용으로 인해 복합적 의미화가 창발하게 되고, 살아 있는 역동성이 창발하는 세계는 "활기에 넘친다animate"는 것이다[28]

그러나 현대 사회는 살아 있는 존재들을 인식하거나 우리가 인간 외 다른 존재의 시점에 포착된다는 사실을 인식하는 능력을 점점 더 잃어버리면서 관계적 생태학으로부터 떨어져나가는 가운데 일종의 소외에 이르게 되는[29] 과정과 그 부정적 결과를 여실히 보여주고 있다.

관계적 생태학에 스며들어 살아가는 사람들은 먹고 살기 위해 숲이나 바다 등 로컬의 조밀한 세계로 진입한다. 이들은 살아 있는 존재들의 시점을 인식하고 그들을 사람으로 인정하면서도 종종 먹고 살기 위해 그러한 사람들에게서 생명을 빼앗아야 한다. 사냥이나 어로는 동물이나 물고기를 발견하기 위해 그러한 "비인간-사람들"의 시점을 인

---

26 에두아르도 콘, 『숲은 생각한다』, 차은정 옮김, 사월의책, 2018, 166쪽.

27 에두아르두 비베이루스 지 까스뚜르, 『식인의 형이상학: 탈구조적 인류학의 흐름들』, 박이대승, 박수경 옮김, 후마니타스, 2018, 40쪽.

28 에두아르도 콘, 『숲은 생각한다』, 차은정 옮김, 사월의책, 2018, 36쪽.

29 에두아르도 콘, 『숲은 생각한다』, 차은정 옮김, 사월의책, 2018, 39쪽.

식해야 하고, 그러한 존재들을 잡아서 먹기 위해서 이를 다시금 "비인간-그것"으로 바꾸어야 하는 일이다. 이러한 일은 결코 쉽지 않다. 관계적 생태학에 스며들어 사는 사람들은 다른 사람들을 먹음으로써 살아가는 근본적 모순에 압도당하지 않기 위해서, 다른 사람들을 "비인간-그것"으로 바꾸는 (흔히 의례적인) 복잡한 절차를 거친다. 현대 사회는 그러한 절차들의 외주화로 인해, 아예 다른 존재들이 시점을 가진 살아 있는 사람들이라는 사실을 잊어버렸다. 아는 능력을 상실해 버렸다. 이제 현대인들은 인간만이 시점을 가지고 바라보고 해석하고 의미를 만드는 유일한 존재로 여기게 되었다. 인간적인 것만을 사유하는 가운데 우리의 시야는 점점 협소해졌고, 인간적인 것 너머의 세계로부터 우리는 소외되었다.

에두아르도 콘은 아마존의 루나족과 "함께" 사유하면서, 관점성에 대한 생각을 비인간 존재들에게까지 확장한다. 그는 감각을 가진 모든 존재는 자신을 사람으로 여기지만, 다른 존재에게 보이는 방식은 바라보는 존재와 보이는 존재 각각의 부류에 따라 달라진다고 본다. 그리하여 콘도르는—루나족이 그들의 세계를 보는 것과 같은 방식으로—자기 시점으로 자기 세상을 보지만, 콘도르 종 특유의 습관과 기질 때문에 인간과는 다른 세계에 거주한다.[30]

우리가 루나족을 비롯한 애니미스트 원주민들과 함께 사유하다 보면, 우리는 인간 이외의 존재들과의 관계성을 의식하게 되고, 다른 존재의 시점을 의식하게 된다. 나아가 인간이 아니지만 인간과 마찬가지로 시점을 가진 비인간 존재들과 함께 사유하다 보면, 인간적인 것을 넘어선 세계에 도달하게 된다. 콘은 바로 이러한 까닭에 인간적인 것을 넘어선 인류학에서 애니미즘과 함께 생각하는 것이 중심적인 위치를 차지하게 된다고 본다. 그렇다면 인간적인 것 너머로, 비인간 존재들과 함께 사유할 때 우리는 어디로 가닿게 될까?

에두아르도 콘은 "숲과 함께 생각한다면, 우리는 살아 있는 사고 그 자체의 숲 같은 속성을 드러내고 이를 경험할 뿐만 아니라 우리가 어떻게 숲처럼 생각하는지를" 알 수 있을 것이라고 제안한다.[31] 로컬의 생태환경에서 다른 종의 존재들과 맺는 관계들에 주의를 기울이며 살아가는 존재 방식에 주목하는 것 자체가 일종의 실천적인 정치가 될 수 있다는 것이다. 그리고 그것은 다른 살아있는 존재들을 포함하는 정치가 될 것이다.

---

30   에두아르도 콘, 『숲은 생각한다』 차은정 옮김, 사월의책, 2018, 168쪽 참조.

31   에두아르도 콘, 『숲은 생각한다』 차은정 옮김, 사월의책, 2018, 33-34쪽, 174쪽.

4. 애니미즘과 동물-사람

일반적으로 생각할 때, 인간은 세계 내 다른 어떤 존재보다도 '동물'과 유사성이 많다. 인간과 비인간 동물은 많은 특성을 공유하고 있다. 그런데 다른 한편으로 비인간 동물은 인간에게 종종 이해할 수 없는 존재이기도 하다. 이 절에서는 비인간 동물과 인간의 유사성, 그리고 차이를 민감하게 인식하는 인간의 모습을 사례를 중심으로 살펴보려 한다.

동물의
영혼

타일러는 인간과 짐승의 절대적인 정신적 차이에 관한 관념은 문명화된 세계에서는 너무나 일반적이지만, 하등 인종들에게서는 거의 찾아보기 어렵다고 지적한다.[32]

---

32   에드워드 버넷 타일러, 『원시문화: 신화, 철학, 종교, 언어, 기술, 그리고 관습의 발달에 관한 연구』 2권, 유기쁨 옮김, 아카넷, 2018, 81쪽.

타일러는 "하등 동물"의 본성에 관해 "야만인"과 문명화된 인간이 매우 다른 생각을 가지고 있다고 여긴다. 타일러가 볼 때 야만인들은 "살아 있거나 죽은 짐승에게 마치 살아 있거나 죽은 인간에게 하듯 진지하게 말을 걸고, 경의를 표"한다. 또한 많은 하등 인종들은 인간과 동물의 "절대적인 정신적 차이"를 알지 못한다.[33] 짐승이 짖는 소리나 새의 울음소리를 인간의 언어처럼 느끼면서 동물도 생각을 하고 행동한다고 여기는 하등 인종들은, 타일러의 눈에는 인간과 비인간 동물의 절대적 차이보다는 연속성을 가정하는 것처럼 보인다. 타일러는 그 이유가 그들이 동물에게 영혼이 존재한다고 믿기 때문이라고 본다. 그들은 인간에게 영혼이 있듯이 짐승과 새와 파충류에게도 영혼이 존재한다고 믿는다는 것이다. 그래서 말이 마치 이성적인 존재인 것처럼 말을 설득하기도 하고, 방울뱀의 영이 복수할까봐 방울뱀을 살려주기도 한다.

타일러는 인간과 비인간 동물의 차이를 알지 못하고 인간의 영혼 관념을 확장해서 동물에게도 적용해서 동물에게 영혼이 있다고 믿은 사례로 특히 북아메리카 원주민의 예를 든다. 타일러에 따르면, 북아메리카 인디언들은 모든 동물이 저마다의 영을 가지고 있고 저마다의 저승으로 가게 된다고 믿는다. 캐나다 원주민들은 세상을 떠난 개의 영혼이 저세상에서 자기 주인을 섬긴다고 여겼다. 수족은 인간에게 네

---

33   에드워드 버넷 타일러, 『원시문화: 신화, 철학, 종교, 언어, 기술, 그리고 관습의 발달에 관한 연구』 2권, 유기쁨 옮김, 아카넷, 2018, 79쪽.

개의 영혼이 있다고 믿었는데, 그러한 특권은 인간에게 국한되지 않았으니, 곰도 네 개의 영혼이 있다고 여겨졌다. 캄차달족은 모든 생물이, 심지어 가장 작은 파리조차 저승에서 다시 살아가게 된다고 믿었다.[34]

그렇지만 타일러가 볼 때, 과연 비인간 동물이 영혼을 가지고 있느냐의 문제에 대해, 이른바 배운 사람들이라면 대체로 부정적이고 회의적인 견해를 가질 수밖에 없다. 따라서 그는 이들 하등 인종들이 아직 어린애 같은 사유 단계에 머물러 있다고 진단한다. 그는 동물에 대한 야만인들의 태도가 인류의 정신사에서 낮은 단계에 위치한다고 여겼는데, 세계 각지에서 행해진 끔찍한 장례 희생제의의 관습이 그러한 판단의 근거 중 하나였을 것이다. 일단 타일러는 어떤 이가 죽었을 때 아내나 노예 등을 함께 죽이는 잔인한 풍습의 바탕에는 죽음 이후에도 살아남는 영혼에 대한 믿음이 있다고 여겼다. 죽음 이후에도 영혼은 살아남아 저세상에서 모종의 "생활"을 영위하기에, 죽은 사람의 영혼이 사후에도 불편을 겪지 않도록 더 낮은 계층의 사람들, 즉 아내나 노예 등의 영혼을 저세상에 같이 보낸다는 것이다. 그런데 만약 동물이 영혼을 가진다고 여겨질 경우, 고위층 인물이 사망했을 때 저세상에서 그를 시중 들도록 아내와 노예를 죽여서 영혼을 떠나보내는 장례 희생제의 관습이 동물에까지 확대되는 것이 논리적인 귀결이다. 가령 죽은 전사의 말을 그의 무덤 위에서 죽인다거나, 심지어 아이가 죽었을 때

---

34   에드워드 버넷 타일러, 『원시문화: 신화, 철학, 종교, 언어, 기술, 그리고 관습의 발달에 관한 연구』 2권, 유기쁨 옮김, 아카넷, 2018, 82쪽, 84쪽.

아이의 영혼이 저승길을 잘 찾도록 개를 함께 매장하는 등의 경우가 이에 해당한다. 통킹에서는 왕자가 죽으면 저제상에서 고인이 이용할 수 있도록 장례식에서 야생 동물들도 익사시키는 관습이 있었고, 아랍에서는 무덤 위에서 낙타를 죽이는 관습이 있었고, 아리아인 중에는 전사가 죽었을 때 말과 사냥개와 매를 죽여서 함께 묻는 관습이 있었다.[35] 이러한 장례 희생제의 관습은 세계 각지에서 광범위하게 나타났는데, 한 인간이 죽었다고 장례식에서 살아 있는 동물을 죽이는 관습은 매우 미개하고 잔인하게 보인다. 타일러는 "조야한 부족들의 관습적이고 눈에 띄는 일군의 의식들"[36]의 바탕에 사후에도 살아남는 영혼, 특히 동물의 영혼에 대한 믿음이 깔려 있다고 여겼고, 따라서 동물의 영혼에 대한 "야만인"들의 믿음, 나아가 세계 각지 원주민 문화에서 나타나는 동물과 인간의 관계는 어느 정도 부정적인 의미에서 암묵적으로 평가받게 된다. 미개하고 어리석다는 식으로 말이다.

그렇지만 타일러는 동물에 대한 인간의 태도를 다룰 때, "영적인 존재들에 대한 믿음"이라는 스스로 수립한 애니미즘 정의에 지나치게 몰두해서, 세계 각지의 다양한 사례들, 관습들을 해석할 때 한쪽으로 치우친 경향이 있다. 동서고금의—저마다 맥락이 있고 결이 다른—가지각색의 사례들을 각각의 맥락을 고려하지 않고 하나로 묶어서 "동

---

35   에드워드 버넷 타일러, 『원시문화: 신화, 철학, 종교, 언어, 기술, 그리고 관습의 발달에 관한 연구』 2권, 유기쁨 옮김, 아카넷, 2018, 85-86쪽.

36   에드워드 버넷 타일러, 『원시문화: 신화, 철학, 종교, 언어, 기술, 그리고 관습의 발달에 관한 연구』 2권, 유기쁨 옮김, 아카넷, 2018, 79쪽.

물의 영혼에 대한 하등 종족의 믿음"의 사례로 제시하는 점에서 특히 그의 한계가 드러난다. 우리가 애니미즘의 재발견을 이야기하면서 재평가하려는 것이 이러한 잔인한 장례 희생제의의 관습을 부활시키자는 것은 결코 아니다. "영혼"과 "몸"의 구별, 그리고 살아 있는 동안 "몸" 안에 있고 죽은 뒤에서 계속 살아남는 "영혼"에 대한 관념은 유대 그리스도교의 사유에 빚진 것으로서, 세계 각지 원주민들의 관습을 영혼 관념을 통해 설명하려 시도하는 것은 서구적 사유의 지나친 덧씌우기가 되기 십상이다.

"동물의 영혼에 대한 믿음"이라는 렌즈를 빼고 세계 각지의 원주민들의 동물에 대한 태도를 살필 때, 사뭇 다른 각도에서 재평가가 가능한 문화가 있다. 영혼 개념을 넘어서, 그들이 보여주는 애니미즘의 존재론들은 행위주체agency와 사람다움, 심지어 인간이 된다는 것은 무엇을 의미하느냐에 대해 근대 서구의 사유 방식과는 다른 대안적 상상과 배열을 제공한다.[37] 세계 곳곳의 여러 원주민 문화권에서 비인간 동물은 인간과 상호작용하는 존재로 그려지며, 인간과 비인간 동물은 서로에 대해 "일련의 상호적 권리들과 책임들"을 가진 것으로 인식된다. 그 점에 초점을 맞춰서 현상을 바라볼 때, 가령 동물에게 말을 건네고 담배를 권하는 어떤 부족의 관습은 "동물의 영혼"에 대한 어리석은 믿

---

37   Katherine Swancutt & Mireille Mazard eds., *Animism Beyond the Soul: Ontology, Reflexivity, and the Making of Anthropological Knowledge*, New York: Berghahn Books, 2018, p. 2.

6장. 인간과 동물   221

음에 사로잡혔기 때문이 아니라, 동물을 시점을 가진 주체로 인정하기에 동물의 피드백을 예상하면서 동물과의 상호작용을 시도하는 행위로 해석될 수 있는 것이다.

토테미즘,
비인간 동물과 인간의 연결

> 현대의 교육받은 세계의 시각에서는, 하등 문명의 현상들 중에서 인간이 짐승을 숭배하는 광경보다 더 측은한 것은 거의 없을 듯하다. [...] 우리의 본분은 생물을 경배하는 것이 아니라 이해하고 이용하는 것이다.[38]

타일러는 특히 동물보다 훨씬 우월한 존재인 인간이 동물을 숭배하는 현상에 대해 비판적으로 서술한다. 그가 볼 때, 문화화되지 않은 하등 인종은 "짐승이 자기보다 더 큰 힘과 용기와 교활함을 소유한 것을 보고, 그리고 짐승이 인간과 마찬가지로 [...] 영혼에 의해 생기를 띠는 것을 보고", 동물을 동물 자체로 숭배한다. 그가 든 사례들을 보면, 캄차달 사람들은 배를 뒤집을 수 있는 고래와 그들이 두려워하던 곰과

---

[38] 에드워드 버넷 타일러, 『원시문화: 신화, 철학, 종교, 언어, 기술, 그리고 관습의 발달에 관한 연구』 2권, 유기쁨 옮김, 아카넷, 2018, 423쪽.

늑대를 숭배하면서 그 짐승이 자신들의 언어를 이해할 수 있다고 생각했으며, 그래서 그 짐승을 만났을 때 함부로 그 이름을 부르지 않았고, 정해진 문구로 그를 달랬다고 한다. 페루의 부족들은 물고기와 야생 라마, 원숭이와 새매를 숭배했다. 필리핀 섬 주민들은 악어를 보고 두려움을 느끼며 자신들을 해치지 말아달라고 공손히 기도하다가 결국 배에 있던 것들을 닥치는 대로 물속으로 던지며 공물로 바쳤다. 타일러는 이와 같은 사례들을 통해, 동물이 매우 강하거나 위험할 경우, 동물에 대한 인격적 교류가 완전한 숭배로 쉽게 바뀐다고 본다.[39]

특히 타일러는 동물 숭배와 관련해서, 야만 및 초기 미개 단계의 "낮은 수준의 문명"에서 광범위하게 나타나는 토테미즘에 주목하였다. 그는 맥레넌J. F. McLennan의 토테미즘 개념을 바탕으로, 토테미즘의 기본 개념을 다음과 같이 소개하였다. "토템 부족은 씨족들로 나뉘며, 각 씨족의 구성원들은 자신들을 어떤 동물, 식물, 혹은 사물과, 그러나 가장 흔하게는 동물과 연관 짓고, 자신들을 그 이름으로 부르며, 심지어 자신들의 신화적 혈통을 거기서 끌어온다. 이 토템 씨족들은 족외혼을 따랐는데, 곧 씨족 내에서는 결혼이 허락되지 않는 반면 씨족과 씨족 사이에서는 결혼이 허락되거나 의무적이었다. 가령 북아메리카 오지브와 인디언들 사이에서 곰, 늑대, 거북, 사슴, 토끼 등의 씨족 동물의 이름은 그 부족 내에서 결혼 가능한 씨족들이 어떻게 나뉘는지

---

39 에드워드 버넷 타일러, 『원시문화: 신화, 철학, 종교, 언어, 기술, 그리고 관습의 발달에 관한 연구』 2권, 유기쁨 옮김, 아카넷, 2018, 423-424쪽.

를 표시하는 데 도움이 되었다. 인디언들은 실제로 곰, 늑대 등으로 언급되었고, 이들 동물의 모습은 토착민의 그림 문자에서 그들의 씨족을 가리켰다. 그와 같은 씨족명을 가리키는 오지브와 족의 단어는 "토템 totem"이란 형태로 영어의 일부가 되었고, [...] 부족들을 나누는 이러한 체계는 토테미즘으로 불리게 되었다."[40] "원시인"에 대한 서양인들의 선입견을 형성하는 데 지대한 역할을 했던 프레이저J. G. Frazer는 토테미즘의 바탕에는 과학적 인과 관계를 알지 못한 원시인의 "미신"이 깔려 있다고 여겼고, 따라서 토테미즘이 "인류의 지적 발달 과정의 자연적이고 필연적인 한 단계"라고 주장했다.[41] 맥레넌, 타일러, 프레이저는 모두 토테미즘을 인류 정신사의 초기 단계에서 나타나는 미개하고 어리석은 현상으로 보았다는 점에서 공통적이다. 이들을 비롯한 수많은 서구 학자들은 대체로 토테미즘을 (현대인과 달리) 동물과 인간을 제대로 구별하지 못하는 원시인들의 유아기적 사고의 산물이라고 보았다.

그러나 20세기 후반 무렵부터 클로드 레비스트로스, 에드먼드 리치를 비롯해서 점점 더 많은 인류학자들은 토테미즘 연구에서 현대인과 원시인의 차이를 부각시키기보다는, 현대인과 원시인이 동물을 통해 세상을 설명하는 논리를 구성한다는 점에서 서로 다르지 않다는 점

---

40 에드워드 버넷 타일러, 『원시문화: 신화, 철학, 종교, 언어, 기술, 그리고 관습의 발달에 관한 연구』 2권, 유기쁨 옮김, 아카넷, 2018, 429-430쪽.

41 방원일, 「원시종교 이론에 나타난 인간과 동물의 관계」, 박상언 엮음, 『종교와 동물 그리고 윤리적 성찰』, 모시는사람들, 2014, 46-47쪽.

을 보여주려 했다.[42] 특히 리치의 연구는 오늘날 우리에게도 여러 가지로 생각할 점을 준다. 리치는 동물과 인간의 관계를 인간 사회의 투영으로 보았고, 동물을 먹느냐 먹지 않느냐는 그들과의 "인격적 관계"의 형성 여부에 따라 결정된다고 여겼다. 이와 관련해서 종교학자 방원일은 흥미로운 예시를 든다. 《하이킥! 짧은 다리의 역습》이라는 드라마에서 아버지 안내상이 동물 네 마리(염소, 개, 닭, 토끼)를 집으로 가져왔는데, 이 동물들을 어떻게 처리할 것인가에 대해 가족들의 의견이 엇갈린다. 딸 수정이는 동물 각각에게 이름까지 붙여주고 가족으로 받아들였지만, 가족들의 의견은 저마다 다르다. 가족의 팽팽히 의견이 맞서던 중, 외삼촌의 중재에 따라 수정이가 이름을 불렀을 때 뒤돌아본 동물은 살려주고 돌아보지 않는 짐승은 잡아먹기로 합의했다. 최종적으로 먹히느냐 살아남느냐 하는 동물 저마다의 운명을 가른 것은 수정이가 이름을 불렀을 때 그 동물이 돌아보느냐 돌아보지 않느냐였다! 방원일이 이 에피소드에서 주목한 것은 동물에 대한 수정이의 태도이다. 동물에게 이름을 붙이고 엄마, 아빠, 오빠 등 가족의 역할을 부여하는 수정이의 태도를 방원일은 토템적이라고 일컫는다. 방원일의 해석을 보자. "토테미즘에서 토템 동물을 먹지 않는 이유는 그가 씨족의 한 사람이기 때문이다. 현대인 수정이에게도 동물의 식용 여부를 가지는 기준은 그와 '인격적인 관계'를 맺었는가였다."

---

42   이 단락에 관해서는 방원일, 「원시종교 이론에 나타난 인간과 동물의 관계」, 박상언 엮음, 『종교와 동물 그리고 윤리적 성찰』, 모시는사람들, 2014, 51-55쪽을 보라.

인간이 유의미한—인격적인—관계를 맺은 대상을 함부로 죽여서는 안 된다는 것은 각종 문학 작품에서도 종종 나타나는 주제이다. 루이스 캐럴의 『거울나라의 앨리스』에는 앨리스가 흰 왕비, 붉은 왕비와 함께 한 식탁에서 일어나는 일이 그려진다. 붉은 왕비는 고기 요리를 내오라고 명령했고, 앨리스 앞에 양 다리가 놓였다. 앨리스는 이전에 양 다리를 잘라본 적이 없어서 난감했지만, 문제는 그게 아니었다. 붉은 왕비는 갑자기 양고기와 앨리스를 서로에게 소개해준다. "앨리스, 이쪽은 양고기! 양고기, 이쪽은 앨리스!" 접시에서 벌떡 일어난 양 다리가 앨리스에게 인사를 하고, 앨리스도 엉겁결에 인사를 나눈다. 그러고 나서 당황스러웠지만 어느 정도 마음을 추스른 앨리스는 나이프와 포크를 들고 양고기를 자르려고 한다. 어쨌든 식사 시간이니 말이다. 그러나 붉은 왕비는 매섭게 저지한다. "무슨 짓이야! 인사한 상대를 칼로 자르는 건 실례야!" 그리고 붉은 왕비의 명령을 받은 하인들이 앨리스가 손도 대지 못한 양고기 접시를 치워버린다.

이름을 갖고 있는 가족을 죽이는 것이 금기시되는 것은 물론이고, 서로 인사한 상대를 죽이는 것도 매우 곤란한 일이다. 이 경우에나 저 경우에나 상대는 이 세계의 일원으로서 인간인 나와 상호작용하는 주체로서 상상된다. 그렇게 볼 때, 토테미즘은 과거와 같이 미개한 원시인의 어리석은 믿음과 관습이 아니라, 근대 서구인들과는 다른 방식으로 동물과 관계 맺는 사람들의 생활방식으로 재해석될 수 있다. 데버라 버드 로즈^{Deborah Bird Rose}의 정의대로, 오늘날 토테미즘은 "[비인간 동물과 인간의] 연결됨, 상호 의존성, 비인간 종들의 생명의 비타협적 중요성"을 수용하는 생활 방식으로 재발견될 수 있는 것이다.[43]

비인간 동물을 사람으로 대한다는 것:
바바라 스머츠의 사례

바바라 스머츠 Barbara Smuts는 인간이 아닌 동물, 특히 비비, 늑대, 개의 사회적 행동에 관심을 가지고 연구해온 동물생태학자이다. 그는 아프리카 나이바샤호 근처의 비비 무리의 사회적 행동을 연구해서 박사학위를 받았다. 그는 처음에 비비를 연구할 때는 이른바 중립적이고 초월적인 관찰자의 시점에서 객관적으로 동물을 관찰하려 했다. 그래서 숨어서 관찰을 시도하는 등 노력을 기울였지만, 비비들은 그러한 관찰을 고집스럽게 거부하고 숨어버렸다. 번번이 실패를 겪던 스머츠는 방법을 바꾸기로 했다. 비비들의 행동 방식을 습득하고 "최소한의 기본적인 비비 예절"을 익히려고 노력했고, 그들의 방식으로 어떤 신호를 보내려고 시도했다. 마침내 스머츠와 비비 무리 사이에 신뢰가 형성되었고, 그는 냉정한 관찰자가 아니라 비비들과 상호 영향을 주고받는 하나의 존재로서 그들의 생활 속으로, 그들의 세계 속으로 들어가게

---

43   Graham Harvey (ed.), *The Handbook of Contemporary Animism*, New York : Routledge, 2014, p. 135.

되었다.

흥미로운 것은, 비버 무리가 스머츠를 받아들이기로 하고 그에게 접근하는 방식이 하나하나 조금씩 달랐다는 점이다. 스머츠는 비버 무리 속으로 받아들여지고 나서 그들이 자신을 독자적인 개인으로 인지하고 있다는 것을 깨달았다. 또한 그들이 저마다 독특한 목소리를 가지고 있을 뿐더러 선호하는 음식이나 좋아하는 친구 등도 서로 다르다는 것을, 비비들이 저마다 개성을 갖고 있다는 것을 알게 되었다. 그리고 서로 종이 다르지만 비비인 그들과 인간인 자기가 소통하고 교류할 수 있다는 것을 깨닫게 되었다. 그가 사춘기 암컷 비비인 판도라와 눈이 마주쳤을 때 일어난 일을 회상하며 쓴 글에는 상대방을 존중하는 가운데 인간과 비인간 동물 사이에 일어나는 교류와 소통이 감동적으로 서술된다.

나는 판도라에게 잔잔한 호의의 눈길을 계속 보냈다. 예상치 못하게도, 판도라가 일어서더니 나에게 다가왔다. 눈높이를 맞추며 내 바로 앞에 멈추어 서서, 앞으로 기대더니 크고 납작한 주름 잡힌 코를 나의 코에 디밀었다. [...] 나는 판도라를 두려워하지 않았고, 판도라를 향한 나의 큰 애정과 존경심을 계속해서 표현했다. 어쩌면 판도라는 내가 어떤 느낌을 받았는지 알았을지도 모른다. 왜냐하면 그 다음 순간, 자신의 긴 팔로 나를 감싸더니, 몇 초 동안 나를 포옹했기 때문이다. 그 후 판도라는 포옹을 멈추고 다시 한 번 내 눈을 쳐다보더니, 자기 자리로

돌아가 다시 잎을 먹기 시작했다.[44]

— 바바라 스머츠

이와 같이 비인간 동물과 "개인적인 관계"를 맺고 상호작용하는 경험을 통해서, 스머츠는 "인간이건 동물이건 인간과 혹은 상호간에 개인적인 관계에 참여할 수 있는 능력"을 갖춘 존재를 "사람person"으로 지칭하게 되었다.[45]

그런데 이처럼 비인간 동물인 비비와 인간 스머츠가 서로를 개인으로/시점을 가진 존재로/주체로 인정하면서 상호관계를 맺을 때, 이것은 단지 스머츠가 비비의 세계 속으로 들어가는 사건이 아니다. 스머츠와 비비가 만나고 관계를 맺는 순간, 스머츠가 익힌 비비의 규칙과 시점에 따라 비비를 모방한 인사를 건네고 비비들이 그에 반응을 보인 순간 일어난 일은, 스머츠가 비비들의 고정된 세계로 진입한 것이 아니다. 오히려 스머츠의 세계와 비비의 세계가 만나면서 서로의 세계가 모두 변화하게 된다. 도나 해러웨이의 말대로, "스머츠의 예의바른 행동과 그런 스머츠를 거듭 돌아본 비비의 호기심이 만들어낸 자연 문화의 세계는 비비와 스머츠가 만나기 전의 세계와는 아주 다른 세계일 것"이다.[46] 생명의 세계는 이처럼 살아 있고, 역동적으로 변화한다.

---

44   존 쿳시, 『동물로 산다는 것』, 옮긴이 전세재, 평사리, 2006, 154-155쪽.

45   존 쿳시, 『동물로 산다는 것』, 옮긴이 전세재, 평사리, 2006, 197쪽 각주 60.

46   최유미, 『해러웨이, 공-산의 사유』, 도서출판 b, 2020, 56쪽.

20세기 중반까지만 해도 비인간 동물이 저마다 구별되는 개성을 갖고 있다는 생각은 이단적인 견해로 여겨졌다. 하지만 오늘날에는 비인간 동물의 개성이 당연한 것으로 받아들여진다. 그들의 행위 주체성, 저마다의 시점, 고유한 사유 능력 등도 점차 인정받게 되었다. 오늘날 지구상에서 비인간 동물—사람과 인간의 공존을 위해서는, 동물행동학자인 마크 베코프가 말하듯이 인간이 "속도를 줄이거나 '길을 나누기 위해' 멈춰서는" 노력이 필요할 것이다.[47]

47　마크 베코프, 『동물권리선언』, 윤성호 옮김, 미래의창, 2010, 44쪽.

5. 음식의 생명성과 "잡식동물의 딜레마"[48]

야만인들은 살아 있거나 죽은 짐승에게 마치 살아 있거나 죽은 인간에게 하듯 진지하게 말을 걸고, 경의를 표하며, 그들을 사냥하거나 죽여야 하는 괴로운 임무를 수행해야 할 때는 그들에게 양해를 구한다.[49]

이 절의 핵심적인 물음은 음식, 특히 육식과 관련된다. 동물까지도 인간과 마찬가지로 일종의 사람으로 여길 때, 잡식동물인 인간이 다른 사람의 생명을 취함으로써 삶을 이어가야 한다는 역설은 어떻게 해결될 수 있을까? 애니미즘의 세계에서 인간–사람과 비인간–사람사이의 관계는 살기 위해서 먹어야 한다는 필요에 의해 시험된다. 생명을 죽여서 음식으로 취해야 하는 상황에서, 인간이 다른 존재를 사람으로 여긴다는 것은 무슨 의미일까? 1920년대에 이누이트족 샤먼인 아우아는 "인간의 음식이 전적으로 영혼들로 구성된다는 사실"이 얼마

---

48   이 절의 제목은 마이클 폴란의 책 제목인 『잡식동물의 딜레마』(조윤정 옮김, 다른세상, 2008)에서 따온 것이다.

49   에드워드 버넷 타일러, 『원시문화: 신화, 철학, 종교, 언어, 기술, 그리고 관습의 발달에 관한 연구』 2권, 유기쁨 옮김, 아카넷, 2018, 79쪽.

나 위험한 일인지 이야기한 바 있다.[50] 에두아르도 콘이 루나족의 경우를 통해 설명하듯이, 사냥이란 "수많은 다른 부류의 자기self들과 관계를 맺으면서도 그들을 죽여야 하는 하나의 자기"가 직면한, "우리를 압도할 수 있는 근본적인 모순"이다.[51]

모든 애니미스트가 수렵인은 아니지만, 특히 수렵으로 대표되는 생명을 취하는 일은 애니미즘에 관한 성찰을 위해 핵심적인 영역이다.[52] 인간이 먹고 입고 이용하기 위해서 동물을 죽여야 할 경우, 비인간 동물을 자기 시점을 가지고 의도에 따라 행동하는 행위 주체로 여기는 애니미스트들은 사람이 사람을 죽여야 하는 딜레마를 어떻게 해소해왔을까?

타일러의 『원시문화』에는 자신들이 죽인 짐승에게 용서를 비는 스티엔족, 곰을 죽이고 나서 죽은 곰에게 절을 하는 예소의 아이누족 등 여러 사례가 간단히 기록되어 있다. 현대 사회의 다양한 성격의 애니미스트 공동체를 연구한 종교학자 그레이엄 하비는, 애니미스트 공동체에서 사람은 보통—특히 먹으려는 존재를 향해서는—정중하게 행동하도록 장려된다는 점에 주목한 바 있다. 애니미스트 수렵인들의 경우, 사냥이나 도살을 위해서는 반드시 '존중'하는 태도를 갖추어야 하

---

50   Graham Harvey (ed.), *The Handbook of Contemporary Animism*, New York : Routledge, 2014, p. 135.

51   에두아르도 콘, 『숲은 생각한다』, 차은정 옮김, 사월의책, 2018, 39쪽.

52   Graham Harvey (ed.), *The Handbook of Contemporary Animism*, New York : Routledge, 2014, p. 135

며, 상대를 죽이는 허가를 구하는 의례적인 절차를 밟아야 한다는 것이다. 그러나 구체적인 먹고 먹히는 관계에서 존중이 작동하는 방식은 결코 낭만적이지 않다.

이 절에서는 다른 생명을 먹음으로써 생명을 유지하는 동물인 인간의 딜레마에 대해 생각해보려 한다. 특히 유카기르족 사냥꾼들이 딜레마를 해소하는 방식을 살펴보면서, 애니미스트 수렵인들의 실제적 대처가 현대 소비 사회에서 음식 역시 일종의 상품으로 소비하는 우리에게 주는 함의를 생각해볼 것이다.

사냥과 육식, 관계의 에티켓:
유카기르족의 사례

유카기르족은 러시아 최북단에 거주하는 소수민족이다. 덴마크의 인류학자 빌레르슬레우는 1993년에 유카기르족 거주지를 처음 방문한 이래, 2000년까지 수차례에 걸쳐 총 18개월 동안 유카기르족과 함께 지내면서 현지조사를 수행하였다. 그는 특히 러시아 사하 공화국의 야사츠나야강 유역 넬렘노예 마을의 유카기르족 사냥꾼 소집단과 함께 지내면서 그들의 사냥에 참여하곤 했다. 고대 유카기르족은 순전히 먹고살기 위해 사냥을 했지만, 17세기 중반 러시아가 시베리아로 확장하면서 사냥 경제가 상업적으로 바뀌었고, 특히 야생 담비의 모피를 얻기 위한 사냥이 성행하게 되었다. 그러나 1991년 국가농장이 붕괴된 이후, 대부분의 사람들은 생계 기반의 생활 양식으로 되돌아가게 되었고, 일반적으로 사냥의 초점은 모피가 아니라 생계를 위한 것으로 다시금 바뀌었다. 유카기르족은 불곰, 야생 순록, 거위, 오리, 산양 등을 사냥하지만, 가장 중요한 사냥감은 엘크이다.[53] 빌레르슬레우는 현지조사를 수행하는 동안 사냥 과정에서 일어나는 여러 사건들이나 사냥감을 다루는 여러 가지 실제적인 방식을 관찰하는 데 그치지 않고, 점차 사냥꾼의 존재 양식에 녹아들게 되었고, 유카기르족 사냥꾼의 시각에서 그들의 환경을 그들이 경험하듯이 느끼기 시작했다고 한다.[54] 그리고 자신이 관찰하고 때로는 경험한 유카기르족 사냥꾼의 생활을 다룬『영혼 사냥꾼: 시베리아 유카기르족의 사냥, 애니미즘, 그리고 사람다움 _Soul Hunters: Hunting, Animism, and Personhood among the Siberian Yukaghirs_』이라는 책을 펴냈다. 그는 이 책에서 서구 학문의 우월한 시선으로 토착민의 문화를 내려다보지 않고, 또한 그들의 삶을 낭만적으로 이상화하거나 무조건적으로 수용하지도 않으면서, 유카기르족의 인도를 따라 영혼이나 동물–사람의 본성에 대한 그들의 이야기를 진지하게 받아들인다. 유카기르족의 사냥을 둘러싼 이야기들을 따라가면서, 지금 여기

---

53   Rane Willerslev, "Hunting animism: human-animal transformations among the Siberian Yukaghirs", Graham Harvey (ed.), *The Handbook of Contemporary Animism*, New York : Routledge, 2014, pp. 150~151.

54   Rane Willerslev, *Soul Hunters: Hunting, Animism, and Personhood among the Siberian Yukaghirs*, Berkeley: University of California Press, 2007, p. xiii.

우리의 상황을 비추어 생각해보자.[55]

먼저 알아두어야 할 것은, 서구 근대 학문의 세례를 받은 많은 현대인들은 사람다움의 속성이 배타적으로 인간에게만 속한다고 가정하고, 이에 비해 비인간 동물은 전적으로 자연적 존재로서 자동적이고 본능적으로 행동한다고 이해하는 경향이 있다는 것이다. 그러나 유카기르족은 이와 달리, 사람이 여러 형태를 취할 수 있으며, 인간은 수많은 사람들 중 단지 하나일 뿐이라고 여긴다. 비슷한 맥락에서, 유카기르족은 "세계가 눈[eyes]으로 가득 차 있다."고 말한다. 강이나 호수, 나무로부터—동물은 물론이고—심지어 그림자에 이르기까지, 세계의 모든 존재는 우리의 시선[gaze]을 되받는 자신의 시점을 가지고 있다. 나는 바라보는 동시에 누군가에게 보이고 있다. 일방적인 관찰은 불가능하다. 관찰하는 나는 동시에 내가 관찰하는 대상으로부터 관찰되고 있다. 그러니 유카기르족의 세계는 매우 감응적인 세계이다.

그처럼 감응적인 세계, 모든 것이 온통 살아 있는 세계에서 살아간다는 것은 세상의 모든 존재가 먹고 먹히는 사회적 상호작용의 영역에 참여한다는 것을 의미한다. 유카기르족의 세계에서는 어떤 존재의 관점에서 보더라도, 다른 모든 존재는 포식자이거나 먹잇감이다. 유카기

---

[55] 이하의 유카기르족 사냥 이야기는 다음을 참고한 것이다. Rane Willerslev, *Soul Hunters: Hunting, Animism, and Personhood among the Siberian Yukaghirs*, Berkeley: University of California Press, 2007; Rane Willerslev, "Hunting animism: human-animal transformations among the Siberian Yukaghirs", Graham Harvey (ed.), *The Handbook of Contemporary Animism*, New York : Routledge, 2014,

르족이 엘크를 사냥할 때, 그가 엘크를 먹잇감/사냥감으로 보는 것과 같은 방식으로, 엘크(의 영혼)는 그를 먹잇감/사냥감으로 본다. 그러므로 유카기르족에게 사냥이란 인간이 총이나 올가미 등 도구를 사용해 동물을 포획하는 일방적인 사건이 아니라 근본적으로 상호적인 사건이다. 특히 인간과 비인간 동물은 모두 일시적으로 상대의 몸을 입고서 다른 종의 관점으로 들어가는 것이 가능하다고 여겨진다.

모두가 살아 있는 감응적 세계에서 상대를 죽인 후에도 위험한 상태에 빠지지 않기 위해서, 유카기르족의 사냥꾼들은 준비 단계에서부터 사냥이 끝나고 야영지로 돌아와서까지 복잡한 의례적 절차를 거쳐야 한다. 먼저 사냥 전 준비 단계에서, 그들은 인간으로서의 정체성을 버리고 자신이 사냥할 동물의 정체성을 입는 정교한 과정을 거쳐야 한다. 먼저 숲으로 떠나기 전날 저녁에는 인간의 체취를 제거하는 절차를 거친다. 그들은 "반야"(사우나)로 가서 자작나무 묶음으로 몸을 닦아서 인간의 냄새를 제거하고, 적어도 하루 동안 성적인 접촉을 금하며, 인간의 체취가 강하다고 여겨지는 어린이를 가까이 하지 않는다.

사냥하러 갈 때, 사냥꾼은 사냥감의 모습을 최대한 모방한다. 겨울에 사냥꾼은 엘크와 순록의 모피를 몸에 걸치고, 튀어나온 귀가 달린 머리쓰개를 쓰고, 스키 밑면을 부드러운 엘크 다리가죽으로 덮어서 눈 속에서 이동할 때 동물과 비슷한 소리가 나게 한다. 그리고 최대한 그 동물을 "유혹"하려 한다. 사냥할 때 사냥감이 자기 자신의 시점을 가진 존재로서 나를 보고 있음을 인정한다는 것은, 사냥감의 시점에 맞춰 주의 깊고 세심하고 예의바르게 행동해야 한다는 것을 의미한다. 유카기르족은 이를 유혹이라는 말로 설명한다. 유카기르족 사냥꾼이 사냥을 단지 포식 행위로 여기는 게 아니라 "성적 유혹"의 과정으로 여긴다는 점은 흥미롭다. 유카기르족에게서 사냥이란 인간과 동물 쌍방 간에 죽이지 않으면 죽임 당하는 위험천만한 사건이며, 저마다 자기 시점을 가지고 상대를 응시하는 두 존재는 자신이 사냥감이 되지 않기 위해 치열하게 힘겨루기를 하게 된다. 그리고 그러한 정체성 힘겨루기의 과정이 일종의 성적 유혹의 과정으로 여겨지는 것이다.

사냥 과정에서는 사냥꾼이 동물에게 유혹당해(홀려서[?]) 자신의 인간으로서의 정체성의 감각을 완전히 잃어버리고 유인당해서 죽임을 당할 위험이 언제나 도사리고 있다. 동물 역시 치열하게 인간 사냥꾼을 유혹해서 자신의 영역으로 끌어들여 죽이려고 시도한다. 유카기르족 사이에서는 인간 사냥꾼이 동료 인간의 모습을 한 사냥감 동물을 따라가서 결코 되돌아오지 못했다는 식의 이야기들이 전해내려 온다. 그러한 일이 일어나지 않도록, 사냥꾼은 사냥감 동물의 모습과 시점을 최대한 모방하되 그렇다고 해서 인간으로서의 정체성의 감각을 완전히 잃어서는 안 된다. 그리고 최대한 그 동물을 유혹해서 안전한 장소에서 꾀어내고, 그 동물이 스스로를 먹잇감으로 내어놓도록 유도해야 한다. 그러니 유카기르족에게 사냥이란 단지 고기를 얻기 위해 동물을 죽이는 문제가 아니라, 또한 그 동물의 시점을 의식하고 인정하면서도 인간으로서 자신의 정체성을 지키기 위한 위험한 투쟁이기도 한 것이다.

상대의 모습을 모방하고 유혹해서 사냥감을 마침내 손아귀에 넣었다고 해서 사냥의 과정이 끝나는 것은 아니다. 치열한 유혹이 마침내 효과를 거두게 될 때, 다시 말해서 살해가 발생한 순간, 사냥꾼의 유혹에 끌려 사냥꾼에게 다가왔다가 죽임을 당하게 된 동물의 영혼은 배신감을 느끼고 복수를 다짐하게 된다. 그래서 유카기르족 사냥꾼은 영의 분노를 다른 곳으로 돌리기 위해 의례적 절차를 수행한다. 엘크를 죽인 직후, 그들은 자그마한 나뭇조각을 대충 조각해서 죽은 동물의 피로 선을 그린다. 격노한 영이 그 나무 인형에 관심을 돌리는 동안, 사냥꾼은 죽은 동물을 야영지로 운반한다.

야영지로 돌아온 후에도 사냥을 마무리하는 절차는 계속된다. 인간의 영역인 야영지로 돌아와서는 사냥 준비 과정에서와 반대 방향으로 절차가 이루어진다. 다시 말해서, 사냥 준비 과정에서 공들여 입은 사냥감 동물의 정체성을 벗고, 인간의 정체성을 다시 확고히 하는 과정이 진행된다. 예를 들어, 야영지에서 사냥감을 요리하는 오븐의 불은 단지 죽은 동물의 살을 익히는 기능을 할 뿐 아니라, 비인간-사람으로 여겨지는 동물을 "탈주체화"하는 역할을 한다. 즉, 문제되는 동물의 살을 덜 문제되는/받아들일 수 있는/바람직한 음식으로 변형한다. 또한 오븐의 불이 오두막 안을 뜨겁게 데워서 인간 존재의 땀 냄새가 풍기게 되는데, 이 또한 냄새를 통해 인간의 정체성을 강화하는 역할을 하게 된다. 그리고 인간으로 완전히 돌아옴으로써 사냥의 긴 과정은 마무리된다.

　빌레르슬레우는 유카기르족의 사냥 과정을 소개하면서, 그들에게서 종의 정체성이란 결코 견고한 부동의 것이 아니라 끊임없이 변화하는 유동적인 것이며, 누구도 사실상 다른 누군가로 변신할 수 있다고 말한다. 인간은 비인간–동물이 되고, 비인간–동물은 인간으로 변하고, 죽은 사람은 산 사람으로 다시 태어난다. 유카기르족은 새로 태어난 아기는 죽은 친척의 환생이라고 보기 때문에 이야기는 더 복잡해진다. 여기서 그가 특히 강조하는 것은, 인간 사냥꾼의 관점은 항상 인간이 아닌 다른 존재의 관점과 교차한다는 점이다. 숲에서 사냥꾼은 사냥감 동물의 시점으로 세상을 보는 반면, 야영지에서는 인간의 눈으로, 좀 더 정확히 말하면 인간으로 환생한 죽은 친척의 눈으로 세상을 본다. 즉, 유카기르족에게 오직 자기 자신의 눈으로만 세상을 본다는 것은 성립하지 않는 말이다. 빌레르슬레우는 서구적 사고에서 개별적 주체를 상정하는 상식적 관념과 대조적으로, 유카기르족에게서 존재는 관계에 의해서만 사람다움을 획득하게 된다는 점을 강조한다. 다만 그 관계라는 것이 결코 낭만적이지 않으며, 온통 살아 있는 세계 속에서 결국은 삶을 꾸려가기 위해서 먹고 먹히는 관계의 딜레마를 포함하고 있는 것이다. 유카기르족이 야영지에서 사냥을 준비하면서부터 숲에서 사냥을 하고 다시 야영지로 돌아와 사냥을 마무리하는 단계에 이르기까지의 과정을 간단히 살펴보면서, 우리는 그러한 딜레마가 매우 위험하고 복잡하다는 것, 그리고 그들이 딜레마를 해소하기 위해 매우 복잡한 의례적 절차를 거친다는 것을 알 수 있다. 어떻든, 그들이 샤냥의 처음부터 끝까지 사냥감 동물의 관점을 나름의 방식으로 인정하고 존중한다는 점은 인상적이다. 유카기르족을 이상화하거나 그들의 방식이 최선이라는 주장을 하려는 것은 아니다. 다만 오늘 우리가 마트 판매대 위에 놓인 포장된 고기를 너무 쉽게 획득하는 과정을 생각해보자. 아니, 그 이전에 태어나자마자 비좁은 축사에서 오직 인간이 먹을 고기가 되기 위해 사육당하고 죽임 당하는 숱한 동물을 생각해보자. 판매대의 고기에서 그들이 살아 있는 동물이었다는 사실은 생략된다. 어쩌면 축사에서부터 그들의 시점은 한 번도 존중된 적이 없었을지도 모른다.

동물의
변형

유카기르족의 사냥에서는, 먹고 먹히는 관계의 긴장 속에서 상대의 모습을 취하는 모방, 나아가 인간과 동물 사이의 '변형'이 중요한 요소이다. 그런데 다른 지역 원주민 문화에서도 창조적 긴장과 변형은 중요한 주제로서 종종 문화적으로 표현되곤 한다.

수년 전 캐나다 밴쿠버에서 혼자 씨버스[seabus](바다 건너편으로 데려다주는 버스, 실제로는 배)를 타고 워터프론트로 건너가서 이누이트 갤러리에 들러본 적이 있다. 조용히 작품들을 감상하다가 유독 한 작품에 시선이 갔다. 커다란 새의 가면이었다. 강렬한 새의 눈빛(?)에 압도되어 한참을 그 앞에서 서성이니 갤러리 해설사가 다가왔다. 그는 그것이 이누이트족이 의례를 수행할 때 쓰는 가면이라면서, 뭔가를 보여주겠으니 사진 찍을 준비를 하라고 했다. 그리고 아래쪽으로 늘어진 끈을 당기자 가면이 열리며 그 안의 중층적 구조가 드러났다! 그는 의례를 시작할 때는 새의 모습이다가 의례 중간에 가면을 펼쳐서 인간의 모습이 되고, 나중에 다시 가면을 닫고 새의 모습이 되는 과정을 직접 보여주었다. 나는 여기 전시된 작품들도 그렇고 이들의 문화도 그렇고 변형이 중요한 주제인 것 같다고 말했고, 그도 동의했다.

실제로 이누이트족 뿐 아니라 밴쿠버 일대 원주민 문화에서, 나아가 시베리아 유카기르족을 포함한 세계 각지의 원주민 문화에서 변형은 그들의 의례나 신화에서 다양하게 변주되는 핵심적 주제인 것 같다. 이누이트 갤러리의 새-인간 변형 가면을 보면서, 인간과 동물(까마귀, 곰, 늑대, 엘크 등) 사이의 변형 이야기는 동물을 시점을 가진 주체로 인정한다는 함의와 함께, 인간이 동물을 바라볼 때 동물도 인간을 바라본다는 것, 인간도 그들에게 보여지는 존재라는 것을 강조하는 효과를 발휘하겠다는 생각을 해보았다.

그리고 다음날에는 밴쿠버 아트갤러리에도 들렀는데, 거기서는 자코메티와 관련 작가들의 작품 전시가 열리고 있었다. 그 작가들은 세계대전을 경험한 뒤 인간(인간의 절망/인간의 본성/인간의 이면……)을 표

그림6 | 이누이트족이 의례에서 사용하는 새의 가면

현하기 위해 물질(성)에 주목했던 것 같다. 다른 질감의 재료들, 거친 질감의 물성으로 인간(의 절망, 본성, 이면……)을 표현하려는 시도들을 볼 수 있었다. 이에 비해 캐나다 원주민들은 '변형'으로 인간의 본성, 인간의 이면, 다른 생명과의 연결성을 포착하고 표현하고 있다. 둘 다 일상적이었고, 둘 다 강렬했다. 그리고 매우 대조적인 느낌을 주었다.

인간과 동물의 관계를 이야기할 때, 특히 세계 각지 원주민의 애니미즘들을 다룰 때, 인간이 아닌 동물을 '인간화' 혹은 '의인화'하는 원시적 성향에 대해 흔히 이야기하곤 하지만, 이러한 방향의 논의에는 "인간이 어떻게 인간이 아닌 존재를 인간처럼 '잘못' 착각하게 되는가?"라는 물음이 암묵적으로 전제되어 있다. 그러나 우리가 원주민의 애니미즘들에서 주목할 것은 인간화가 아니라 변형이 아닐까 한다. 종

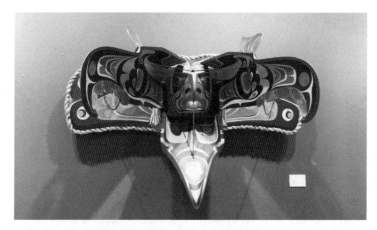

그림7 | 이누이트족의 새 가면을 펼치면 안에 있던 인간의 얼굴이 나온다.

교학자 방원일은 이와 관련해서, 의인화는 "동물이 인간으로 둔갑하거나 인간처럼 취급된다는 의미의 표현인데, 이는 [...] 원시인이 자연물과 인간을 구분하는 능력이 떨어진다는 편견과도 연결될 위험이 있는 서술"이라고 지적한다. 무엇보다도 애니미즘을 단순한 의인화, 인간화로 보는 시각은 애니미즘적 존재론이 현실 속에서 구현될 때 일어나는 딜레마, 그리고 그러한 딜레마를 해소하기 위한 복잡한 노력들을 보지 못하게 만든다. 의인화라는 낡은 렌즈에 스스로를 가둘 것이 아니라, 가령 북미 원주민 오지브와족의 경우를 보더라도, "동물이 인간으로 둔갑하는 것이 아니라, '사람'이 인간의 형태를 취할 수도 있고 동물의 형태를 취할 수도 있으며 둘 사이를 오갈 수도 있다고 이해"하는 것이 더 적절할 것이다.[56]

죽이기를 은폐하지 않기 :
마오리족의 경우

도나 해러웨이는 레비나스 윤리학에서 강조하는 "죽이지 말라"라는 원칙에 대해, 그러한 원칙은 "누군가의 생명에 빚져서 살아가야 하는 [...] 생의 조건을 은폐한다."고 비판한다. 우리가 생명을 유지하기 위해서는 어떤 종류의 것이든 생명을 취해야 한다(그러니까 죽여야 한다)는 사실은 우리가 처한 가장 기본적인 삶의 조건이다. 그러니 우리가 살아가는 이상 다른 생명에게 티끌만큼의 해도 끼치지 않는 무구한 삶을 영위하기란 불가능하다는 점을 해러웨이는 강조한다.[57] 그러한 지적은 여러 면에서 생각할 거리를 주는데, 특히 동물을—그리고 물론 식물도—단지 상품처럼 취급하면서 그러한 존재들이 생명이었다는 사실, 그리고 그들이 현재 영위하는 열악한 삶의 조건들을 조직적으로 은폐하기 십상인 현대 사회에서 우리는, 인간이 다른 생명을 취한다는 것, 인간에 의한 '죽이기'를 정면에서 응시할 필요가 있다. 그레이엄 하비가 소개한 마오리족의 사례는 인간이 삶의 조건을 회피하지 않는 가운데 죽이기의 폭력성, 딜레마를 해소하고자 시도한 또 다른 방식으로서 주목해볼 만하다.

---

56   방원일, 「원시종교 이론에 나타난 인간과 동물의 관계」, 박상언 엮음, 『종교와 동물 그리고 윤리적 성찰』, 모시는사람들, 2014, 60쪽.

57   최유미, 『해러웨이, 공-산의 사유』, 도서출판 b, 2020, 100쪽.

종교학자인 그레이엄 하비는 『음식, 섹스, 그리고 낯선 자들: 종교를 일상생활로 이해하기』(2013)라는 흥미로운 책을 썼다. 이 책의 핵심은 종교를 보통의 일상에서 구별되는 고유한 독자적인 성질을 가진 무언가로 자꾸 분리해서 볼 게 아니라 일상적인 문제로서 바라볼 필요가 있다는 주장이다. 그는 마오리족 학자인 테 파카카 타우하이 ^{Te Pakaka} ^{Tawhai}의 토착적 종교 정의에서 많은 영감을 얻어서 그 책을 쓰게 되었다고 한다.

그가 특히 영감을 받은 부분은 테 파카카 타우하이가 마오리족 종교를 정의하면서, "처벌받지 않고 폭력을 행사하는 것"이야말로 종교 활동의 목적이라고 서술한 부분이다. 오늘날 한국 사회에서 각종 비리, 폭력, 성폭행 등등 사건의 중심에 종교 성직자들이 너무나 많이 등장하는 것을 보면, 타우하이의 종교 정의는 마오리족의 경계를 넘어 우리의 종교에도 곧바로 적용될 수 있는 것처럼 느껴진다. 우리는 즉각적으로 생각하게 된다. "마오리족 종교랑 현대 한국 사회의 종교랑 너무 비슷한 거 아냐? 면죄부를 부여 받아서 거리낌없이 폭력을 행사하는 장치로서의 종교 말이야."

그렇지만 종교와 폭력의 연결을, 그리고 마오리족의 종교와 현대 한국 사회의 종교의 연결을 즉각적으로 승인하기 전에, 타우하이가 어떤 맥락에서 그러한 말을 했는지, 마오리족이 살아가는 세계를 이해할 필요가 있다. 한마디로 그 세계는 살아 있는 모든 "사람들"과 맺는 관계에 좀 더 민감한 세계이다.

그런데 살아 있는 뭇 존재의 사람됨을 민감하게 의식하면서 살아가기란 결코 쉽지 않다. 먹고사는 일 자체가 다른 사람의 생명을 어떤 형태로든 손상시킨다고 여겨지기 때문이다.

마오리족의 경우도 예외가 아니다.[58] 그들은 삶을 영위하기 위해 나무를 베고 덩이줄기(쿠마라)를 캐야 한다. 곧 살아 있는 존재들에게 폭력을 행사해야 하는 것이다. 그렇지만 나무와 덩이줄기는 단지 인간에게 베어지고 먹히기 위해 이 세계에 존재하는 건 아니다. 마오리족은 자기들이 먹고살기 위해 불가피한 폭력을 나무와 쿠마라에게 행사해야 하지만, 아무런 예고도 예의도 없이 무작정 행해지는 폭력은 또 다른 폭력을 부르게 된다. 살아 있는 존재로서 나무에게는 숲속에 다른 친척과 관계들이 있고, 쿠마라에게도 친척과 관계들이 있기 때문이다. 하비의 말대로, 관계적 존재를 폭행하면, 가해자는 그 존재가 관계 맺은 다른 존재들과도 대치하게 된다. 폭력적 행동은 더 많은 폭력을 불러오게 되는 것이다.

마오리족은 폭력을, 그러니까 죽이기를 은폐하지 않고 오히려 "이것이 폭력이다."라는 것을 예민하게 의식한다. 그리고 폭력이 또 다른 폭력을 불러오게 되리라는 것도 알고 있다. 그러한 상황에서 폭력의 연쇄를 방지하기 위해서는, 살아 있는 (인간 이외의) 사람에게 적절한 예의를 갖춰야 한다. 식량 채취나 벌목 등 (폭력적) 행위를 하기 전에 나무

---

58   이하 마오리족의 종교 활동에 대한 부분은 Graham Harvey, *Food, Sex & Strangers: Understanding Religion as Everyday Life*, Bristol: Acumen, 2013의 6장 참조.

나 덩이줄기에게 허가를 구하고 달래는 과정을 거쳐야 한다. 그러한 것이 곧 마오리족의 종교 활동이다. 그것은 위협받는 존재들(가령 나무와 쿠마라)이 덜 적대적이게 만들고, 아마도 타자에게 기꺼이 생명을 내어놓도록 만들기 위해서다. 생명을 취하는 데에는 벌칙이 뒤따른다. 마오리족의 종교 활동은 그러한 과정들에 개입하는 것이며, 종들 혹은 집단들 사이에서 서로 건강한 관계성을 창조하고 유지하고 강화하려 한다. 사실 (애니미즘적 세계에서) 일상적인 소비 활동은 불가피하게 포식의 순간들이다. 적어도 이러한 맥락에서, 종교는 그러한 필연적인 폭력 행위를 견뎌내고, 더 큰 폭력으로 이어지지 않도록 하는 것과 관련된다.

그렇게 볼 때, 마오리족의 종교 활동은 무엇보다도 폭력에 대한 예민한 감각에서 생겨난다. 아무렇지도 않게 나무를 베고 덩이줄기를 캐는 사람들도 있다. 그렇지만 이들은 그것을 일종의 폭력적 행위로 인식한다. 마오리족은 그러한 폭력이 불가피하지만 위험한 것이라고 여긴다. 그리하여 마오리족의 종교 활동이 수행되는데, 그것은 어떤 영적 존재에 대한 믿음이라기보다는, 오히려 (먹고살기 위해) 불가피한 폭력을 어떻게든 견뎌내고 불필요한 폭력의 연쇄를 끊어내는 활동이다. 폭력을 당해야 하는 희생자(나무, 덩이줄기)의 입장을 염두에 두고, 나아가 다른 존재들과의 친밀한 관계를 고양하기 위한 활동이다.

다시 해러웨이의 지적으로 돌아가자. 그는 오늘날 우리에게 필요한 것은 죽이기를 은폐하지 않고 복잡한 상황을 마주하며, "무엇이 진행되고 있는지를 기억하고 감지할 근본적인 능력을 함양하는 것이고, 현실적으로 응답할 수 있도록, 인식론적이고 감정적이고 기술적인 작업을 수행하는 것"이라고 말한다.[59] 마오리족의 종교는, 그리고 다른 많은 애니미스트들의 방식은 생명이 생명을 취하는 삶의 조건을 마주하며 나름의 방식으로 책임을 지고 해결을 모색하는 시도가 아닐까 생각하게 된다.

---

59   최유미, 『해러웨이, 공-산의 사유』, 도서출판 b, 2020, 109쪽.

6. 어쩌면 내가 이해할 수 없는 존재와 함께 살아가기

세계의 확장은 내가 아는 만큼이 아니라 내가 알 수 없는 세계가 있음
을 인정하고 존중할 때 가장 혁명적으로 이루어진다.[60]

—홍은전

우리는 비인간-동물을 잘 모른다. 우리가 잘 안다고 생각하는, 인간에
게 가장 가깝다고 여겨지는 우리의 반려동물에 대해서조차도, 실은
잘 모른다. 야생동물의 경우에는 말할 나위도 없다. 우리는 잘 모른다.
동물행동학자 마크 베코프는 "인간이 인간의 규칙에 따라 살고 행동
하는 법을 배운, 길들여진 동물을 사랑하기는 쉽지만 그렇지 못한 대
다수의 동물들과 공존하기는 훨씬 어렵다."고 말한다.[61] 인간이 잘 모
르고 이해할 수 없는 동물과 어떻게 공존을 모색할 수 있을까?

이 장을 처음 시작할 때 꺼냈던 "두족류 이야기"로 되돌아가자.

60   홍은전, 「추천의 글: 아름답고 비효율적인 세계로의 초대」, 수나우라 테일러, 『짐을 끄는 짐승들』, 이마
      즈 유리 옮김, 오월의봄, 2020, 20쪽.
61   마크 베코프, 『동물권리선언』, 윤성호 옮김, 미래의창, 2010.

2020년에 다큐멘터리 제작자 크레이그 포스터^{Craig Foster}의 독특한 다큐멘터리가 발표되었다. 《나의 문어 선생님^{My Octopus Teacher}》이란 제목의 다큐멘터리는 크레이그가 자신이 거주하는 남아프리카공화국의 한 바닷속에서 경험한 어떤 문어 한 마리와의 1년 동안의 교류를 그린 작품이다. 그는 삶에 지쳐 도망치듯 물속으로 들어갔다가 다시마 숲에서 문어를 운명적으로 만나게 되었다. 그 문어는 낯선 생물체(감독)를 처음 마주한 순간, 해조류를 망토처럼 혹은 방어막처럼 두르고 크레이그를 바라보았다. 그때 크레이그는 말로 표현하기 어려운 어떤 느낌에 사로잡혀서 매일 문어를 들여다보기로 했다.

그런데 어느 날, 문어가 두려움을 이기고 몸을 내밀었고, 감독이 내민 손가락에 다리를 갖다 대었다. 그리고 빨판으로 그의 손을 감각하는 경이로운 순간이 있었고, 이후 문어는 감독이 위험하지 않은 존재라고 판단하고 더 이상 그를 경계하지 않게 되었다. 크레이그는 자신뿐 아니라 문어도 이 만남에 관심을 가진다는 것을 느꼈다고 한다.

이후 1여 년 동안 매일 다시마 숲으로 내려가서 문어의 생활을 관찰하면서, 그는 문어가 달려드는 상어에게서 벗어나기 위해 물 밖의 바위로 탈출하기도 하고 공격하는 상어 등에 올라타기도 하는 등 두뇌 싸움을 벌이다가 결국 다시마 숲에서 조용히 탈출함으로써 승리하는 광경을 목격하기도 했고, 어느 날에는 상어에게 한쪽 다리를 뜯겨 하얗게 질려 아파하는 모습을 보기도 했다. 그는 문어의 생명성을, 상호작용하는 문어의 개성을 생생하게 느낀다. 그리고 문어의 눈을 들여다

보기도 하고, 잠든 문어를 보면서 문어는 어떤 생각을 할지, 어떤 꿈을 꿀지 궁금해 하기도 한다.

문어의 생각? 문어의 꿈? 사실 문어의 생각에 대해 우리는 알지 못한다. 우리 대다수에게 살아 있는 문어는 너무나 낯선 존재이며—식탁 위에서나 친숙할 것이다—, 1년 동안 거의 매일 문어를 만난 크레이그조차 문어의 생각이나 꿈에 대해서 아는 바가 없다. 1년 동안 만나고 노력해도 제대로 이해할 수 없는 존재라면, 동물과 인간의 공존은 너무 요원한 문제가 아닐까? 그냥 지금처럼 문어를 맛있는 음식 재료로만 여기면 안 될까?

그러나 크레이그의 꾸준한 노력과 관찰은 인간과 (인간이 이해하지 못하는) 동물과의 공존에 대해서도 생각할 거리를 준다. 그는 말한다. 왜 매일 같은 장소에 가느냐고 사람들이 묻지만, 매일 조금씩 다르다고. 그 사실을 알게 될 때 비로소 자연을 이해하게 된다고. 그리고 그는 개체로서의 문어의 생각과 문어의 꿈에 대해서는 모르더라도, 수백만 년 동안 이어져온 물속의 숲(다시마 숲)의 "마음mind"에 대해 조금씩 이해하게 되었다고 말한다. 수많은 생명의 상호작용이 일어나는 "숲의 마음" 말이다.

에두아르도 콘은 우리가 "우리와 관계하는 다른 살아 있는 자기들"을 어떻게 해서 알 수 있을지 묻는다. 살아 있는 세계 속에서 우리가 다른 존재의 생각을, 꿈을, 일종의 확고한 지식으로 파악하기는 어렵다. 그것은 불가능한 일이다. 그러나 그가 했을 만한 생각을, 그가 꾸었음직한 꿈을, 그가 느꼈을 만한 느낌을 우리는 추측할 수 있다. 콘은 이를 "알지 못한 채 알아가기"라는 말로 표현한다. 우리는 "아무리 매개적이고 잠정적이며 오해하기 쉽고 그 근거가 희박하다 해도" 상대방의 생각에 대해 무언가를 추측할 수 있다. 그러한 "어떤 잠정적인 추측에서 출발"해서 인간—사람과 비인간—사람들 간에 (지금과 같은 일방적인 착취가 아닌) 관계 맺기가 가능할 것이다.[62]

인간과 동물의 공존, 공생의 길을 더듬어가는 길에서 점점 더 많은 이들이 동물의 생명성을, 동물의 시점을 인정하며, 동물의 마음, 동물의 고통을 이해하려는 노력을 기울이고 있다. 오늘날 인간은 인간이 먹고, 즐기고, 이용하기 위해서 너무 많은 동물에게 너무 지나친 고통을 주고 있기에, 그러한 이해를 위한 노력은 중요하며 의미가 있다.

그리고 이와 더불어, 이해할 수 없는 존재와 공존하려는 노력도 필요할 것이다. 우리는 개별 동물을 이해하지 못할지라도, 그의 생각을 알지 못할지라도, 적어도 그의 생명성을 인정하고, 인간으로 의한 동물의 고통을 줄이고, 인간으로 인한 동물의 멸종을 중단하기 위해 노력하고, 지구의 생명 유지 시스템을 보호하는 데 관심을 가질 필요가 있을 것이다. 그것이 가장 친밀하고 가까운 것 같으면서도 너무나 낯선 존재, 비인간–동물과의 공존을 위한 길이다.

우리가 생명을 존중하는 것과 먹고살기 위해 그 생명을 취하는 것

---

62   에두아르도 콘, 『숲은 생각한다』, 차은정 옮김, 사월의책, 2018, 152–156쪽.

사이에는 불가피한 긴장이 있다. 해러웨이의 말대로, 그리고 유카기르족이나 마오리족이 보여주었듯이 그 긴장을 외면하지 않고 직시하고 그것을 해소하기 위해 노력하는 것은 우리 인간의 삶의 조건이다. 로빈 월 키머러는 먹고 먹히는 긴장 관계에서 생겨난 원주민의 토박이 지혜의 핵심을, 상대를 존중하고 "주어지는 것만 취하라"는 말로 표현한다.[63] 닥치는 대로 더 많이 취하는(먹는) 것이 아니라, 상대방을 존중하고 그에게 허가를 구해서 내게 주어지는 것만 감사히 취하라는 것이다. 그것이 "잡식동물의 딜레마" 해결을 위한 단 하나의 길은 아닐 지라도, 우리가 고려해야 할 중요한 현실적인 조언이 아닐까 한다.

---

63 로빈 월 키머러, 『향모를 땋으며: 토박이 지혜와 과학 그리고 식물이 가르쳐준 것들』, 노승영 역, 에이도스, 2019, 263쪽.

7장

인간과 식물:
숲과 함께 생각하기

1. 인간과 식물의 관계를 들여다본다는 것

2020년, 코로나19 바이러스가 전 세계로 급속히 확산되었고, 인간의 생활 세계는 놀랄 만큼 바뀌었다. 코로나19 팬데믹 시대에 가장 익숙해진 말은 "거리두기"와 "모임 자제"이다. 그러나 역설적이게도, 강제적인 "접촉–줄임contact-lessness"의 시대에 우리는 인간적인 것보다 더 큰 세계와 인간이 서로 밀접한 관계로 이어져 있다는 것을, 세계 내 존재들이 서로에게 강력한 영향을 미칠 수 있다는 것을 깨닫게 된다.

이를테면 이런 것이다. 인간의 이용과 편의를 위한 환경 파괴가 가속화되면서 야생동물의 서식지가 빠르게 축소되었다. 그에 따라 갈 곳 잃은 야생동물이 인간과 접촉하게 되는 경우가 더 빈번해졌고, 야생동물이 보유하고 있던 바이러스가 인간에게 전파될 가능성이 더 높아졌다. 또한 전 세계를 돌아다니는 현대 인류의 생활 방식으로 인해 전염병은 지역과 국경의 인위적 경계를 넘어 전 세계 인류에게 급속히 전파되었다. 이러한 과정을 돌아보면서, 지금까지 우리의 인간 중심적인 시야에서는 눈에 들어오지 않던 '동물'이, 나아가 인간이 파괴한 그들의 서식지가 코로나19라는 전염병을 통해 비로소 조금씩 눈에 들어오게 된 것이다. 그리하여 코로나19 팬데믹 시대에 야생동물의 서식지로서 숲의 중요성이 새삼스럽게 부각되고 있다. 그런데 여기서는 야생동물의 주요 서식지로서 숲이나 산림의 중요성을 강조하는 데서 조금 더 나아가 식물과 인간의 관계에 대해 다시금 생각해보려 한다.

오늘날 많은 이들은 생태 위기의 근저에서 인간이 비인간 자연과 맺어온 관계의 위기를 발견한다. 그러한 맥락에서 뒤틀린 관계를 바로잡기 위한 다양한 논의가 생태철학과 환경윤리 분야에서 전개되어왔다. 특히 지난 수십 년 동안, 인간이 비인간 동물과 맺어온 관계가 뒤틀려 있다는 문제의식 하에 동물 철학, 동물 권리 등의 논의가 비교적 활발해진 것이 눈에 띈다. 야생 자연, 생물 다양성의 중요성에 관한 생태철학의 논의도 적지 않다. 그러나 지구 위 인간이 거주하는 사실상 거의 모든 곳에 존재하는 식물에 대한 철학적 논의는 상대적으로 드물었다. 현대인들은 식물을 망각한 문화 속에서 인간 중심적, 혹은 동물 중심적 사고 방식을 가지고 살아가고 있다. 인간의 삶에서 식물이 차지하는 중요성은 간과되고, 인간의, 혹은 동물의 배경으로서만 인식될 뿐이다. 심지어 뒤틀린 관계를 바로잡으려는 생태철학 논의에서조차, 식물은 다만 어디에나 있는 '배경'에 불과한 것으로 여겨지는 경향이 짙다. 식물이 없다면 생존할 수 없는 인간이 점점 더 식물 세계로부터 멀어지게 된 것이 오늘날의 현실이다.

현대 사회에서 흔히 식물은 수동적인 대상, 물체일 뿐 아니라 일종의 재화로 여겨지기 십상이다. 많은 현대인들은 식물을, 나무를 보지 않으며 느끼지 못한다. 현대 사회에서 우리는 살아 있는 식물 존재들을 인식하거나 우리가 인간 외 다른 존재의 시점에 포착된다는 사실을 인식하는 능력을 점점 더 잃어버렸다. 그럼으로써 관계적 생태학으로부터 떨어져나가 일종의 소외에 이르게 되고 그 부정적 결과를 여실히 얻고 있다. 포타와토미족 식물학자인 로빈 월 키머러는 말한다. "나무가 '사람'이 아니라 '그것'이라고 말하는 것은 단풍나무를 대상으로 만드는 일이다. 우리는 우리 사이에 벽을 세우고는 도덕적 책임을 방기하고 착취의 문을 연다."[1]

그러나 식물에게도 나름의 언어가 있어서 소통하며 "이야기한다"고 여겨온 원주민들이 있다. 그들은 식물을 대상으로 환원하기보다는 식물이 우리에게 어떤 말을 해줄 수 있는지 묻고 귀를 기울인다. 그러한 원주민 문화가 최근 새로운 애니미즘 논의와 결합하여 여러 학자들을 통해 재조명되고 있다.

앞장에서 살펴보았듯이, 비인간 동물과 인간의 관계맺음에 대해 생각해보는 것은 현대인의 익숙한 생활 방식과 사고 방식에 대한 하나의 도전이 된다. 그런데 거기서 한 걸음 더 나아가 식물과 인간의 관계맺음에 대해 돌이켜 생각해보는 것, 식물을 사람으로 보는 시각을 진지하게 고려하는 것은 현대인의 세계관과 삶의 방식에 어떠한 도전을 제기하게 될까?

---

1   로빈 월 키머러, 『향모를 땋으며: 토박이 지혜와 과학 그리고 식물이 가르쳐준 것들』 노승영 역, 에이도스, 2019, 93쪽.

2. 식물을 망각한 문화

식물의

존재론적 위치

왕가리 마타이는 아프리카 전역에서 여성을 중심으로 나무심기 운동을 일으킨 케냐 출신의 환경운동가이다. 그는 2009년에 콩고의 어떤 숲에서 지속 가능한 삼림 자원 관리를 위해 나름대로 노력하는 목재 회사의 벌목 작업 현장을 방문하게 되었다.[2] 그 회사는 숲에서 사는 아카 부족의 문화적, 영적 관습을 존중하고 벌목한 땅에서 숲이 되살아나도록 노력하는, 상당히 괜찮은 회사다.

그런데 인간 사회에서는 괜찮은 회사였을지 모르지만, 커다란 나무가 베어지는 벌목 현장은 왕가리 마타이에게 전혀 괜찮지 않았다. 현장에 가보니 높이 20여 미터에 지름 2.5미터 가량의 커다란 사펠리나무가 장엄하게 서 있었다. 목재 회사 직원은 마타이에게 그 나무의 수령이 200살이 넘었을 것이라고 말했다. 뿌리는 부채살처럼 퍼져서 땅

---

2   왕가리 마타이, 『지구를 가꾼다는 것에 대하여』, 이수영 옮김, 민음사, 2012, 38쪽.

속에 단단히 박혀 있었고, 진녹색 잎사귀들도 무성하게 돋아나 있었다. 굉장한 나무였다. 그러나 인부들의 십여 분의 톱질 끝에 나무는 휘청거리더니 엄청난 소리를 내면서 땅에 쓰러졌다.

나무가 쓰러지는 장면을 보고 왕가리 마타이의 눈에는 눈물이 맺혔다. 목재 회사 직원은 마타이에게 걱정하지 말라고 말한다. 그 나무가 베어져도 숲에는 나무가 수백만 그루나 더 있으니까 별 문제가 아니라는 것이다. 그러나 과연 그럴까? 마타이는 몇 그루 베어내도 수백만 그루가 더 있다는 생각, 지구의 자원이 무한하다고 여기고 지구가 베푸는 것을 소중히 여기지 않는 인간의 태도를 문제시한다. 그리고 베어지는 나무를 자기 자신처럼 느낄 수 있는 마음가짐이 오늘날 우리에게 필요하다고 강조한다.

사실 현대 세계에서 베어지는 나무를 자신처럼 여기는 이는 많지 않은 것 같다. 오늘날 생태 위기에는 여러 가지 복잡한 동인이 있지만, 식물을 주로 수동적인 자원으로만 간주하는 세계관과 인간 중심적 존재론이야말로 생태계를 파괴하는 강력한 영향력을 발휘해왔을 것이다. 그러한 세계관과 존재론은 식물에 대한 보살핌과 존중의 결여라는 결과로 나타났고, 이는 자연 서식지 파괴로 이어졌다. 그러한 세계관과 존재론에서 흔히 생명의 연속성은 무시되고, 인간, 비인간 동물, 식물 사이의 뚜렷한 단절이 가정된다.

인간에 의한 비인간 자연의 파괴가 가속화되는 오늘날, 눈에 보이는 자연 생태계에서 매우 중요한 자리를 차지하는 식물과 인간의 관계를 다시 생각하고 식물의 존재론적 지위를 다시 고려하는 일은 실제적인 중요성을 지닌다. 과거에는 숲의 생명력, 활기, 식물의 힘을 존중하며 성스럽게 여기는, 그리고 파괴하지 않고 보전하려는 신앙과 관습이 세계 곳곳에서 이어져왔다. 그렇지만 오늘날 우리의 존재론에서 식물은 대체로 자체로 존중받지 못하는 일종의 배경이나 인간이 이용할 수 있는 자원일 뿐이다. 앞장에서 우리는 서구 사상사에서 인간 중심적 시각으로 세계를 바라보면서 인간 외 다른 존재들의 가치를 인간보다 아래에 두는 경향이 광범위하게 나타나는 것을 특히 동물과 인간의 관계를 중심으로 살펴보았다. 그런데 관심의 범위를 식물까지 확대할 경우, 식물의 자리는 동물보다 더 아래인 것을 알 수 있다.

오스트레일리아의 생태철학자 발 플럼우드는 자연을 무의미한 타자, 균질화되고 목소리가 없는 공허한 존재 상태로 보는 서구의 세계관이 인간이 지구를 지배하는 것을 정당화하는 데 기여했다고 여긴다.[3] 그는 특히 현대 사회에서 지배적 영향력을 발휘하는 서구적 세계관이 인간과 자연의 이원론에 기반한다는 점을 강조하는데, 자연이라는 모호한 용어를 넘어서 좀 더 구체적으로 식물(그 용어도 실은 대단히 광범위한 생물종을 포괄하고 있다)에 대한 서구의 태도를 살펴보면, 배타적인 가치 이원론의 구축에 기반한 가치의 위계 질서가 서구 세계에서 가장 영향력 있는 철학에서 우세하게 나타나는 것을 알 수 있다.

---

3   Val Plumwood, *Environmental Culture: the Ecological Crisis of Reason*, London: Routledge, 2008, p. 9.

식물에 대한 서구의 시각에 지대한 영향을 미친 그리스 철학 전통에서, 플라톤은 식물을 지능이나 소통 능력이 없으며 능동적이거나 자율적이지 않은 생물로 여겼다. 그는 인간과 식물의 차이를 강조하며, 수동적인 침묵의 존재로서 그려지는 식물이 인간의 사용을 위해 만들어졌다고 명시적으로 주장한다.[4] 아리스토텔레스는 식물 자체를 고려하기보다는 동물에게서 관찰된 것을 토대로 식물의 능력을 판단하고, 식물을 바닥에 배치한 생명의 위계를 구성한다. 이러한 위계적 구조를 뒷받침하는 식물에게는 감각과 지성의 기능이 부족한 것으로 간주되었다. 아리스토텔레스는 식물에 대해 "영양분을 취할 수 있는 한 늘 영양 활동을 하며", 성장하고 쇠퇴하는 생명의 원리를 내부에 지니고 있는 영혼을 가진 존재로 여겼지만, 또한 식물은 영양 능력만 갖고 감각 능력, 사고 능력, 운동을 비롯한 영혼의 다른 능력은 갖고 있지 않다고 생각했다.[5] 그러한 생각을 바탕으로, 아리스토텔레스는 식물이 동물을 위해 존재한다고 여겼다. 아리스토텔레스는 『정치학』에서 "식물은 동물을 위해 존재하며, 동물은 인간을 위해 존재한다"고 명시함으로써 존재의 위계 질서를 명확히 했다.[6]

그리스도교 사상에서도 동식물이 인간을 위해 창조된 것이라는 인간 중심적인 생각이 종종 나타난다. 가령 토마스 아퀴나스는 『신학대

---

4   Matthew Hall, *Plants as Persons: A Philosophical Botany*, Albany: SUNY Press, 2011, p. 19.

5   아리스토텔레스, 『영혼에 관하여』, 오지은 옮김, 아카넷, 2018, 67-69쪽.

6   데이비드 보이드, 『자연의 권리: 세계의 운명이 걸린 법률 혁명』, 이지원 옮김, 교유서가, 2020, 23-24쪽.

전』에서 신이 인간을 위해 동식물을 창조하였고, 인간이 동물이나 식물을 인간의 뜻대로 사용하는 것은 죄가 아니라고 주장했다.[7] 그리고 16세기에 마르틴 루터는 『식탁 담화Tischreden』에서 "우리 하느님께서 지구상의 모든 사람에게 집을 짓거나, 가구와 달구지를 만들거나, 땔감으로 쓸 수 있는 나무를 주셨고, 뿐만 아니라 거실을 꾸미고 손수레와 삽, 나무통과 맥주통, 우유통 등 수많은 용도로 나무를 사용하는 관습을 주신 것에 나는 놀라지 않을 수 없다. 이토록 헤아릴 수 없이 많은 나무의 쓰임새를 그 누가 다 설명할 수 있을까? 나무야말로 우리에게 없어서는 안 될 가장 중요하고 필요한 물질이다."[8]라고 말한 바 있는데, 역시 나무의 존재 가치를 인간에 의한 쓰임에서 찾는 인간 중심적인 시각을 엿볼 수 있다.

고대 그리스 철학에서부터 수립된 피라미드식 존재의 가치 위계도는 오늘날까지도 현대 세계에 널리 영향을 미치고 있다. 지구상에서 인간(남성)을 최상위에 두고 중간에 동물을 바닥에 식물을 배치하는 피라미드식 존재의 가치 위계도는 상위 층이 더 많은 가치를 지니며 아래로 갈수록 무언가가 더 결여된 존재로 여겨지는 엄격한 계층 구조를 형성하며, 상위 층에 의한 지배 논리를 정당화한다. 식물은 감각과 지성이 결여된 수동적인 존재로 간주된다. 그리하여 지배적인 서구의 사

---

7   김남준, 「식물윤리학의 원리 - 식물윤리학의 근거 정립을 위한 시론적 연구」, 『환경철학』, 12집, 2011, 6쪽.

8   요아힘 라트카우, 『나무시대: 숲과 나무의 문화사』, 서정일 옮김, 서울: 자연과생태, 2013, 6쪽.

고 방식에서 생명의 연속성은 무시되고, 인간과 식물 사이에는 뚜렷한 단절이 가정된다. 심지어 생태철학이나 환경 윤리에서도 식물 관련 논의는 많지 않은 것이 현실이다.

식물맹

> 우리는 달나라에 가는 세상에 살고 있지만 아직도 우리의 뒷마당에서 무슨 일이 일어나고 있는지는 모르고 있는 것이다.[9]
>
> — 조안 말루프

식물학자 조안 말루프는 식물에 무관심한 현대인을 빗대어 위와 같은 말을 했다. 식물과 인간의 관계 맺기에 대해 생각하기에 앞서서, 먼저 우리가 흔히 식물에 무관심할 뿐 아니라, 심지어 식물을 알아차리지 못하는 경우가 많다는 것에서부터 이야기를 시작해보자.

1999년, 식물학자 완더시 James Wandersee와 쉬슬러 Elisabeth Schussler는 식물맹 Plant Blindness이란 개념을 제안했다. 식물맹이란 식물종이 생물권에서 차지하는 중요성을 인지하지 못하고, 흔히 식물종의 차이를, 심지어 식물 존재 자체를 알아차리지 못하는 현상을 가리키는 용어이다.

---

9   조안 말루프, 『나무를 안아보았나요』, 주혜명 옮김, 서울: 아르고스, 2005, 94쪽.

그림 9 | 가까운 산의 거대한 바위에서 찍은 사진.

도시에서 사는 사람들은 흔히 길가에 자리한 가로수의 존재를 알아차리지 못하며, 아파트 화단에 어떤 식물이 있는지 기억하지 못한다. 모두가 인간 활동의 배경일 뿐이다. 인공적인 환경 속에서 살아가다 보면 인공적인 사물에 주의를 집중하게 되고, 유채꽃과 배추꽃의 차이를 아는 사람은 점점 더 줄어들게 마련이다. 요컨대 현대인들은 점점 더 식물맹이 되어가고 있다.

이 사진은 지난 가을에 가까운 산의 거대한 바위 위에 올라가서 찍은 것이다. 이 사진에서 무엇이 보이는가? 우리는 시선을 사로잡는 것은 무엇인가? 만약에 왼쪽에 위치한 돌의 모양에만 시선을 빼앗겼다면, 식물맹이라는 소리를 들을지도 모른다. 산정의 거대한 바위 위에

키가 1미터도 넘는 거대한 돌이 벼랑 끝에 아슬아슬하게 걸쳐 있는 모습은 놀랍다. 그렇지만 그 옆에, 흙도 거의 없는 바위 위에서 아슬아슬하게 뿌리를 내리고 푸르름을 자랑하는 식물의 자태 역시 놀랍기는 마찬가지다. 그런데 대부분의 사람들은 왼쪽의 돌에만 집중하고, 그 옆의 식물은 알아차리지 못한다.

식물은 지구상 인간이 거주하는 사실상 거의 모든 곳에 존재하지만, 식물에 대한 철학적 논의는 상대적으로 드물었다. 현대인들은 식물을 망각한 문화 속에서 인간 중심적, 혹은 동물 중심적 사고 방식을 가지고 살아가고 있다. 인간의 삶에서 식물이 차지하는 중요성은 간과되고, 인간의, 혹은 동물의 배경으로서만 인식될 뿐이다. 심지어 뒤틀린 관계를 바로잡으려는 생태철학 논의에서조차, 식물은 다만 어디에나 있는 '배경'에 불과한 것으로 여겨지는 경향이 짙다. 식물은 우리의 시야에서 끊임없이 주변화되고, 우리의 인간 중심적 시선은 인간적인 것 주위만 맴돈다. 생태 위기로 일컬어지는 갖가지 현상을 경험하면서도, 우리의 사유는 좀처럼 인간적인 것 너머로 확장되지 않는다.

인간 생명의 모든 것은
식물과 연결된다

최근 비인간 동물과 인간의 관계를 다루는 논의들이 여러 학문 분야에

참신한 도전이 되고 있는데 비해, 식물과 인간의 관계맺음에 대해 집중적으로 다루는 논의는 비교적 적은 편이다. 철학자 마이클 마더는 서구 지성사에서 식물이란 존재가 얼마나 평가절하되고 오용되어 왔는지 지적하고, 식물 존재의 관점에서 형이상학을 비판하고 식물들에게 그들의 세계를 복원시켜 주는 철학적 작업을 시도한다.[10] 또한 철학자인 매튜 홀은 인간의 삶이 식물과 얼마나 연결되어 있는지를 상기시키면서, 지금껏 소홀히 다루었던 인간과 식물의 관계에 대한 철학적 식물학을 제안한다. 인간은 비인간 존재들로 구성된 자연에서 특히 비인간 동물 생명에 집중하는 경향이 있지만, 그는 적어도 인간이 거주하는 대부분의 장소들에서는 식물이 자연 세계를 지배한다는 사실을 환기시킨다.

지구에서 생명체가 살고 있는 대부분의 장소는 눈에 띄게 식물경관plantscapes이다. 인공적으로 변형된 서식지에서 걸어가든 야생지에서 걸어가든, 다른 어떤 종류의 생물보다 식물과 마주치게 될 가능성이 훨씬 더 높다. 사실 이 행성에서 눈에 보이는 바이오매스의 대부분은 식물로 구성되어 있다. 지구상의 거주 가능한 대부분의 장소에서, 자연 세계 안에 있다는 것은 무엇보다도 동물이나 균류, 혹은 박테리아가 아니라 식물 사이에 있다는 것을 의미한다. 비록 균류, 박테리아, 그리

---

10   루스 이리가레, 마이클 마더, 『식물의 사유: 식물 존재에 관한 두 철학자의 대화』, 이명호, 김지은 옮김, 알렙, 2020, 175쪽.

고 동물은 자연 과정을 유지하는 데 중요하지만, 식물은 인간이 만나는 자연에서 가장 풍부한 생명체이다. 중요한 것은, 직접적으로나 간접적으로나 이러한 식물 바이오매스의 가시적 존재가 인간이 존재하고 지속적으로 생존할 수 있게 한다는 점이다.[11]

매튜 홀이 지적한대로, 식물은 지구상 대부분의 면적을 차지하고 있으며, 지구상에서 뭇 존재의 생명 유지를 위해 식물은 말 그대로 뿌리와 같은 역할을 한다. 우리가 살아 숨 쉴 수 있는 것은 식물 덕분이다. 또한 인간은 아득한 옛날부터 의식주를 위해 식물에 의존했다. 먹을 것, 입을 것, 쉴 곳 뿐 아니라 우리의 공기, 연료(땔감) 등도 다 식물과 연관된다. 그리고 숲과 나무는 비인간−동물이 삶을 영위하는 자리이기도 하다. 돌이켜 생각해보면, 인간은 생물학적으로는 물론이고 문화적으로도 식물에 기대어 산다.

그런데 세계산림자원평가(FRA 2020)에 따르면, 전 세계 산림 면적은 약 40.6억 헥타르로서 전 세계 육지면적의 31퍼센트를 차지하지만 지속적으로 감소하고 있다. 1990년 이후 전 세계에서 4억 2,000만 헥타르의 산림이 파괴되었고, 2010~2020년 사이에 아프리카에서 390만 헥타르, 남아메리카에서 260만 헥타르의 산림 손실이 일어났다. 먼 나라에서만 일어나는 일은 아니다. 한국에서도 인간의 "레저"를 위해 막

---

11   Matthew Hall, *Plants as Persons: A Philosophical Botany*, Albany:; SUNY Press, 2011, p. 3.

그림 10, 그림 11 | 식물에 덮인 소록도 서생리 가옥

대한 산림 훼손이 일어날 수 있는 개발사업이 종종 추진되곤 한다.

인간이 식물 없이 존재할 수 없을까? 불가능한 일이다. 그러면 식물은 인간 없이 존재할 수 있을까? 소록도 서생리 마을에서 찍은 사진(그림 10, 그림 11)을 보면, 후자는 가능할 것 같다. 사진은 2019년에 소록도 한센인 마을 서생리를 찍은 것이다. 서생리에서는 1990년대 초반까지 사람들이 살았지만, 소록도 전체 주민 수가 줄어들면서 마을 사람들이 인근 다른 마을로 이주하였다. 사람들이 살지 않게 되면서 인간들의 버려진 삶터에 빠르게 식물들이 들어오기 시작했고, 마을은 이와 같이 변모하였다.

인간이 없어도 식물은 존재할 수 있겠지만, 그러나 역은 안 될 것이다. 인간은 자신의 삶을 식물에게 의지하고 있기 때문이다. 식물과 인간의 관계를, 식물과 "나"의 관계를 새삼스럽게 다시 생각해보아야 할 이유이다.

3. 식물의 생명성

식물의

지능

세계 곳곳에는 식물의 놀라운 생명력 혹은 회복력과 관련된 여러 이야기들이 전해진다. 가령 지팡이에서 자라난 나무 이야기를 들어본 적이 있는가? 이탈리아 동쪽 해안의 프란치스코 수도원 안뜰에 서 있는 오래된 사이프러스 나무를 둘러싸고 전해지는 일화를 예로 들어보자. 그 나무는 무려 1200년경에 저 유명한 아시시의 성 프란치스코가 심은 것이라고 한다. 전해지는 이야기에 따르면 성 프란치스코가 그곳으로 와서 수도원을 세웠는데, 일을 돕던 신자들이 땔나무를 구해서 불을 피웠다. 성 프란치스코도 지팡이로 쓰던 사이프러스 가지를 불속에 던졌는데, 다음날 아침 그 지팡이만큼은 잿더미 속에서 기적처럼 멀쩡히 남아 있었다고 한다. 그래서 성자는 타지 않고 남은 지팡이를 새로 지은 수도원 안뜰에 꽂았는데, 그 지팡이가 뿌리를 내리고 살아남아서 800여 년이 지난 오늘날까지 남아있다는 것이다.[12]

땅에 꽂은 지팡이가 뿌리내리고 살아남아서 무성한 나무가 되었다

그림 12 | 두물머리 생명평화미사가 마무리된 후 인근 문호리 꼰벤뚜알 프란치스코수도회 수도원으로 옮겨진 두물머리 십자가나무

는 이야기는 사실 시골에서 살아본, 그래서 나무의 놀라운 생명력을 경험해본 사람에게는 그리 낯설지는 않은 일화일 것이다. 그러나 낯설지 않다고 해서 식물의 생명력이 놀랍지 않은 것은 아니다. 나뭇가지를 땅에 꽂았더니 나무로 자라났다는 이야기는 비교적 최근 한국에서도 의미 있는 사건으로 재해석되고 있다. 2010년 2월 17일부터 2012년 9월 3일까지 900일 이상 매일같이 두물머리에서는 4대강을 지키기 위해 전국 각지의 천주교 신자들이 모여서 비닐하우스에서 미사를 진행해

---

12   토머스 파켄엄, 전영우 옮김, 『세계의 나무』, 넥서스BOOKS, 2003, 90쪽.

그림 13 | 빨랫줄을 타고 뻗어나가는 포도나무의 덩굴손

왔다. 그런데 두물머리 비닐하우스 미사처와 관련해서 흥미로운 이야기가 전해진다. 처음에 미사를 시작할 때는 근처에 버려진 나무 막대기를 이용해서 십자가를 만들어 땅에 꽂았는데, 2년이 넘는 세월 동안 그 십자가에서 뿌리가 내리고 새잎이 돋아났다는 것이다. 죽은 줄 알았던 나무 막대기에서 뿌리와 잎이 자라난 사건은 자연의 생명력과 회복력을 상징적으로 보여주는 사건으로 재해석되었고, 사람들에게 회자되었던 것이다.

우리는 식물이 보여주는—우리가 잘 모르던—생명력과 회복력에 감탄하지만, 실은 식물 세계에 좀 더 관심을 갖고 들여다보면, 인간 중심적 세계관에 갇혀 있던 우리에게는 놀랄 만한 사실들이 참으로 많다.

매튜 홀$^{Matthew\ Hall}$은 현대 식물학의 성과를 바탕으로 "철학적 식물학"을 제안하여 인간이 식물계와 애니미즘적 방식으로 상호작용해온 방식을 재평가하려고 시도한다. 그는 식물이 의도를 가지고 있고 다른 식물들 및 주위 환경과 상호작용을 하며, 자기인식 능력이 있고, 소통적인 공생 관계의 "근권^{rhizosphere}"에서 존재하는, 의지를 가진 존재라고 여긴다. 그는 식물이 다른 존재들과 관계할 때 일종의 의도적인 선택을 한다는 최근의 식물학적 증거를 제시하며, 근대 학문 세계에서 오로지 인간의, 혹은 고등 동물의 속성으로 여겨져 왔던 능력들(소통 능력, 지능, 인지 능력 등)이 식물에게서도 발견된다는 점에 우리의 주의를 환기시킨다.

우리에게 식물 세계는 매우 생소하게 느껴지며, 흔히 인간은 식물을 살아 있는 생물이라기보다 대상물로 취급하는 경향이 있다. 식물의 능동성, 인지 능력, 지능, 소통 능력을 논하는 이야기는 식물에 대한 학문적, 실제적 지식이 없는 문외한의 입장에서는 굉장히 낯설게 들린다. 그렇지만 생명체의 자기보전을 위한 노력이라는 측면에서 접근할 경우, 잘 모르더라도 어렴풋이 고개를 끄덕일 만하다. 다른 생명체와 마찬가지로, 식물은 주위의 환경 조건이 변화하더라도 자신의 온전함을 유지하려고 하며, 양분을 찾아서 생명을 유지하고 후손을 퍼뜨리는 것과 관련된 자기 목적을 가지고 있다. 20년 동안 산림관리원으로 일하면서 식물 세계를 관찰해온 페터 볼레벤은 식물도 저마다의 개성을 가진 존재이며, 생존을 위한 전략을 세울 뿐 아니라, 독특한 방식으로 소통하는 생명체라는 점을 강조한다. 가령 꽃이 피고 열매가 맺히고 씨앗이 발아하여 새순이 돋는 과정을 우리는 그저 자연스러운—심지어 기계적으로(!) 일어나는—현상으로 여기지만, 여기에도 환경 정보를 수집하고 상황에 따른 전략을 세우는 복잡한 과정이 숨겨져 있다. 나무에게 번식이란 엄청난 에너지가 소요되는 힘든 과정이지만, 나무가 스트레스를 받을 경우에는 오히려 후손 번식을 위해 에너지를 더욱 집중하는 현상이 나타난다는 것도 흥미로운 현상이다.[13]

매튜 홀은 식물이 생존을 위해 환경을 자세하게 능동적으로 감각하며 정보를 파악하는데, 곧 빛, 중력, 접촉, 소리, 화학적 자극을 포함해서 일련의 환경 요인들을 인식하고 능동적으로 반응한다고 지적한다.[14] 식물은 동물처럼 그 움직임이 단기간에 가시적으로 눈에 띄지 않기에 정적인 존재로만 보이기 십상이지만, 실은 단지 지상에서뿐 아니라 지하에서도 활발한 활동이 일어나고 있다. 식물의 뿌리 시스템은 경쟁자를 피하고 미네랄과 물 등 지하자원으로 향하기 위해 접촉과 화학적 신호의 조합을 활용한다. 또한 광합성을 하지 못하는 기생식물은 선호하는 숙주를 선택하기 위해 화학적 신호를 사용한다. 덩굴식물은

---

13   페터 볼레벤, 『나무 다시 보기를 권함』, 강영옥 옮김, 더숲, 2019, 149쪽.

14   이하의 내용은 Matthew Hall, "Talk among the trees: animist plant ontologies and ethics", Graham Harvey (ed.), *The Handbook of Contemporary Animism*, New York: Routledge, 2014, p. 391을 보라.

빛을 최대한 많이 받을 수 있도록 덩굴손의 성장 방향을 능동적으로 지시하기 위해 촉각을 사용한다. 환경에 대한 이러한 능동적 인식은 흔히 이전의 경험에서 수집한 정보 처리를 포함한다. 현대 식물학에서 알려진 이와 같은 사실들은 식물과 인간이 감각하고 자율적이며 지능적인 유기체로서 기본적인 존재론적 실재를 공유한다는 점을 보여준다. 그러니 식물은 결코 "수동적인, 감응력이 없는, 열등한 존재"가 아니다. 다른 살아 있는 존재들과 마찬가지로, 식물도 능동적으로 살아가며 번성하기 위해 애쓴다. 식물도 자기 환경과 역동적으로 상호작용하며 자기 스스로를 조직하는 존재인 것이다.

또한 식물이 자원을 확보하기 위해 형태를 조정하는 능력 역시 주목할 만한데, 이는 "표현형 가소성 phenotypic plasticity"으로 알려진 현상이다. 식물은 일반적인 환경 조건을 측정한 다음 생존과 번식에 도움이 되는 대응 방식을 선택한다. 형태를 바꾸기 용이한 뿌리 부분은 좀 더 영양가 높은 땅뙈기를 찾아서 빠르게 형태를 조정한다. 이러한 현상들과 관련해서 일부 학자들 사이에서 "식물 지능 plant intelligence" 혹은 "식물 인지 plant cognition"라는 용어가 사용되고 있는데, 그것은 식물에게서 작동하는 일종의 정보 수집, 저장, 처리, 의사결정 과정으로서, "지배적인 상황과 관련된 시스템의 필요, 상호작용의 잠재력, 현재의 상호작용이 작동하는지 아닌지에 대한 (어느 정도) 지속적인 평가"와 관련된다.[15]

15　Matthew Hall, "Talk among the trees: animist plant ontologies and ethics", Graham Harvey (ed.), *The Handbook of Contemporary Animism*, New York: Routledge, 2014, p. 392.

이처럼 식물이 환경자극에 대해 능동적으로 반응하는 자율적이고 지능적인 유기체라는 현대 식물학의 발견은 살아 있는 유기체이자 지구의 중요한 일원으로서 식물에 대해, 식물과 인간의 관계맺음에 대해 다시 생각하도록 우리를 인도한다.

식물의
소통

연장자들 말로는 옛날에는 나무들이 서로 대화를 나눴다고 한다. 나름의 회의를 소집하여 계획을 세웠다는 것이다.[16]

— 로빈 월 키머러

로빈 월 키머러는 『향모를 땋으며』의 서두에서 피칸나무 이야기를 꺼낸다.[17] 피칸나무는 몇 년에 한 번씩 엄청나게 많은 열매를 맺는데, 피칸나무가 열매를 맺을 때면 "작은숲의 나무 한 그루가 아니라 작은숲 전체가, 큰숲의 작은숲 하나가 아니라 모든 작은숲, 카운티 전체와 주 전체가 한꺼번에 번식한다."고 한다. 피칸나무가 어떠한 원리로 그렇

---

16   로빈 월 키머러, 『향모를 땋으며: 토박이 지혜와 과학 그리고 식물이 가르쳐준 것들』, 노승영 역, 에이도스, 2019, 38쪽.

17   로빈 월 키머러, 『향모를 땋으며: 토박이 지혜와 과학 그리고 식물이 가르쳐준 것들』, 노승영 역, 에이도스, 2019, 26-42쪽.

게 집단으로 행동하는지는 명확히 규명되지 않았다. 그런데 포타와토미족 어른들은 이에 대해, 나무들이 서로 대화를 나누고 회의를 해서 함께 행동할 계획을 세웠기 때문이라고 말한다.

비록 대화나 회의 같은 단어가 사용되지는 않지만, 현대 식물학에서도 식물의 소통이란 주제가 활발히 다루어지고 있다. 가령 식물이 주변 환경에서 수집한 감각 정보를 사용해서 다른 유기체들과 끊임없이 소통한다는 점에서, 일부 연구자들은 식물을 "사회적 유기체"로 묘사하며, 같은 종의 다른 식물들과의 상호작용은 "식물 사회"의 기초를 형성할 수 있다고 본다.[18] 가령 식물들은 초식동물의 공격이 있을 경우, 휘발성 유기화합물^{VOC}을 방출해서 다양한 정보를 공유한다는 사실이 잘 알려져 있다. 또한 식물의 소통은 특히 지하에서 활발히 이루어지는데, 식물 뿌리는 2차대사물질로도 알려진 매우 다양한 화합물을 분비함으로써 흙속의 다른 유기체와도 소통한다. 특히 콩과 식물의 뿌리에서 생산된 플라보노이드는 흙속의 공생자가 콩과 식물의 뿌리를 식별할 수 있게 해주는 특정한 화학적 신호가 된다.

흥미로운 것은, 땅속에서 이루어지는 소통이 우호적인 경우도 있지만 상호 공격적인 경우도 있다는 점이다. 가령 식물은 주변의 다른 식물의 생장에 영향을 미치는 2차대사물질을 생산해서 경쟁 관

---

18 이하의 내용은 Matthew Hall, "Talk among the trees: animist plant ontologies and ethics", Graham Harvey (ed.), *The Handbook of Contemporary Animism*, New York: Routledge, 2014, p. 391을 보라.

계에 있는 다른 식물의 발아와 생장을 저해할 수 있다. 이것은 타감작용alleopathy으로 알려진 과정인데, 1937년 오스트리아의 식물학자인 한스 몰리쉬 Hans Molisch가 처음 그 용어를 사용했다. 식물이 물이나 영양분을 더 많이 흡수하기 위해 타감물질을 생산, 분비함으로써 이웃한 경쟁 관계 식물의 성장을 억제하는 다양한 사례들이 발견된다.

다른 한편, 같은 종의 나무들끼리 성장을 돕는 경우도 있다. 페터 볼레벤은 자연환경에서 같은 종의 나무들이 서로를 도울 뿐더러, 아픈 나무에게 건강한 나무가 섬세한 뿌리 네트워크를 통해 당을 흘려보내주는 사례를 이야기한다. 또한 그는 마치 서로 친구인 듯이 서로를 돕는 나무들을 예로 드는데, 나란히 선 두 나무가 서로를 향해서는 연한 곁가지를 밀어주고 바깥쪽으로만 거대한 수관을 형성하는 경우가 그것이다. "멀리서 보면 두 나무는 함께 사는 부부처럼" 보이는데, 이때 한 나무가 햇빛을 더 많이 받을 수 있도록 다른 나무를 베어버리면 오히려 남아 있던 나무도 곧 병들어 죽게 될 수 있다고 한다.[19] 또는 "꼭 붙어살던 나무 커플" 중 하나가 죽었을 때, 살아남은 나무가 뿌리 연결망을 통해 당과 영양분을 올려 보내서 죽은 고목의 그루터기에서 새싹이 돋아나는 경우도 간혹 있다고 한다. 이러한 사례들은 관계적 존재로서 식물을 다시 바라보게 한다.

---

19   페터 볼레벤, 『나무 다시 보기를 권함』 강영옥 옮김, 더숲, 2019, 88-89쪽.

식물의
공생

집을 지으면서 죽은 너도밤나무는 보기에 너무 흉해 보여서 우린 그
나무를 베어내기로 했다. 하지만 나무를 베어내자 한 무리의 다람쥐들
이 나무 구멍에서 뛰쳐나왔다. 그 순간 우린 우리의 잘못을 깨달았다.
죽은 나무는 하늘다람쥐가 가장 좋아하는 보금자리였던 것이다……
우리에게 아무 쓸모없는 죽은 나무들조차 생태계에서는 중요한 역할
을 한다는 사실을 우리는 잊고 지내는 것이다.

　[…]

다람쥐는 진균류를 돕고 진균류는 나무를 돕고 나무는 다람쥐를 돕
는 것, 이것이 자연이다.[20]

— 조안 말루프

식물들은 서로서로 소통할 뿐 아니라, 다양한 방식으로 생물권에서
서로 다른 종들을 연결하는 역할을 한다. 심지어 죽은 나무조차도 여
러 종들이 생명을 이어가는 터전이 된다. 위의 글에서 조안 말루프는
무심코 죽은 너도밤나무를 베어냈다. 그런데 인간의 눈에는 하등 쓸
모없게 보였던 죽은 나무에도 다람쥐들이 살고 있었다. 조안 말루프에

20　조안 말루프, 『나무를 안아보았나요』, 주혜명 옮김, 서울: 아르고스, 2005, 61-62쪽.

게는 다람쥐가 눈에 띄었지만, 죽은 나무에 기대어 산 것은 다람쥐만이 아니었을 것이다. 죽은 나무에는 실제로 수천 종의 곤충과 균류가, 그리고 조류가 달려든다.[21] 살아 있는 식물의 경우에도 홀로 살아가는 경우는 없으며, 곤충, 균류, 박테리아 등 수많은 존재들이 식물과 함께 살아가게 된다. 살아있는 식물은 말 그대로 수많은 생물종이 연결되고 엮여서 살아가 공생共生의 현장이다.

특히 버섯을 비롯한 균류와 식물의 공생 관계는 주목할 만하다. 숲의 나무들은 뿌리에 서식하는 균류 가닥인 균근의 지하 그물망을 통해 서로 연결되며, 나무의 90퍼센트는 균근으로 확장된 뿌리 시스템을 통해 질소, 인, 칼륨, 마그네슘, 구리, 아연, 망간 등 다양한 영양분을 흡수할 수 있다. 게다가 뿌리는 지름이 0.01밀리미터 이하이며 멀리까지 뻗어나가는 균사를 통해서 지하 세계를 100배 멀리까지 탐사할 수 있다.[22]

현대 식물학의 도움을 받아 조금만 살펴보아도, 식물이 자극에 능동적으로 반응하고 환경에 적응하는, 자율적이고 지능적이며 관계적인 존재라는 사실을 알 수 있다. 그러나 우리 현대인의 인간 중심적인 세계관에서는 식물 존재의 생명성을 고려하기가 쉽지 않다. 철학자 마이클 마더는 "식물의 실존을 그 자체로 긍정하는 것은 우리 문화가 견

---

21   페터 볼레벤, 『나무 다시 보기를 권함』, 강영옥 옮김, 더숲, 2019, 209쪽.

22   자크 타상, 『나무처럼 생각하기』 구영옥 옮김, 더숲, 2019, 70쪽; 로빈 월 키머러, 『향모를 땋으며: 토박이 지혜와 과학 그리고 식물이 가르쳐준 것들』 노승영 역, 에이도스, 2019, 40쪽.

딜 수 있는 것을 훨씬 넘어선다."고 말한다. "아주 오래전부터 우리 문화는 식물을 돌보고 키우는 일을 식물에 대한 생산적 파괴로 바꾸어 버렸기 때문"이라는 것이다.[23] 그러나 다행히, 모든 문화들이 식물과 인간의 단절을 당연시한 것은 아니다. 식물의 생명성을 민감하게 포착하고, 식물을 존중하면서 인간과 식물의 연결을 강조해온 사람들이 있다. 다음 절에서 좀 더 살펴보자.

---

23   루스 이리가레, 마이클 마더, 『식물의 사유: 식물 존재에 관한 두 철학자의 대화』, 이명호, 김지은 옮김,
      알렙, 2020, 189쪽.

4. 애니미즘과 식물-사람

인간은 먹고 입고 거주하기 위해, 곧 삶을 지속하기 위해 식물에게 의
지해왔다. 식물이 인간 생활에서 차지하는 자리를 감안할 때, 일부 문
화권에서 이와 같은 식물의 소중함을 체감하며 식물의 중요성을 강조
하는 문화적 표현이 발달한 것도 이상한 일은 아닐 것이다. 이들 문화
권에서는 식물을 존중하며 이용하려는 마음이 담긴 갖가지 식물 신
화, 의례들이 풍부하게 전수되어왔다. 또한 세계 각지에서 성스러움이
깃들어 있는 숲에 대한 이야기가 전해 내려온다.

식물의
영혼

타일러는 세계 도처의 애니미즘 문화에서 "식물의 영혼"에 관한 생각
이 두드러진다는 데 주목한다. 동물과 마찬가지로 식물에게서도 삶과
죽음, 건강과 질병의 현상이 관찰되기에, 세계 각지의 애니미즘 문화
에서는 동물과 마찬가지로 식물에게도 어떤 종류의 영혼이 존재한다

고 여겨왔다는 것이다. 가령 소시에테 제도 사람들은 육신이 죽은 뒤에도 살아남는 영혼 "바루아"가 인간뿐 아니라 동물과 식물에게도 있다고 여겼다. 동남아시아의 탈레인족은 나무를 베어넘기기 전에 나무에 거주하는 영혼인 '칼룩'에게 기도를 바쳤다. 시암 사람들 역시 타키엔 나무를 넘어뜨리기 전에 쌀과 케이크를 바쳤다. 보르네오의 다약족은 벼에게 "스망앗 빠디" 혹은 "논의 영"이 있다고 여기고, 그 영혼을 안전하게 지키고 벼를 건강하게 하기 위해 잔치를 열었다. 카렌족은 인간과 동물 뿐 아니라 식물에게도 "라^{là}"(껠라^{kelah})가 있다고 여겼고, 벼가 병충해에 시달릴 경우 벼의 영에게 돌아오라고 노래하곤 했다. "오, 돌아오너라, 벼의 껠라여, 돌아오너라. 들로 돌아오너라, 벼에게 돌아오너라. [...] 서쪽에서 돌아오너라. 동쪽에서 돌아오너라. 새의 목구멍에서, 유인원의 위장에서, 코끼리의 목구멍에서. [...] 모든 곡물창고에서 돌아오너라. 오 벼의 껠라여, 벼로 돌아오너라."[24] 이와 같이, 타일러가 수집한 이른바 "하등 문화"의 사례들에서 식물 영혼은 감응력을 가진 동물 영혼과 큰 차이가 없는 것으로 그려진다. 식물 영혼 역시 고통을 느낄 수 있고, 기도와 기원의 말을 알아들을 수 있을 뿐 아니라 심지어 대화까지 가능한 존재로 여겨지는 것이다.

세계 곳곳의 애니미즘 문화에서 나타나는 식물의 영혼에 대한 관념은 인도아대륙의 종교문화에서 좀 더 체계적으로 정리된다. 가령 힌두

---

[24] 에드워드 버넷 타일러, 『원시문화: 신화, 철학, 종교, 언어, 기술, 그리고 관습의 발달에 관한 연구』 2권, 유기쁨 옮김, 아카넷, 2018, 89쪽, 405쪽.

교의 파르바티 여신은 "나무 한 그루가 아들 열 사람과 마찬가지"로 중요하다고 여기며, 많은 힌두교 사원에는 색실로 장식된 성스러운 나무가 서있다. 또한 「브리하다란야까 우파니샤드」에는 나무와 사람의 공통된 특징을 묘사한 구절이 나온다.

나무나 사람이나 마찬가지이니
사람의 털은 나뭇잎이요, 피부는 나무껍질이로다.

그 피부 안에 피가 흐르듯
나무껍질 안에 수액이 흐른다.
그러므로 사람이 다치면 피부에서 피가 나고
나무가 다치면 껍질에서 진이 나오도다.

사람의 살은 나무의 속살이며
사람의 힘줄은 나무의 가장 안쪽 속살과 같도다.
이 둘은 모두 단단하다.
사람의 뼈가 안에 들은 것처럼 나무도 그러하며,
사람의 골수는 나무의 진과 같다.

—「브리하다란야까 우파니샤드」 제3장 9편 28절[25]

---

25   유기쁨, 『생태학적 시선으로 만나는 종교』, 한신대학교출판부, 2013, 44-45쪽.

불교와 비슷한 시기에 인도아대륙에서 탄생한 자이나교에서는 동물뿐 아니라 식물에게도 영혼(지바)이 깃들어 있다는 점을 강조한다. 자이나교에 따르면, 식물 역시 적어도 한 가지 이상의 감각(촉각)을 가지고 세계를 느낄 수 있다. 좀 더 복잡한 감각을 지닌 우리 인간의 영혼과 한 가지 감각을 지닌 식물의 영혼 사이에 본질적인 차이는 없다. 게다가 촉각을 가진 존재는 고통을 느낄 수 있다. 그러니 감각을 가지고 세계를 느끼는—식물을 포함한—모든 영혼이 있는 존재에게 철저한 비폭력(아힘사)으로 대할 것이 요구된다. 자이나교의 실질적인 창시자인 마하비라는 "모든 숨쉬는, 존재하는, 살아 있는, 감각 있는 생물들은 살해되어서도, 폭력적으로 다루어져서도, 학대되어서도, 고통을 당해서도, 쫓김을 당해서도 안 된다. 이것은 변화될 수 없는 영원한 법이다."라고 말하며, 살아 있는 모든 존재에 대한 철저한 비폭력을 요청하였다.

이처럼 식물의 영혼을 상정하는 문화에서는 보통 어떤 방식으로든 식물을 윤리적인 고려의 대상에 포함시켜왔다는 점이 흥미롭다. 자이나교에서는 영혼을 가진 식물과 인간의 상호작용에서 비폭력의 윤리적 원칙이 가장 강력하게 요청되었고, 북미, 오스트레일리아, 뉴질랜드, 동남아 각지의 원주민들 역시 감응적 존재로서 식물의 영혼을 가정할 경우, 식물을 단지 인간의 이용 대상으로만 여기지 않고 식물과 인간의 상호작용을 염두에 둔 윤리적 접근이 다양한 각도로 시도되던 것이다. 이에 대해서는 뒤에서 좀 더 살펴보기로 하자.

식물 숭배

19세기 말부터 타일러를 비롯한 여러 학자들은 식물 영혼을 이야기하는 데서 더 나아가 성스러운 나무, 성스러운 숲 등 식물을 "숭배"하는 듯한 관습이 세계 도처에서 광범위하게 발견된다는 점에 주목했다. 타일러는 『원시문화』에서 동서고금의 수많은 사례들을 검토하면서, "직접적이고 확실한 나무 숭배"가 실제로 "종교의 초기 역사에서 매우 광범위하고 뿌리 깊게 자리하고 있었던 것 같다."고 말한 바 있다.[26] 그는 나무나 수풀을 의식이 있는 인격적 존재로 여기고 숭배하고 제물을 바치는 수많은 사례들을 제시한다. 제임스 프레이저는 고대 그리스와 로마인들로부터 아메리카 원주민, 근대 유럽 세계에 이르기까지 수많은 사람들이 나무 숭배의 야만적 관습에 빠져 있었다면서, 『황금가지』의 무려 세 장을 나무 숭배의 사례들을 제시하는 데 할애했다.

자주 인용되는 나무 숭배의 사례를 몇 가지만 살펴보자. 고대 로마에서는 로물루스 왕의 신성한 무화과나무가 숭배되었고, 볼가강 유역의 부족들은 신성한 나무 앞에 모여서 희생물을 바치면서 의례를 수행하곤 했다.[27] 고대 켈트족의 사제인 드루이드는 참나무에 깃든 영혼이 그들에게 예언을 내려줄 것이라고 믿고, 오래된 참나무를 "신탁나

26　에드워드 버넷 타일러, 『원시문화』 제2권, 유기쁨 옮김, 아카넷, 2018, 412쪽.

27　제임스 조지 프레이저, 『황금가지』 제1권, 박규태 역주, 을유문화사, 2005, 295쪽.

무"라고 부르면서 보호하고 숭배했다.[28] 초타나그푸르의 문다족은 태고의 오래된 숲의 일부를 영들을 위한 집으로 신성시하고 보호했으며, 거기서 신들에게 공물을 바쳤다. 고틀란드의 노인들은 거대한 나무 아래로 기도하러 가곤 했으며, 19세기 후반까지 스웨덴 벽지의 농가에서는 나무뿌리에 우유와 맥주를 붓는 제의를 지속했다.[29] 이러한 나무 숭배 관습의 목록에는 끝이 없지만, 타일러가 인정했듯이, 나무 숭배라는 일견 단순해 보이는 현상에는 매우 다양한 개념들이 뒤섞여 있다.

종교학자 엘리아데는 식물 숭배라고 일컬어질 수 있는 현상을 크게 일곱 가지로 분류했는데,[30] 그 가운데 고대 신화와 민간 신앙에서 우주가 한 그루의 식물로 상징되는 경우가 흥미롭다. 엘리아데가 지적했듯이, 고대 신화들에서 주기적으로 재생하는 우주는 흔히 한 그루의 나무로 상징되고 신성은 수목의 형태로 표현된다. 우주적 생명의 부활인 봄의 종교적 표상은 식물로 나타나는데, 유럽의 민간 전통에서는 봄을 재촉하기 위해 나무를 장식하는 등의 관습이 있었다.

북유럽 스칸디나비아 신화에서는 우주의 버팀목이자 세계의 중심인 신성한 나무 위그드라실Yggdrasill(물푸레나무)이 등장하는데, 그 나무는 우주를 연결하는 역할을 한다. "그 물푸레나무는 모든 나무 중

---

28   조안 말루프, 『나무를 안아보았나요』, 주혜명 옮김, 서울: 아르고스, 2005, 86쪽.

29   에드워드 버넷 타일러, 『원시문화』 제2권, 유기쁨 옮김, 아카넷, 2018, 421쪽.

30   미르치아 엘리아데, 『종교사개론』, 이재실 옮김, 까치, 1993, 255쪽.

에서 가장 크고 최고이다. 그 가지들은 온 세상으로 뻗어 있으며, 하늘을 덮고 있다. 세 개의 뿌리가 이 나무를 지탱하고 있는데, 아주 넓게 퍼져 있다. 뿌리 하나는 아스족이 사는 세상(신들의 세계)으로, 다른 하나는 한때 긴눙가가프가 있었던 서리 거인족이 사는 세상으로, 그리고 또 다른 뿌리는 지하地下의 나라 또는 안개의 나라인 니플헤임으로 뻗어 있는데 [...] 서리 거인 족의 세상으로 뻗은 뿌리 아래에는 미미르의 샘이 있고, 그 속에는 지혜와 오성이 숨겨져 있다."[31]

　또한 많은 신화와 전설 들에서 인류 전체 혹은 특정 인종은 식물종에서 유래하며, 식물에게는 풍요나 건강 등의 힘이 응집되어 있다는 관념이 나타난다. 인간과 식물 사이에서 순환이 이루어진다는 관념도 종종 나타나는데, 이때 힘을 가진 식물을 먹거나 접촉해서 신비로운 힘을 얻는다는 주제가 두드러진다. 타일러와 프레이저는 "식물 영혼" 관념이나 "식물 숭배" 관습이 야만적이고 원시적인 수준의 문화에서 흔히 발견되는 것으로 여겼다. 곧, 진보된 근대 서구의 과학에 토대를 둔 문화와 비교할 때, 이러한 애니미즘적인—식물과—관계 맺기 방식은 문화적으로 덜 발달된 사회에서 나타나는 어리석은 풍습에 지나지 않는 것으로 평가된다. 그렇지만 나무의 영혼을 상상하여 행한 각종 숭배 관습들이 나무를 보살피고 배려하며 특별한 이유 없이는 나무를 자르지 못하도록 유도했다는 점은 간과할 수 없다.

31　　스노리 스툴루손, 『에다 이야기』, 이민용 옮김, 을유문화사, 2013, 42-44쪽.

그림 14 | 완도읍 정도리 마을숲

특히 개별적인 나무 뿐 아니라 숲 자체가 신성한 장소로 여겨지는 사례들에서는, 숲의 생명력, 활기, 숲의 힘을 존중하며 성스럽게 여기는 관습이 숲의 보전과 직결되는 경우를 종종 보게 된다. 성스러운 숲의 나무를 베는 일은 금기시되고 이를 어길 경우 엄한 형벌을 가함으로써 숲을 보전해온 사례가 곳곳에서 발견된다. 한국에서는 신당이나 신목이 있고 마을의 안녕을 빌고 재액을 막기 위해 당제가 수행되어온 당숲이 여기에 해당될 것이다. 당제가 거행될 동안에는 여러 가지 금기와 관습적 규정을 통해 숲이 잘 보전되어왔지만, 근대화 이후 당제가 미신시되면서 점차 숲이 훼손되어온 사례들이 도처에서 발견된다. 완도

읍 정도리 마을의 경우, 숲에 할아버지당과 할머니당이 있어서 당제가 드려졌다. 당제가 활발히 수행될 동안에는 당집이 있는 숲이 당숲으로 성스럽게 여겨져서 사람들의 일반적인 접근과 이용이 금지되었고, 이러한 관습적 규정들은 자원 채취, 간벌 및 관리를 공동체적으로 통제함으로써 숲을 지속가능하도록 유지하는 기능을 해왔다.

인간이 삶을 영위하기 위해 식물에게 얼마나 많이 기대고 있는지, 식물이 인간에게 얼마나 중요한 존재인지에 대한 주민들의 직관적 지식이 다양한 식물 신화와 의례를 통해 식물 숭배라는 형태로 나타났음직하다. 또한 인간의 것보다 훨씬 더 범위가 큰 식물의 시간성에 대한 존중도 이른바 식물 숭배 관습의 바탕에 자리하고 있었을 것같다.

작은 섬에서 자연이 주는 것에 기대어 살아가는 어느 한 농부이자 어부를 만나서 대화를 나누다가 나무 이야기까지 하게 되었다. 그는 세계 도처에서 나타나는 나무 숭배 관습에 대한 내 이야기를 듣고 이렇게 말했다. "오래된 나무는 오래된 역사를 알고 있겠제. 그렁께 숭배해도 되야."

식물-사람:
식물의 관여성을 존중하기

19세기말에서 20세기 초반까지의 옛 애니미즘 논의가 주로 식물의 '영혼'에 대한 믿음, 식물 숭배 현상에 초점을 맞추었다면, 최근 일어나는 새로운 애니미즘 논의는 인간과 비인간 존재 사이, 이종간에 이루어지는 상호작용에 초점을 맞추고 있다. 그레이엄 하비는 마오리족의 종교를 예로 들면서, 비록 초인적인 지배적 힘이 숲의 나무들이나 경작지의 식물들에서 경험되는 것이 사실이지만, 마오리 종교에서 우리가 주목해야 할 것은 "신격들에 대한 믿음"이 아니라 "이종간에 이루어지는 내부 활동intra-activity of an interspecies kind"이라는 점에 우리의 주의를 환기시킨다. 마오리 종교에서는 신격이나 고구마나 인간이나 나무 들은 모두 침투적인 관계적 우주의 참여자들로 나타난다는 것이다.[32]

에두아르도 콘이 루나족의 애니미즘을 통해 관찰했듯이, 자연에 기대어 생명을 유지하며 살아가는 사람들은 자연의 존재들을 "창출하고 연결하고 지탱하는 관계적 논리"를 민감하게 파악해야 나날의 삶을 영위할 수 있다. 이를 위해서는 뭇 존재의 기본적인 생명성animacy을 어떻게든 인정하고 이해해야 한다. 에두아르도 콘은 숲의 여러 존재들의 생명성에 주목해온 루나족에게 애니미즘이란 "생명과 사고의 중요한 속성들을 증폭하고 드러냄으로써 세계 속에서 살아있는 사고에 주목하는 한 가지 방식"이라고 정의한다. 그러한 정의는 비인간-사람 역시 세계를 이루는 역동적인 주체라는 사실, 인간은 그러한 무수히 많은 비인간-사람과 관계를 통해 삶을 유지할 수 있다는 사실을 다시금

---

32   Graham Harvey, *Food, Sex & Strangers: Understanding Religion as Everyday Life*, Bristol: Acumen, 2013, p. 102.

사유하게 만든다.[33]

식물로 다시 돌아가자. 식물 역시 능동적으로—인간과는 다른 방식으로—세계에 관여하며 생물학적 세계를 이룬다. 식물을 사람으로 일컫는 애니미스트들은 식물의 관여성aboutness을 존중하며, 식물이 세계에 참여하는 방식을 상상함으로써 식물을, 그들의 세계를 이해하려한다. 오늘날 인간이 초래한 생태학적 위기의 현실은 인간이 다른 유기체가 가진 관점, 다른 유기체가 세계에 참여하는 방식에 세심한 주의를 기울이지 않고 인간의 시각만을 절대화하면서 비인간 존재들을 마구 이용하고 착취해온 결과이기도 하다.

매튜 홀은 북미와 오스트레일리아와 뉴질랜드 등지의 원주민들에게서 종종 등장하는 "식물-사람Plants-Persons"이라는 조어를 전면에 부각시키면서, 식물의 도덕적 지위를 재고하고 종간 윤리interspecies ethics 가능성을 살핀다. 그는 세계 각지 원주민의 애니미즘 문화에서 특히 식물의 영혼에 대한 "원시적 믿음"이 아니라, 식물과 동물과 인간과 암석 등이 공통의 친족 관계를 맺는 "친족 중심적 생태학kincentric ecology"에 주목한다. 많은 애니미즘 문화에서 서로 다른 종들 사이의 공통의 친족 관계가 가정되는 경우가 많으며, 인간과 식물은 흔히 공통의 조상을 공유하는 것으로 인식된다. 가령 오스트레일리아의 원주민 문화에서 꿈꾸는 신화적 존재는 대지를 걸으면서 자연 세계의 모든 구성 요

---

33   에두아르도 콘, 『숲은 생각한다』, 차은정 옮김, 사월의책, 2018, 130쪽.

소들을 만든 공통의 조상이다. 원주민들은 자신들의 조상의 계보를 생각할 때 필연적으로 세계에 참여하는 다른 존재들과의 친족 관계를 함께 고려하게 된다. 이처럼 뭇 존재들이 세계에 관여하는 공유된 존재론은 다양한 "사람들"로 이루어진 헤테라키^{heterarchical}적 연속체의 일부를 구성한다.[34]

마오리족의 창조 이야기는 인간과 식물과 동물과 세계의 뭇 존재들이 친족관계로 하나로 엮이는 대표적인 신화 중 하나이다. 타일러는 『원시문화』에서 마오리족 신화를 어린애 같은 단순한 상상의 사례로 다소 장황하게 소개했다.

먼 옛날에 사람들의 마음에는 아치형으로 드리운 하늘과 만물을 생산하는 대지가 이를테면 세계의 아버지와 어머니이고, 그들의 자손이 살아있는 생물들, 곧 인간과 짐승과 식물이라는 생각이 자주 떠올랐던 것 같다. 이처럼 자주 되풀이되는 이야기들 가운데, 아마도 1850년경 마오리족 사이에서 조지 그레이 경이 기록한 "하늘과 대지의 아이들"의 전설보다 더 꾸밈없이 인격화된 자연이 제시되는 경우는 없을 것이며, 세상의 친숙한 일상생활이 이보다 더 어린애 같이 단순하게 먼 옛날의 이야기로 되풀이된 경우도 없을 것이다. 하늘 랑기^{Rangi}와 대지

---

34   Matthew Hall, "Talk among the trees: animist plant ontologies and ethics", Graham Harvey (ed.), *The Handbook of Contemporary Animism*, New York: Routledge, 2014, p. 388.

파파Papa에게서 모든 인간과 만물이 생겨났다고 이야기된다.[35]

마오리족 신화에서 하늘의 아버지 랑기와 대지의 어머니 파파는 오랜 세월에 걸쳐 많은 자녀를 낳았다. 이 아이들은 식물, 바위, 바다, 바람, 동물, 인간을 포함해서 세계의 뭇 존재의 조상이다. 특히 숲의 신 타네는 대지와 하늘이 뒤엉킨 상태에서 하늘을 밀어 올려서 대지가 드러나게 했다. 그리하여 대지에서 살아가는 식물과 인간은 가까운 친족 관계이며, 숲의 신 타네는 그들의 공통 조상으로 여겨진다. 또한 북미의 라라무리Raramuri족의 창조 이야기에서도 인간과 식물의 가까운 친족 관계가 그려지는데, 이 세상이 시작되기 전에 인간은 식물의 일부였다고 한다. 라라무리가 세상에 출현했을 때, 많은 식물들이 따라왔고, 그로부터 세상에서 다른 형태의 사람으로서 살아간다는 것이다. 이와 같은 공유 혈통의 애니미즘 문화에서 식물은 비인간-사람으로 인식된다. 그들은 감각하고, 인식하고, 지능을 가지고 있을 뿐 아니라, 다른 '사람'과 소통할 수 있는 능력을 가진 관계적 존재이다.[36]

포타와토미족 식물학자인 로빈 월 키머러는 북아메리카 원주민의 전통적인 생태 지식을 현대 생태학의 빛에서 재조명하면서, 나무를 "서 있는 사람들"로 여기는 원주민의 애니미즘적 세계관을 소개한다.

---

35   에드워드 버넷 타일러, 『원시문화: 신화, 철학, 종교, 언어, 기술, 그리고 관습의 발달에 관한 연구』제1권, 유기쁨 옮김, 아카넷, 2018, 441-445쪽을 보라.

36   Matthew Hall, "Talk among the trees: animist plant ontologies and ethics", Graham Harvey (ed.), The Handbook of Contemporary Animism, New York : Routledge, 2014, p. 388.

그들은 나무를 사람으로 여긴다. 키머러는 식물과 동물 등 세계 내 뭇 존재의 생명성을 민감하게 인식하는 "유정성의 문법"을 터득하는 것이, 현재의 인간 중심적인 세계관으로 세계의 다른 존재들을 착취하며 결과적으로 모두가 나날이 황폐해지게 만드는 착취적 삶의 모습과는 다른, "세상을 살아가는 전혀 새로운 방법으로 우리를 인도할 수 있을지도 모른다."고 말한다. 그는 자작나무 사람들, 곰 사람들, 딸기 사람들, 늑대 사람들 등 다른 종을 이 세계의 주권자로 대우하고 "종의 민주주의"를 실현하는 세상을 제안한다. 그리고 그 첫걸음으로, 인간만이 아닌 비인간–사람들로 지칭되는 존재들이 풍성하게 거주하는 세상을 상상해보도록 요청한다.[37]

---

37   로빈 월 키머러, 『향모를 땋으며: 토박이 지혜와 과학 그리고 식물이 가르쳐준 것들』, 노승영 역, 에이도스, 2019, 214쪽.

5. 식물-사람 논의의 곤경

우리가 간과할 수 없는 사실은, 우리가 겪는 생태 위기 상황에는 수많은 복잡한 원인이 있지만, 식물을 수동적인 자원으로만 간주하는 세계관이 파괴적인 영향력을 발휘해왔다는 점이다. 인간이 마치 지구의 정복자인 것처럼 인간의 안위만을 생각하는 세계관으로 생태계에 미쳐온 해악을 멈추게 하려는 노력이 여러 방향에서 일어나고 있다. 이때 생태계 내 인간의 자리를 존재의 가치 위계 피라미드의 맨 꼭대기가 아니라, 식물이나 비인간 동물과 함께 뭇 생명 공동체의 일원으로 되돌려놓는 존재론적 전환이 요청되고 있다. 오늘날 많은 이들이 수동적인 자원으로만 여겨온 식물 역시 능동적으로 살아가는 생명체임을 인정하는 식물-사람 논의는 가히 혁명적인 사유의 전환이라 할 수 있다.

그런데 식물-사람 논의는 시작하자마자 곧바로 곤경에 처하게 된다. 비인간 동물은 물론이고 식물조차 사람으로 여기게 된다면, 우리 인간은 무엇을 먹고 살아야 할까?

권정생의 동화『하느님의 눈물』에서, 폴짝폴짝 뛰어다니며 즐겁게 지내던 산토끼 돌이는 어느 날 문득 자신이 즐겨 먹던 식물의 생명성을 인식하게 된다. "칡넝쿨이랑 과남풀이랑 뜯어 먹으면 맛있지만 참말 마음이 아프구나. 뜯어 먹히는 건 모두 없어지고 마니까." 그리고 여태껏 아무 생각 없이 뜯어먹던 식물에게 새삼 말을 걸어본다. "풀무꽃풀아, 널 먹어도 되니?" 깜짝 놀란 풀무꽃풀은 바들바들 떨면서, "너 같으면 뭐라고 대답하겠냐?"고 되묻는다. 결국 산토끼 돌이는 그날 해님이 서산 너머로 넘어갈 때까지 아무것도 먹지 못했다. 댕댕이 덩굴도, 갈매 덩굴 잎사귀도, 바디취나물도, 고수대 나물도, 수리취 나물도 먹지 못했다. 어제까지 내가 먹던 음식도 그 생명성을 의식하니까, 차마 뜯어 먹을 수 없었던 것이다. 산토끼 돌이는 묻는다. 모두가 살아 있다면, 우린 무얼 먹고 살아요?[38]

오늘날 시작 단계에 있는 식물철학과 식물윤리학 논의가 부딪히는 반론 중 하나가 그것이다. 식물의 살 권리를 인정하면, 인간은 도대체 무엇을 먹고 살 수 있을까? 단지 먹는 것만이 문제가 아니다. 인간이란 종은 삶을 영위하기 위해서 생활의 거의 모든 국면에서 식물의 도움을 필요로 하는데, 종속영양생물로서 인간은 식물과 어떻게 관계를 맺어야 하는 것일까?

물론 세계 각지의 애니미스트 원주민들은 세상의 뭇 존재의 생명성을 인식하고 존중하는 것과 살아가기 위해 그 생명을 취하는 것 사이의 불가피한 긴장을 누구보다도 잘 인지하고 있었다. 자이나교에서는 상대주의적 해법을 채택했다. 곧 폭력을 최소화하는 길을 택하려고 노

---

38   권정생, 『하느님의 눈물』, 도서출판 산하, 2017, 10-13쪽.

력하되, 살아가기 위해 불가피한 경우라면 오감을 가진 존재보다 한 가지 감각을 가진 존재, 곧 식물을 취하는 것이 덜 폭력적인 길이 된다. 그래서 자이나교에서는 기본적으로 채식을 권장한다. 그렇지만 토마토나 석류 등 생명의 싹인 씨앗이 너무 많이 들어 있는 식물은 가능하면 먹지 않으며, 자이나교 수도승들은 땅에 떨어진 과일만 주워서 최소한도로만 먹는다고 한다.[39]

인간—사람이 생명을 유지하기 위해 식물—사람을 취해야 하는 상황의 곤경을 해소하는 또 다른 길은, "허락을 구하고 적절히 취하는 것"이다. 식물의 생명을 존중하면서, 적절한 방식으로 적절한 규모로만 식물이 내어주는 것을 받는다. 그리고 식물의 회복과 건강을 위해 평소에 노력한다는 것이다.

로빈 월 키머러는 포타와토미족을 비롯한 북미 원주민들이 생명이 생명을 취하는 데서 생기는 긴장을 해소하는 방식을 "받드는 거둠 Honorable Harvest"이라는 말로 표현한다. 여기서 핵심은 필요한 것만 취하는 데서 더 나아가 주어지는 것만 취하는 것을 원칙으로 삼자는 것이다. 생명을 청하러 온 사람은 먼저 허락을 구해야 하고, 허락 받은 것만 취해야 한다. 키머러는 이러한 원칙을 아름다운 문장으로 옮겨낸다.

---

39   유기쁨, 『생태학적 시선으로 만나는 종교』, 한신대학교출판부, 2013, 83쪽. 모든 생명에 대한 존중과 비폭력을 강조하는 자이나교의 교리를 좀 더 자세히 알려면, 『생태학적 시선으로 만나는 종교』에서 「자이나교: 철저한 아힘사로 업을 떨어내는 삶」을 보라.

자신을 보살피는 이들의 방식을 알라. 그러면 그들을 보살필 수 있을 것이다.

자신을 소개하라. 생명을 청하러 온 사람으로서 책임을 다하라.

취하기 전에 허락을 구하라. 대답을 받아들이라.

결코 처음 것을 취하지 말라. 결코 마지막 것을 취하지 말라.

필요한 것만 취하라.

주어진 것만 취하라.

결코 절반 이상 취하지 말라. 남들을 위해 일부를 남겨두라.

피해가 최소화되도록 수확하라.

존중하는 마음으로 이용하라. 취한 것을 결코 허비하지 말라.

나누라.

받은 것에 감사하라.

자신이 취한 것의 대가로 선물을 주라.

자신을 떠받치는 이들을 떠받치라. 그러면 대지가 영원하리라.[40]

생명이 생명을 취하는 데서 생겨나는 긴장은 여기서 서로를 존중하는 사람들 사이의 일종의 합의로 그려진다. 살 권리를 지닌 살아 있는 사람이 스스로를 내어줄 때, 충분히 감사하며 받아야 하고, 또 내어주는 선물을 받았으니 되갚으려 애쓰는 것이 원칙이라는 것이다. 이처럼 수

---

40   로빈 월 키머러, 『향모를 땋으며: 토박이 지혜와 과학 그리고 식물이 가르쳐준 것들』, 노승영 역, 에이도스, 2019, 271-272쪽.

확되는 존재를 자기 관점을 가지고 능동적으로 살아가며 세계에 관여하는 사람으로 여기는 원주민의 수확 방식은 전통적인 생태학적 지식 체계Traditional Ecological Knowledge System의 중요한 일부이다.

전통적으로 각 사회마다 자기 지역의 생태지식—가령 계절 변화, 동식물, 서식지, 지리적 특징, 날씨 유형 등—을 잘 아는 전문가가 존재했고, 후대에 그 지식을 전수하는 데 중요한 역할을 했다. 전통생태지식이란 지역의 생태환경 속에서 어떻게 살아갈 것인가, 다른 종들 및 그 서식지와 어떻게 상호작용할 것인가, 살아가기 위해 생명을 취할 때 그 종을 완전히 소멸시키거나 고갈시키지 않는 방식으로 어떻게 취할 것인가 등, 지역 생태계에서 인간이 다른 존재들과 호혜적 관계를 맺는 방법을 모색하는 것과 연관된 장소에 기초한 지식place-based knowledge이다.

로빈 월 키머러는 포타와토미족을 비롯한 북미 원주민의 전통생태지식의 핵심에서 호혜성의 원칙을 발견한다. 그는 인간으로서 우리에게 주어진 책무 중 하나는 세상과 호혜적인 관계를 맺는 방법을 찾는 일이며, "감사를 통해, 제의를 통해, 땅을 돌보는 일을 통해, 과학과 예술을 통해, 일상적인 숭배 행위를 통해 그 방법을 찾을 수 있다."고 말한다.[41]

키머러가 만난 전통적인 벌목꾼은 나무마다 개별성을 인정하고 비

---

41   로빈 월 키머러, 『향모를 땋으며: 토박이 지혜와 과학 그리고 식물이 가르쳐준 것들』, 노승영 역, 에이도스, 2019, 282쪽.

인간-사람처럼 대하며, 나무를 베기 전에 나무에게 허가를 구한다. 나무가 허가하지 않는다는 단서가 포착되면, 빈손으로 돌아갈 수밖에 없다. "동의를 받았으면 기도를 드리고 답례 선물로 담배를 놓아둔다." 자기를 내어준 나무에게 감사하며, 전통적인 벌목꾼은 베어낸 나무를 소중하게 사용한다. 그리고 가을에 떨어진 나무 씨앗을 모아 두었다가 뿌린다. "다 마찬가지예요. 오는 것이 없으면 가는 것도 없어요. 이 나무는 우리를 보살펴줘요. 그러니 우리도 나무를 보살펴줘야 해요."[42]

받드는 거둠과 관련해서, 북미 토피노 일대의 원주민 사회에서 경험한 일화가 생각난다. 그들의 문화에서는 삼나무가 매우 중요한 자리를 차지한다. 그들은 삼나무 껍질로 바구니와 그릇을 짜고, 삼나무 몸통으로 카누와 토템폴을 만든다. 그런데 원주민 해설사의 설명에 따르면, 언제나 삼나무가 허락해야만 그 껍질이나 몸통을 사용할 수 있다고 했다. 가령 나무 껍질이 필요한 경우, 특정한 삼나무에게 당신의 껍질을/몸통을 가져가도 되겠냐고 물어보고, 나무가 허락하면 적당한 크기만큼만 껍질을 벗겨낸다고 했다. 나무가 허락하는지 아닌지를 아는 방법은 껍질을 아주 조금만 벗겨보는 것인데, 껍질이 잘 안 벗겨지면 나무가 허락하지 않는 것이니 그의 뜻을 존중해서 그 나무는 건드리지 않는다. 나무가 자신의 일부를 인간이 사용하라고 허락할 경우,

---

42   로빈 월 키머러, 『향모를 땋으며: 토박이 지혜와 과학 그리고 식물이 가르쳐준 것들』, 노승영 역, 에이도스, 2019, 214쪽, 222쪽.

원로들이 나무 앞에서 감사의 의례를 수행하고 나무를 안아주는 절차를 거친다고 한다.

우리가 원주민의 방식을 그대로 차용할 수는 없겠지만, 식물을 존중하면서 이른바 허가를 받은 후 이용하고 받은 만큼 되갚으려 애쓴다는 그들의 방식은 여러 가지로 생각할 거리를 준다. 현대 사회에서 생명의 연속성은 간과되고, 도처에서 생명의 존엄성은 무시되고 있다. 그러한 가운데 우리는 이른바 생태 위기 상황에까지 이르게 되었다. 식물을 인간이 마음껏 쓸 수 있는 자원으로 여기며 마구잡이로 남용해온 우리의 방식과 식물을 존중하며 이 세계의 일원으로서 함께 사는 방법을 고민해온 원주민들의 방식을 나란히 놓고, 진지하게 다시 생각해보게 되는 것이다.

반드시 필요한 일조차도 자신의 행위 하나 하나가 다른 생명의 안식처를 파괴할 수도 있다는 사실은 우리가 반드시 받아들여야 할 패러독스다. [...] 어찌 보면 지구에서 삶을 영위한다는 것 자체가 다른 생명을 담보로 시작한 일일지도 모른다. 이러한 패러독스에 대한 유일한 도덕적 해결책은 우리가 미칠 수 있는 영향력을 최소화하고 우리가 그런 영향력을 미쳤다는 사실을 명확하게 인식하려고 노력하는 자세다. 희생자들에게 우리의 가슴을 여는 것만으로도—그들을 무시해서가 아니다—우리는 생태계에 좀더 예민해지고 관대해지며 그것과 하나가 된다. 아마도 이것은 우리에게 지구라는 커다란 울타리 안에서 서로

복잡하게 얽힌 인연에 따라 "제대로 사는 것"에 대해 많은 것을 가르

쳐 줄 것이다.[43]

— 조안 말루프

---

43   조안 말루프, 『나무를 안아보았나요』, 주혜명 옮김, 서울: 아르고스, 2005, 62쪽.

6. 식물과 더불어 생각하기

우리 모두가 살 수 있으려면, 평화롭게 살 수 있으려면, 나무에게 어떻게 말을 걸어야 할까? 나무와 다른 동물, 그리고 서로를 어떻게 대해야 할까?[44]

— 에라짐 코학

현대 식물과학은 점점 더 식물을 능동적이고, 소통하고, 인지적이며, 자율적인 유기체로 인정하고 있다.[45] 현대 과학은 식물을 자율적인 살아 있는 유기체로 여기지만, 우리의 생활 속에서 식물에 대한 우리의 태도에까지는 그러한 인식이 스며들지 않았다. 식물은 그저 인간이 임의로 사용할 수 있는 물건처럼 여겨질 뿐이다. 인간은 인간만을 주체로 삼아 세계의 나머지를 모두 인간의 이용 대상으로만 여기고 엄청난 규모로 착취와 남용을 계속해오다가, 결국 모두가 고통 받는 오늘의 세계를 만들어냈다. 그러나 이 세계에서 행위주체성을 가지고 살아가

---

44   Erazim Kohák, "Speaking to trees", *Critical Review: A Journal of Politics and Society*, 6:2-3, 1992, p. 383.

45   Matthew Hall, "Talk among the trees: animist plant ontologies and ethics", Graham Harvey (ed.), *The Handbook of Contemporary Animism*, New York : Routledge, 2014, p. 392.

는 존재는 인간만이 아니다. "우리 인간은 이 세계의 유일한 자기 self가 아니다."[46]

무심히 지나칠 정도로 익숙하지만 실은 우리가 잘 모르는 식물이란 존재들은 인간과 비인간 동물이 살아가는 데 중요한, 아니, 생존을 위해 필수불가결한 환경을 형성한다. 마찬가지로 인간 사회는 비인간 동물과 식물에게—현재까지는 아마도 해로운—환경이 된다. 인간 공동체는 어떻게 식물 세계의 주위에서 공존, 공생할 수 있을까? 인간적인 것보다 더 큰 세계에서 모두 평화롭게 살기 위해서, 우리는 체코 철학자 코학의 말대로 나무에게 말을 거는 법을 새삼스럽게 고민해보아야 한다. 나무와 다른 동물, 그리고 서로를 대하는 방식을 근본적으로 다시 생각해보아야 한다.

북아메리카의 벨라 쿨라 Bella Coola 사람들은 인간과 나무가 서로 자유롭게 대화할 수 있었던 시대의 이야기를 들려준다. 그 이야기에 따르면 한때 인간과 식물은 서로 대화할 수 있었지만 우리 시대에 그러한 공통의 언어는 소실되었다. 그렇지만 나무는 아직도 인간의 말을 이해할 수 있다고 한다. 인간이 나무에게 말을 거는 것도 가능한데, 그것은 주로 생명을 유지하게 해주는 식물의 역할에 대해 감사를 표시하는 경우다.[47] 사실 인간이 식물에게 할 수 있는 말이 감사의 말, 그리고 미안

---

46   에두아르도 콘, 『숲은 생각한다』, 차은정 옮김, 사월의책, 2018, 130쪽.

47   Matthew Hall, "Talk among the trees: animist plant ontologies and ethics", Graham Harvey (ed.), *The Handbook of Contemporary Animism*, New York : Routledge, 2014, p. 393.

하다는 말 외에 무엇이 있겠는가 하는 생각이 든다.

에라짐 코학은 철학자가 나무에게 가장 먼저 할 수 있는 말은 "미안합니다."라고 했다.[48] 인간이 식물 세계를 마구 파괴하고 착취하는— 그리하여 인간 자신의 무덤을 파는—오늘날의 상황에서는 정말로 인간이 식물에게 말을 걸 때 미안하다는 말이 가장 먼저 나와야 할 것이다. 그런데 보다 근본적으로, 오늘날의 뒤틀린 관계를 고려하지 않더라도, 인간과 식물—사람과의 관계는 먹고살기 위해 식물을 죽이고 먹거나 이용하는 일을 피할 수 없다. 아마존의 아추아족 여성은 자식을 키우듯이 관심을 가지고 정성으로 마니옥을 키우지만, 때가 되면 수확해서 먹는다. 마오리족은 쿠마라를 인간의 친척으로 여기지만, 그럼에도 때가 되면 쿠마라를 캐내어 먹는다. 이때 아추아족이나 마오리족이 마니옥에게, 쿠마라에게 건네는 말은 생명을 위해 생명을 내어준 식물에 대한 감사의 말일 것이다. 먹는 음식에서부터 숨쉬는 공기에 이르기까지 인간은 식물이 내어주는 것에 의탁하고 있으니, 그 사실을 인식할 경우 인간은 감사하며 식물 세계를 돌볼 수밖에 없다.

그런데 인간과 식물의 대화가 인간이 식물에게 말을 건네는 것만으로 구성되는 것은 아니다. 공통의 언어가 소실된 시대에 우리 인간은 식물이 하는 말을, 식물의 "목소리"를 들으려고 노력해야 한다. 식물의 "목소리"가 들리게 하기 위해서, 우리는 열린 마음으로 식물에게 다가

---

[48] Erazim Kohák, "Speaking to trees", *Critical Review: A Journal of Politics and Society*, 6:2-3, 1992, p. 376.

가야 한다. 특히 인간의 목소리를 식물에 덧씌우지 않고, 자율적 유기체로서 식물의 존재감을 느껴보아야 한다. 루스 이리가레는 살아 있고 변화하는 나무의 존재를 보는 법을 배우고, 침묵을 통해 나무를 만나고, 식물 존재의 몸짓에 귀기울여 들으며, 오감을 통해 식물의 존재감을 느껴보도록 권한다.[49]

철학자 마이클 마더는 식물과 인간의 소통에 좀 더 집중해서, 인간이 식물 세계에 다가갈 수 있도록 지원하는 언어가 무엇인지 묻는다. 그는 모든 언어가 인간의 말로 전개되지는 않으며, 몸짓이나 살아 있는 몸들도 말을 한다는 점을 지적한다. 어떤 존재는 "심지어 자신들이 특정 장소에 살고 있는 방식"으로도 말을 한다. 식물은 공간적으로 스스로를 표현한다. 다만 인간은 식물이—인간의 시각에서는 침묵으로—말하는 것을 어떻게 경청해야 하는지 아직 배우지 못했다. 그렇다면 어떻게 식물의 말을 경청해야 할까? 마더의 말을 빌리면, 식물에게서 더 많은 정보를 캐내고 분석하는 것이 아니라 식물로부터 배우고 식물의 "소통될 수 없는 타자성을 존중하면서 경청과 불개입 사이에서 균형을 유지"하는 가운데 "다른 세계에서 유래하는 다수의 의미들이 증식"할 수 있다.[50] 식물의 말을 경청하기 위해서, 무엇보다 식물을 살아 있는 자율적인 유기체로, 주체로 인정하고 존중하는 인간의 태도 변화

---

49   루스 이리가레, 마이클 마더, 『식물의 사유: 식물 존재에 관한 두 철학자의 대화』, 이명호, 김지은 옮김, 알렙, 2020, 86-90쪽.

50   루스 이리가레, 마이클 마더, 『식물의 사유: 식물 존재에 관한 두 철학자의 대화』, 이명호, 김지은 옮김, 알렙, 2020, 177-178쪽을 보라.

가 중요할 것이다.

식물은 맨 먼저 이곳에 발을 디디고 오랫동안 세상을 파악했다. 그들은 땅의 위와 아래에서 두루 살며 대지를 단단히 붙든다. 식물은 빛과 물을 가지고 식량을 만드는 법을 안다. 그들은 스스로를 먹일 뿐 아니라 나머지 모두의 생명을 지탱하기에 충분한 식량을 만들어낸다.[51]

— 로빈 월 키머러

오래된 숲에 가본 적이 있는가? 생명을 다해 쓰러져 죽은 나무가 있을 것이다. 그런데 생명이 다한 나무는 새로운 생명으로 이어진다. 그 썩어가는 줄기는 수많은 동물, 균류, 미생물의 먹이가 된다. 그리고 주위에서 어린 나무들이 자라난다. 이렇게 식물 공동체가 이어지게 된다. 식물세계의 보편적인 삶의 모습이다.

장맛비가 줄기차게 내리던 2020년 여름, 성공회 서울주교좌성당의 회화나무가 쓰러졌다. 그 나무는 오랜 세월 성당 곁을 지켜왔는데, 거센 장맛비를 이기지 못하고 생을 다한 것이다. 그런데 놀라운 일이 일어났다. 수십 명의 교인들이 모여서 회화나무를 떠나보내는 "나무 장례식"을 열었던 것이다. 서울 도심 한복판에서 쏟아지는 빗속에서 회화나무의 존재에 감사하고 그의 생을 기리는 짧은 예식이 열렸다는 소

---

51   로빈 월 키머러, 『향모를 땋으며: 토박이 지혜와 과학 그리고 식물이 가르쳐준 것들』, 노승영 역, 에이도스, 2019, 505쪽.

식을 전해들으며, 반갑고도 고마운 마음이 들었다. 각박한 회색 도시에서도 식물의 소리를 듣고 식물에게 감사의 말을 건네는 사람들이 아직은 존재하는 것이다.

8장

비인간 존재들과
관계 맺는
삶의 방식으로서
애니미즘

처음부터 우리는 우리가 결코 알지 못했고 선택하지도 않았던 낯선 자들에게 결합되어 있다. 만약 우리가 이러한 종류의 존재론적 조건을 받아들인다면, 타자를 파괴하는 것은 내 생명을 파괴하는 일이 된다.[1]

—주디스 버틀러

철학자 주디스 버틀러가 이스라엘과 팔레스타인의 대치상황을 염두에 두고 쓴 글이다. 버틀러는 낯선 자들과 함께 살아가야 하는 인간의 조건을 깊이 생각한다. 인간은 자신이 누구와 함께 살 것인지를 선택할 수 없다. 한나 아렌트의 『예루살렘의 아이히만』에 따르면, 자신(들)이 누구와 공존할 것인지를 선택할 수 있다고 생각했던 대표적인 인물이 아이히만이다. 알다시피, 지상에서 누구와 공존할 것인지를 선택하려고 했던 아이히만의 시도는 끔찍한 집단학살로 귀결되었다. 버틀러는 인간이 결코 우리가 선택하지 않았으며 그들에 대한 사회적 소속감을 느끼지도 않는 자들과 함께 살아가야 할 뿐 아니라 그들의 생명을, 그

---

1   Judith Butler, "Is Judaism Zionism?", *The Power of Religion in the Public Sphere*, Judith Butler[et al.], New York: Columbia University Press, 2011, p. 88.

리고 복수성 plurality을 보존할 의무가 있다고 말한다.

비록 버틀러는 주로 인간들 사이의 관계를 염두에 두고 위의 구절을 적었지만, 우리가 잘 알지 못하고 선택하지도 않은 낯선 자들과 결합되어 살아가는 것이 인간의 존재론적 조건이라는, 나아가 인간이 타자들의 생명과 복수성을 보존할 의무가 있다는 통찰은 단지 인간 사회에 국한되지 않고 생태계까지 확장해서 적용될 수 있다. 우리 인간은 "우리가 결코 알지 못했고 선택하지도 않았던 낯선 자들에게 결합되어 있다." 여기서 우리가 잘 모르지만 지구상에서 함께 살아가야 할 낯선 존재들은 대표적으로 비인간-동물들과 식물들이다. 그리고 비인간-동물들과 식물들을 파괴하는 것은 곧 인간의 생명을 파괴하는 일이 된다. 인간, 비인간-동물, 식물은 모두 서로의 생존과 안녕에 밀접히 연결되어 있는 존재들이다. 그런데 슬프게도 인간은 벌써 다른 존재들을 심각할 정도로 파괴해왔고, 그 결과 인류의 건강과 안녕, 나아가 생존조차 위험에 처한 생태학적 위기 상황에 이르렀다.

이러한 삶의 조건에서, 인간은 낯선 존재들과 어떻게 공존할 수 있을까? 과연 함께 '살아가는' 일이 가능할까? 애니미즘의 창을 통해 어떤 힌트를 얻으려 한다.

1. 시선을 되받는 존재들

1945년, 히로시마가 원자폭탄으로 파괴되었을 때, 폭발의 폐허 속에서 가장 먼저 등장한 생물이 송이버섯이었다고 한다.[2]

—애나 칭

인류학자 애나 칭은 『세상 끝의 버섯: 자본주의의 폐허에서 생명의 가능성에 대하여*The Mushroom at the End of the World: On the possibility of life in capitalist ruins*』(2015)에서, 인간들만이 이야기의 주인공이 되는 인간 중심적인 서사를 벗어나, 세계를 구성하는 여러 존재들이 주인공이 되는 다종多種의 역사 서술을 시도하였다. 그는 비록 글로벌 자본주의가 전 세계적으로 환경을 파괴하고, 비인간 생물들은 끊임없이 그 생명성을 무시당한 채 상품으로 변형, 유통, 소비되지만, 그럼에도 세계가 완전히 자본주의에 포섭된 것은 아니라고 말한다. 그는 특히 송이버섯의 존재 양식과 송이버섯의 세계에 관심을 가지고, 송이버섯이 한편으로는 자본주의의 상품이지만 다른 한편으로는 자본주의의 외부에서 헤게모니와

---

2   Anna Lowenhaupt Tsing, *The Mushroom at the End of the World: On the Possibility of Life in Capitalist Ruins*, Princeton: Princeton University Press, 2015, p. 3.

정복과 무관하게 여러 종들이 협력하며 생존하는 양상을 살핀다. 그리고 수많은 존재들이 협력하며 "세상 끝에서도" 삶을 일궈내는 방식을 통해 우리 인간이 무언가를 배울 수 있기를 희망한다.

오늘날 이 세계가 자본주의적 변형에 이미 완전히 포섭되었고 우리 모두가 걷잡을 수 없이 파멸을 향해 나아가고 있다는 전망이 우리를 암담하게 한다. 그러나 애나 칭의 이야기를 읽다 보면, 미래가 단일한 방향으로 암울하게 펼쳐질 것이라는 가정이야말로 세계의 다종성을 고려하지 않은 인간 중심적인 시각의 전망임을 생각해보게 된다. "세계들"을 만드는 다른 방식들이 존재한다. 인간만이 세계를 만들어가는 유일한 주체는 아니다. 우리 인간은 저마다 시점을 가지고 세계를 바라보고 생각을 지어가지만, 동시에 그 세계에는 다양한 관계적 생태학들 속에서 살아가는 다른 부류의 존재들이 있고, 그러한 비인간 생명체들은 우리 인간의 시선을 되받는 저마다의 시점에서 삶을 영위한다. 일찍이 1934년에 야콥 폰 윅스퀼은 눈도 없고 귀도 들리지 않는, 크기가 1~2밀리미터에 지나지 않는 진드기의 감각 능력을 연구하면서, 진드기를 비롯한 생물들이 비활성 물체가 아니라 세계들을 경험하고 알고 또 만들어가는 주체들임을 보여주었다.[3] 우리 인간이 비인간 존재들을 자기 존재 양식을 가진, 스스로의 존재 의미를 형성하는 주체들로서 인정하는 가운데, 인간이 망가뜨린 체계의 외부에서 어떤 다

3　야콥 폰 윅스퀼, 『동물들의 세계와 인간의 세계』 정지은 옮김, 도서출판b, 2012의 1장을 보라.

른 방식의 삶의 가능성을 발견하게 될지도 모른다.

우리는 공동의 생존을 위해 다른 비인간 존재들의 존재 양식들에 관심을 기울일 필요가 있다. 그리고 종을 가로지르는 협력의 방식을 고민해야 할 것이다. 인간만을 지구상의 주인공으로 여기기를 그만두고 세계를 응시하는 가운데, 우리는 "양자장의 가상 입자들처럼, 여러 가지 미래의 가능성들이 튀어나오고 사라지는", "일시적 다성음악temporal polyphony" 안에서 등장하는 자연을 알아차릴 수 있을 것이다.[4] 인간에 의해 통제된다고 생각했던 세계가 실패했을 때, 버섯의 통제되지 않는 삶, 그리고 인간이 아닌 다른 생명들의 존재와 그들이 함께 만들어가는 세계들은 우리에게 새로운 관점을 열어주는 안내자가 될 수 있다.

세계 곳곳의 원주민 애니미스트들은 인간의 시선을 되받는 존재들, 비인간 존재들이 살아있는 세계를 감지하고, 인간이 그러한 생태학의 일원으로서 적절하게 참여하고 관계를 맺는 방식을 모색해왔다. 비인간 존재들과 인간의 공존, 공생의 생활 방식을 모색해온 원주민 애니미스트들의 존재론, 그들의 시야, 그들의 삶의 방식이 오늘날 새롭게 발견되는 까닭이다.

---

4   Anna Lowenhaupt Tsing, *The Mushroom at the End of the World: On the Possibility of Life in Capitalist Ruins*, Princeton: Princeton University Press, 2015, pp. viii, 155.

2. 공존의 기술

세계의 생명성을
포착하기

수년 전에 전라남도 끝자락 작은 섬에 들어가서 한적한 바닷가를 거닐었던 적이 있다. 그 지역에서 나고 자라 평생을 바다와 산과 땅에 기대어 살아오신 토박이 어른과 함께 바닷가를 따라 쭉 걸어갔다. 같이 이런저런 이야기 나누며 걸어가는데, 몇 걸음 걸을 때마다 그분은 내가 무심코 지나가는 곳에서, 아무것도 없는 것 같은 곳에서 키조개를 주워 올리곤 했다. 산길을 같이 걸을 때에도, 내가 무심코 지나치는 곳에서 그분은 먹을 수 있는 나물과 그렇지 않은 풀을 식별해냈다. 다양한 종류의 버섯을 찾아내는 것도 그분의 몫이었다. 시골로 이주한 지 얼마 되지 않은 내게는 주위 환경이 그저 경치로만 다가왔지만, 토박이 어른은 주위 환경의 생명성을 민감하게 포착해냈다. "살아 있음"에 대한 민감하고 역동적인 감수성은 어떻게 형성되는 것일까? 이것은 다른 존재들과의 조화를 잃어가면서 생태계를 위기 속으로 몰아가고 있는 오늘날 현대인들에게 더욱 절실한 물음이다.

사실 주변 환경에서 생명성을 민감하게 포착해내는 것, 세계에서 인간인 나를 "응시"하는 인간이 아닌 다른 존재들을 발견하고 반응하는 감수성은 새로운 애니미즘 논의에서 핵심적으로 부각되는 자질 중 하나이다. 새로운 애니미즘 논의의 주요 인물인 인류학자 팀 잉골드는 애니미즘을 믿음의 한 양태, 혹은 세계에 대해 생각하는 하나의 방식으로 여기지 않는다. 그는 매순간 달라지는 영원한 흐름 속에 있는 환경에서 고도의 감수성과 반응성으로 다른 살아 있는 존재들을 민감하게 알아차리는 방식으로서의 애니미즘을 이야기한다.[5] 다른 생명체들을 민감하게 알아차리고 수많은 존재들이 연결되어 살아가는 관계의 논리를 파악하기 위해서는 면밀한 관찰과 무수한 시행착오를 거쳐 생명에 대한 감수성을 키우는 과정이 필요한데, 자연에 기대어 생계를 이어온 사람들한테서 생명에 대한 민감한 감수성이 많이 발견되는 것은 어쩌면 자연스러운 일이다.

『숲은 생각한다』에서 에두아르도 콘이 만난 아빌라 사람들의 경우가 그러하다. 그가 현지조사를 수행하던 4년 남짓한 동안, 마을 사람들은 탄약이나 총, 옷가지 등 많은 것들을 사들였지만 식량만큼은 구매하지 않았다. 그들은 물고기를 잡고, 열매를 채집하고, 사냥하고, 재배함으로써 자연에서 직접 식량을 확보했다. 그런데 중요한 것은 자연에 기대어 음식을 확보하는 그 과정에서 일어나는 일이다. 그들은 자연에

---

5   Tim Ingold, "Rethinking the Animate, Re-animating Thought", *Ethnos* 71(1), 2006, p. 10.

서 음식을 확보하는 과정 속에서 다양한 비인간 존재들과 상호작용하면서 복잡한 생태계와 긴밀하게 뒤얽힌다. 콘이 말하듯, "사냥하고 물고기를 잡고 덫을 놓음으로써 루나족은 자기들의 생태학을 이루는 수많은 존재들과의 특별한 관계 속에 위치하게 된다. 이 활동들을 통해 루나족은 자신들의 관점을 지니게 되고 […] 다른 창조물들까지도 관점을 지니고 있음을 실제로 인식하게 된다." 만약 루나족이 숲의 무수한 비인간 존재들을 인간과 마찬가지로 주체적으로 생동하는 생명체로 여기지 않게 된다면, 그래서 비인간 존재들의 관점을 인정하고 존중하며 민감하게 대응하는 일을 멈추게 된다면, 더는 그들과 관계를 맺을 수도 없고, 그들을 사냥하거나 수확할 수도 없게 될 것이며, "관계의 그물망에서 떨어져 나가게 될 것이다." 특히 눈에 띄는 것은, 루나족의 애니미즘이란 살아 있는 존재들의 중요한 속성들을 증폭해서 드러내는 방식, 그리하여 세계 내 여러 살아 있는 존재들을 창출하고 연결하고 지탱하는 관계의 논리에 주목하게 하는, 그리하여 생명과 함께 창발하는 활기^{animation}를 포착할 수 있게 하는 한 가지 방식이라는 점이다.[6]

새로운 애니미즘 논의의 주요 인물인 팀 잉골드는 옛 애니미즘 논의를 일으킨 타일러가 근대 서구인으로서의 우리와 비근대 토착민인 그들 사이에서 발견한 차이는 세계에 대한 믿음의 방식에서의 차이라기

---

6   에두아르도 콘, 『숲은 생각한다』, 차은정 옮김, 사월의책, 2018, 17-18쪽, 38쪽, 130쪽, 165쪽, 206쪽 참조.

보다는 세계 속에서 존재하는 방식의 차이라고 여긴다.[7] 이처럼 일부 토착민들과 근대 서구인들의 차이를 잘못된 믿음과 합리적 사고방식의 차이로 보지 않고 세계 속에서 존재하는 방식의 차이로 여길 때, 우리는 인간과 환경과의 관계에 대해 일부 토착민들에게서 찾아볼 수 있는 애니미즘적 존재 방식을 공존을 위한 대안적인 삶의 방식으로서 새로이 바라보게 된다.

시선의
존중과 번역

번역이 관계 맺기라는 과정의 핵심을 이루는데, 누가 세계들 간의 번역이 불가능하다고 주장할 수 있겠는가?[8]

—브뤼노 라투르

우리가 인간적인 것보다 더 큰 세계에서 인간이 아닌 다른 존재들의 생명성을 민감하게 포착하였을 때, 비인간 존재들과의 평화로운 공존을 지향한다면 그들과 적절한 관계를 맺어야 할 것이다. 여기서 필요한 것

---

7   Tim Ingold, "Rethinking the Animate, Re-Animating Thought," *Ethnos*, Vol. 71:1, March 2006, pp. 9-10.

8   브뤼노 라투르, 『우리는 결코 근대인이었던 적이 없다』, 홍철기 옮김, 갈무리, 2009, 283쪽.

은, 비인간 존재들도 반응하는 행위주체로 보고 존중하는 가운데 그들과 소통하려는 태도이다. 그리고 낯선 존재들과 소통하기 위해서는 이른바 번역 과정이 개입하게 된다. 라투르에게서 "번역"이란 기본적으로 연결을 통해 관계를 창조하는 과정이다. 인간과 비인간 등 서로 다른 부류의 존재들은 끊임없는 번역 작업을 통해 낯선 존재와 관계를 맺고 의미를 창출한다. 라투르의 말을 빌리면, 관계 맺기의 과정에서 핵심은 그들의 낯선 시선을 번역하는 일이다. 인간과 비인간의 공존과 공생을 위한 길을 모색할 때, 우리 인간이 할 수 있고 해야 할 일 중 하나는 멀리 떨어진 높은 곳에서의 관찰과 조망이 아니라 종을 가로지르는 번역 작업인 것이다.

번역이란 몇 가지 전제를 바탕으로 이루어지는 작업이다. 곧, 상대를 소통 가능한 주체로 여긴다는 전제, 그리고 상대의 "언어"가 우리에게도 유의미하다는 전제, 그러나 상대는 다른 부류에 속하며 따라서 그의 언어를 이해하기 위해서는 좀 더 노력이 필요하다는 전제가 그것이다. 번역은 차이와 유사성에 대한 감각 모두를 바탕으로 이루어지는 작업이다. 상대와 언어가 달라서 곧바로 이해할 수는 없지만, 지구상에서 살아가는 사람으로서 번역 과정을 통해 상대를 어느 정도 이해할 수 있다. 종을 가로질러 다른 부류의 언어를 번역한다는 것은 다른 부류의 존재들, 비인간 동물은 물론이고 식물까지도 비활성 물체로서가 아니라 소통 가능한 주체로서 여긴다는 것이고, 그들의 '목소리'와 신호를 존중하고 중요하게 여기며 거기에 귀를 기울인다는 것이다. 할로웰이 오지브와족에게서 발견한 것은, 오지브와족 애니미스트들에게 세계는 대부분 비인간 사람들로 이루어진 소통적인 공동체라는 점이다. 비인간 동물과 식물을 사람으로 대하며 그들과의 만남에서 적절한 관계 맺음을 모색하는 그러한 애니미스트들은 종을 가로지르는 번역에 익숙한 이들이다.

서로 다른 종들의 만남에서 일어나는 번역이란 어떤 권위를 가진 특정 계층—가령 샤먼—만이 수행하는 것이 아니라, 다양한 부류의 존재들과의 관계에 들어서는 사람들 사이에서 저마다 이루어지는 작업이다. 생태적으로 주위 환경과 좀 더 조화를 이루는 가운데 그 속에 진입해서 그 요소들을 활용하려는 사람들, 자연에 기대어 땅과 물과 다른 존재들에 끼치는 해를 최소화하며 지속가능한 삶을 일구어내려는 사람들에게서는 다른 존재의 언어에 귀를 기울이고 "다른 존재의 앎을 번역"하려는 노력이 늘상 이루어진다.[9]

그런데 "너무나 다르고 보통은 불평등한 위치에 있는 다양한 부류"의 존재들 사이에서 일어나는 번역이란 작업은 "위험천만하고 일시적이며 매우 허약한 의사소통의 시도"[10]로서, 태생적으로 불완전하며 종종 오역의 가능성을 포함한다. 그리고 치명적인 오역의 극단적 결과는—언어를 잘못 번역한 사람의, 나아가 로컬 생태계의—죽음으로

---

9   로빈 월 키머러, 『향모를 땋으며: 토박이 지혜와 과학 그리고 식물이 가르쳐준 것들』, 노승영 역, 에이도스, 2019, 235쪽.

10   에두아르도 콘, 『숲은 생각한다』, 차은정 옮김, 사월의책, 2018, 259쪽.

귀결될 수도 있으니, 번역은 섬세하고 조심스러운 작업이 될 수밖에 없다.

낯선 언어의 번역은 비단 숲속에서 다른 부류의 비인간 존재들을 만난 아마존이나 북아메리카의 원주민 애니미스트에게 뿐 아니라, 비인간 존재들을 사람으로 대하는 그러한 애니미스트들의 존재와 행위 양식을 낯설게 여기는 우리에게도 필요한 작업이다. 가령 우리가 루나족의 애니미즘을—글이나 영상으로나 실제로—마주할 때, 세 가지 종류의 시선들이 지면에서 마주치고 얽히게 된다. 다른 시선을 존중하고 그 의미의 번역을 시도하는 순간, 우리의 시선은 루나족 애니미스트의 시선, 나아가 애니미스트가 사람으로 대하는 비인간 존재의 시선과 지면에서 만나고 관계를 맺게 된다. 비베이루스 지 까스뚜르의 말대로, "좋은 번역이란, 낯선 개념들이 번역자의 개념적 장치를 변질시키고 전복할 수 있도록 하는 데 성공한 번역이다."[11] 지면으로 내려와 다른 시선을 마주하고 그것을 번역하는 과정 속에서, 우리는 우리가 습관처럼 지니고 있던 개념들을 수정하고, 비틀어 열고, 새로운 관계를 향해 나아갈 수 있을 것이다.

---

11 에두아르두 비베이루스 지 까스뚜르, 『식인의 형이상학: 탈구조적 인류학의 흐름들』, 박이대승, 박수경 옮김, 후마니타스, 2018, 91쪽.

생명세계의
역동적 활기

관계적 생태학에 진입할 때, 우리는 스스로가 자기 시점을 가지고 바라보고 생각할 뿐 아니라 다른 존재의 시점에 포착되고 생각되어지는 존재라는 사실을 깨닫는다. 그 점을 인식하게 되면, 우리 앞의 세계는 더 이상 오직 인간에 의해 의미가 부여되고 좌우되는 평면적 세계가 아니다. 마치 눈앞의 뿌연 안개가 걷히듯이, 다양한 존재들이 저마다의 시점을 가지고 살아 움직이며 소통하고 영향을 미치는 다채롭고 역동적인 세계, 인간적인 것보다 더 큰 세계가 펼쳐지게 된다. 에두아르도 콘의 말을 빌리면, 애니미스트는 "생명과 함께 창발하는 활기animation를 포착한다."[12] 원주민 애니미스트들은 모든 종류의 존재가 끊임없이 그리고 호혜적으로 서로 존재하게 만드는 전체 관계들의 장에서 나타나는 역동적이고 변형적인 잠재력을 인정하고 거기에 반응한다.

예컨대 캐나다 북부 웨민지 크리족의 한 사람은 삶이란 "끊임없는 탄생"이라고 말했는데, 그것은 세계의 역동적인 활기를 포착하는 애니미스트 존재론의 핵심을 잘 드러내는 말이다. 살아 있는 세계는 영속적인 흐름 속에 있다. 캐나다 극지방의 이누이트족에게서, "사람은

---

12   에두아르도 콘, 『숲은 생각한다』, 차은정 옮김, 사월의책, 2018, 165쪽.

움직이자마자 그/녀는 하나의 선線이 된다. 사람들은 그들이 그들 뒤에 남겨 놓은 흔적들에 의해 알려지고 인식된다. [...] 동물뿐 아니라, 태양, 달 등도 마찬가지다."[13] 그리고 사람들은 그러한 움직임의 증인으로서 계속해서 존재하며, 존재하는 대로 스스로를 드러내는 세계에서 항상 물마루crest of a wave처럼 움직이는 것으로 여겨진다.[14] 이와 같은 애니미스트의 세계에서는 생명이 있는 곳마다 움직임이 존재한다. 생명의 움직임은 되어감becoming의 움직임이며, 길을 따라 새로워지는 움직임이다. 모든 생명체는 그것이 "드러나고" 뒤로 흔적을 남기면서, 자신의 특징적 방식으로 움직인다.[15] 이처럼 애니미스트들은 뒤얽혔다가 풀리고 풀렸다가 다시 얽히면서 움직이는 세계 속에서 얽기도 하고 풀기도 하면서 세계의 흐름에 동참하며 역동적으로 살아가는 사람들이다. 이때 단지 머릿속의 어떤 믿음이나 문화적 모델, 혹은 세계관이 밖으로 투사되는 것이 아니라, 유기체와 환경이 서로 주고받는 가운데 서로 뒤얽히게 된다.

이러한 애니미즘의 존재 방식은 근본적으로 세계를 향해 열려 있을

---

13 Tim Ingold, "Rethinking the Animate, Re-Animating Thought", *Ethnos*, Vol. 71:1, March 2006, p. 14.

14 Tim Ingold, "Rethinking the Animate, Re-Animating Thought", *Ethnos*, Vol. 71:1, March 2006, p. 12.

15 이러한 애니믹animic한 존재론을 잉골드는 "선線의 존재론"으로 비유한다. 즉, 존재를 항상 가지가 나면서 성장하는 선들의 그물로 상상하는데, 이때 존재의 내부 혹은 외부가 존재하지 않으며, 두 영역을 분리하는 경계도 존재하지 않는다. 오히려 움직임 혹은 성장의 흔적이 존재한다. 그리고 그러한 흔적들이 서로 얽혀서 생명세계의 결texture을 이루게 되는 것이다. Tim Ingold, "Rethinking the Animate, Re-Animating Thought", *Ethnos*, Vol. 71:1, March 2006, pp. 13, 15.

뿐 아니라, 세계의 계속되는 탄생에 동참하고 있다는 의식에서 나오는 경이와 경탄의 감각을 수반한다.[16] 현대 사회에서는 살아 있는 존재들이 만들어가는 생명 세계의 역동성을 인식하는 능력이 점점 퇴화되고 있으며, 현대인들은 어떤 강렬한 감각을 느끼기 위해 인간적인 것의 영역을 확장하고 인공적인 것들로 채우려는 경향이 있다. 그렇지만 원주민 애니미스트들이 살아 있는 세계에서 경험하는 이러한 경탄의 감각과 살아 있음에 대한 역동적인 감수성은 오늘날 인간 중심적 사고의 경계를 넘어서 인간을 포함한 더 큰 생태계라는 틀에서 세계를 해석하고 행동하고자 하는 생태주의적 삶의 지향과 연결될 수 있다. 생태 위기에 직면한 오늘날 우리가 애니미스트에게서 배울 점이 있다면, 그것은 자연 만물에서 신성을 발견하는 데 있지 않을 것이다. 오히려 세계에 대한 열린 감수성으로 반응하면서 "다르게" 존재하고 "다르게" 살아가는 방식에 있는 것이다.

다시 강조하지만, 우리가 여기서 주목하는 것은 비활성 물체를 살아 있다고 착각하거나 상상하거나 믿는 야만인들, 혹은 동식물에게 인간의 속성을 투사하고 사람처럼 여기는 어리석은 유아기적 인간들의 잘못된 믿음에 관한 이야기가 아니다. 낡은 애니미즘 이해를 버리고 인간과 비인간 세계를 다시 연결하는 어떤 태도, 존재론, 생활 방식으로서 애니미즘에 새롭게 접근할 때, 애니미스트들이 생명을—불어넣는 것

---

16   Tim Ingold, "Rethinking the Animate, Re-Animating Thought", *Ethnos*, Vol. 71:1, March 2006, p. 19.

이 아니라 오히려—감지하는 민감한 감수성, 생명 세계 속에서 사람들의 시선을 의식하고 반응하며 번역하는 방식에 주목하게 되고, 그들이 경험하는 역동적인 세계의 활력에 관심을 갖게 된다. 그리고 궁금해진다. 애니미즘의 세계, 애니미스트들이 경험하는 역동적인 세계를 지탱하는 중심 원리는 무엇일까?

3. 주고받는 세계

모스의

증여론

미개 또는 태고 유형의 사회에서 선물을 받았을 경우, 의무적으로 답
례를 하게 하는 법이나 이해관계의 규칙은 무엇인가? 받은 물건에는
어떤 힘이 있기에 수증자는 답례를 하는 것인가?[17]

—마르셀 모스

프랑스의 인류학자이자 사회학자인 마르셀 모스Marcel Mauss는 1923~
1924년에 『사회학 연보』에 "증여론Essai sur le don"이란 제목의 논문을 실
었다. 그 글에서 모스는 폴리네시아 마오리족의 증여와 답례, 북아메
리카 원주민들의 포틀래치, 멜라네시아 트로브리안드 군도의 쿨라 등
민족지 사례들을 중심으로 각 사회에서 두드러지는 증여와 교환의 체
계를 조명했다. 이들 사회에서는 선물을 주는 것과 선물을 받는 것, 나

---

17   마르셀 모스, 『증여론』, 이상률 옮김, 한길사, 2002, 48쪽.

아가 받은 선물에 답례하는 것이 사회 생활의 기초로서 중요한 역할을 한다. 모스는 이러한 선물과 답례가 한편으로 자발적이면서도 다른 한 편으로는 의무적인 성격을 갖고 있다는 점에 주목한다. 주고, 받고, 답례하는 행위 각각은 이들 사회에서 사회적 인간으로서의 의무이며, 주는 것도, 받는 것도, 답례하는 것도 때로는 강제적이라 할 만큼 중요한 사회적 활동이다. 주는 것을 거부하거나 받는 것을 거부하는 것은 "전쟁을 선언하는 것과 같다." 세 가지 중 하나라도 소홀히 하면 사회적 관계는 파탄에 이르게 된다.

왜 이들은 물건을 선물하는 것일까? 그리고 선물을 주고, 받고, 답례하는 과정에서 작동하는 원칙은 무엇일까? 이들 사회의 교환 체계에는 다양한 규칙들과 관념들이 얽혀 있지만, "받은 선물에 답례하지 않으면 안 되는 메커니즘"의 바탕에서 모스가 특히 주목한 것은 도덕적, 종교적인 이유이다. 마오리족은 물건(타옹가)과 개인의 모든 소유물은 "하우", 곧 물건의 영 혹은 영적인 힘을 지닌다고 여긴다. 모스는 그 영적인 힘, 하우가 선물을 주고, 받고, 답례하는 교환 체계의 중심에 자리한다고 보았다. 적어도 물건의 영적인 힘에 대한 원주민들의 믿음이 선물의 증여와 답례가 이루어지게 하는 중요한 동력이라는 것이다.

그런데 흥미롭게도 모스는 『증여론』의 결론에서, 이러한 "미개 또는 태고 유형의 사회"의 원주민들의 선물 교환과 답례 체계를 현대 사회가 나아가야 할 방향으로 제안한다. 원주민들의 "개인과 집단이 서로 모든 것을 교환하는 체계"가 "우리가 확인하고 생각해낼 수 있는 것 중에서는 가장 오래된 경제, 법률 체계"를 이룰 뿐더러 "증여-교환의 도덕이 출현한 바탕을 형성"하고 있다고 하면서, 그것이 단지 미개한 고대 사회의 유물과 같은 것이 아니라, 그것이야말로 "우리 사회가 나아가기를 바라는 유형"이라는 것이다.[18] 모스가 원주민 교환 체계에서 긍정적으로 본 것은 호혜성의 원칙이다. 이들 사회의 선물 교환에는 저마다의 치밀한 계산이나 정치적 고려 등이 바탕에 깔려 있지만, 그럼에도 시장 경제, 상품 경제와 그러한 고려는 다른 종류의 것이다. 이들의 교환은 개인의 이윤을 증식하기 위한 것과는 거리가 멀고, 말 그대로 아낌없는 "선물"의 성격을 더 많이 띠고 있으며, 후하게 베푸는 자의 명예, 받은 것을 되갚는 도리 같은 것이 중요한 키워드로 작용한다.

선물과
답례

마르셀 모스의 『증여론』은 처음 세상에 나온 지 100여 년이 지났지만 아직까지도 학계에서는 물론이고 신문 칼럼 등에서도 종종 소환되는 인기 있는 저작이다.

---

18   마르셀 모스, 『증여론』, 이상률 옮김, 한길사, 2002, 258쪽.

물건이 주어지고 이에 답례하는 것은 바로 "존경"—우리는 이것을 아직도 "예의"라고 부르고 있다—을 서로 주고받기 때문이다. 그러나 뿐만 아니라, 물건을 주면서 그 자신을 주는데, 그렇게 하는 이유는 그 자신—그 자신과 그의 재산—이 다른 사람들의 "은혜를 입고 있기" 때문이다.[19]

모스는 "미개 또는 태고 유형의 사회"에서 발견되는 것은 이윤을 위해 상품을 사고 파는 것과는 다른 종류의 교환 체계라고 말하며, 아주 최근에 서양 사회가 인간을 "경제적 동물"로 만들었지만 인간은 매우 오랫동안 다른 존재였음을 역설한다. 각박한 자본주의 사회의 현대인들은 모스가 조명한 "미개 사회"에서 나타나는 이윤을 따지지 않고 베푸는 호혜적 교환 체계에 깊은 인상을 받는 듯하다.

그런데 또한 사람들은 원주민들의 (현대인과는 다른) 독특한 믿음, 곧 물건의 영적인 힘, 하우에 대한 믿음이 호혜적 교환의 핵심이라는 모스의 해석에 감탄하면서도 마음속으로 거리를 두게 된다. 물건의 영에 대한 원주민들의 "미개한" 믿음이 그러한 교환 체계의 중심에 있다고 여길 경우, 결국 호혜적 교환 같은 것은 합리적인 현대인에게는 거리가 먼 "남의 일"로 여겨지게 되기 때문이다. 결코 돌아갈 수 없는 행복했던—인류의—유아기를 낭만적으로 회상해보듯이 말이다.

---

19   마르셀 모스, 『증여론』, 이상률 옮김, 한길사, 2002, 192쪽.

그러나 우리는 애니미즘의 시각으로 『증여론』을 다른 각도에서 읽을 수 있다. 선물과 답례로 이루어진 호혜적 선물 교환의 중요성을 포착한 모스의 통찰은 유효하다. 그러한 통찰은 인간 사회의 영역을 넘어 인간적인 것보다 더 큰 세계로 확장될 수 있다. 어떤 이들은 선물의 선순환의 범위를 단지 인간 사이의 관계 뿐 아니라 인간 이외의 생명, 나아가 인간 이외의 자연과의 관계까지 확장해서 바라본다. 대지나 바다에 직접적으로 생계를 의지하며 살아온 세계 각지의 원주민 사회에서 그러한 시각이 종종 나타난다. 인간이 아닌 사람들까지 포함한 열린 세계에서 생명은 사람들 사이의 끊임없는 교환을 통해 지속된다. 다만 여기서 중요한 것은 하우라는 영적인 힘을 중심으로 하는 신비적 해석이 아니다. 모스의 저술에서 두드러지지 않으며 흔히 간과되곤 하지만 무엇보다 중요한 사실은 원주민 사회의 경제적인 호혜적 교환 체계 속에 이른바 자연물이 하나의 주체로서, 선물의 증여자이자 답례의 수령자로서 중요한 자리를 차지하고 있다는 점이다. 선물을 통한 관계에서 주인공으로 등장하는 것은 하우, 물질의 영이 아니라 선물을 주고받는 당사자로서 넓은 의미에서의 (비인간을 포함한) "사람"이 되어야 할 것이다.

　　그레이엄 하비는 모스의 통찰을 새로운 애니미즘 논의의 중심으로 끌어온다. 하비는 원주민 교환 체계에서 작동하는 하우, 영적인 힘이 아니라 사회적 힘에 주목하고, 그러한 사회적 관계의 의미를 사람개념의 확장을 통해 다시금 생각하게 한다. 사람다움의 의미를 관계적으로 정의할 때 선물 교환은 핵심적이다. 하비는 말한다.

그럼에도 불구하고, 그 체계 속에는 애니미즘이 있다. 사람들people은 다른 사람들에게 받은 선물에 답례하며, 그리하여 그들이 정말로 연결된 사람들임을 증명한다. 다른 사람들에게 특정한 방식으로 행위함으로써 그들은 사람다움을 연기하고 더 나은 [...] 사람이 될 수 있다. 그들은 선물을 주고받기 때문에 사람이다. 이 모든 사회 과정들에서 의미심장한 것은 동기를 부여하는 힘이나 생기를 불어넣는 영혼에 대한 요청quest이 아니라 선물이 인간들에 의해서 뿐 아니라 또한 나무들, 숲, 강, 바다, 그리고 다른 모든 살아있는 사람들, 공동체들, 그리고/혹은 영역들에 의해서도 증여되고 수령된다는 사실이다. [...] 예를 들어, 숲은 사냥꾼에게 새를 선물할 수 있고, 나무는 벌목꾼에게 목재를 제공할 수 있다. 따라서 이러한 문제들이 서구적 사람다움 정의를 고수하는 자들에게만 "모순적으로 보인다는" 것이 분명해진다. 요약하면, 하우는 그것이 신비적 힘으로서가 아니라 사회적 힘으로 이해될 때 모스의 증여 이론에 더 잘 들어맞는다. 그리고 이것은 사람의 범주가 인간에게만 적용되는 것으로 이해되지 않을 경우에만 그럴 수 있다.[20]

모든 종류의 만남에서 관계를 맺는다는 것은 무언가를 주고받는다

---

20   Graham Harvey, *Animism : Respecting the Living World*, New York: Columbia University Press, 2006, pp. 13-14.

는 것이다. 애니미즘적 삶의 방식은 인간이 다른 동물, 식물, 자연의 다른 존재들과 주고받는 것에 주의를 기울인다. 인간은 "비인간 사람들"과 끊임없이 선물을 주고받으며, 그렇게 주고받는 선물은 계속 진행되는 관계를 만들어낸다. 선물의 기본 속성은 상품과 달라서, 열린 나선형으로 확장되는 관계를 창출하며, 감정적 유대를 형성한다. 이러한 선물이 단지 인간 사이에서뿐 아니라 인간 이외의 생명, 나아가 자연과의 사이에서도 이루어진다는 생각 및 그에 따른 생활 방식을 애니미즘으로 일컬을 수 있다. 이것은 애니미즘의 새로운 해석이다.

생태계서비스

비인간 사람을 주체로서 존중하는 애니미즘적 시각과 선물의 교환을 중심으로 하는 호혜적 관계 맺기에 대한 모스의 통찰은 최근 국내외에서 한창 논의되는 생태계서비스Ecosystem Service, ES 개념과 연결될 수 있다. 생태계서비스란 개념은 1980년대 초반에 처음 등장했고, 2005년 UN 주도로 발표된 새천년생태계평가Millennium Ecosystem Assessment, MA 이후 널리 알려지게 된 개념이다. MA에서 생태계서비스란 간단히 말해서 생태계가 인간에게 서비스하는 것을 가리키기 위한 용어다. MA는 생태계가 인간에게 주는 혜택을 크게 공급, 조절, 문화, 지원 서비스 나누어 제시하였다. MA가 생태계서비스 개념을 들고 나온 까닭은 궁극적으로 정책 결정권자들이 생태계 보전을 위한 적절한 결정을 내리도록 설득하기 위함이었다. MA 이후 그러한 맥락에서 이루어진 많은 논의들은 정책 결정권자들을 움직이기 위해 생태계에서 인간이 얻는 혜택을 경제적 가치로 환산하며, 생태학과 경제학을 결합시키는 데 주력하는 경향을 보였다.

　개발 반대/생태계 보전 운동의 현장에서 우리는 가끔 이런 이야기를 듣게 된다. "이 갯벌/강/습지의 가치를 경제적으로 환산하면, ~~의 측면에서 ○○원, ~~의 측면에서 ○○원의 가치가 있는데……" 이만큼의 경제적 가치가 있으니 개발하지 않고 보전하는 것이 더 이득이라는 것이다. 생태계 보전의 이로움을 설득하기 위한 말이라지만, 많은 지역민과 생태주의자 들은 그러한 류의 주장에서 알 수 없는 답답함과 허점을 느끼게 된다. 이러한 이야기들은 주로 환경과 경제에 초점이 맞춰져 있고, 생태계의 가치를 인간에게 어떤 경제적 혜택이 있는가에 초점을 맞추어 평가하는 경향이 있기 때문이다. 문화적 측면을 예로 들어보자. MA에서 문화적 생태계서비스는 "영적 풍부함, 인지적 발달, 성찰, 휴양, 미학적 경험 등을 통해 생태계에서 사람들이 얻는 비물질적 혜택"으로 정의된다. 그러나 MA에서 문화적 생태계서비스가 거론되고 있지만, 그것은 양적으로 평가되기 어려운 개념이다. 그리하여 실질적으로 이후의 생태계서비스 논의에서 문화적 측면에 관한 논의는 축소되거나 간과되는 경향이 있었다. 게다가 이러한 방향에서의 논의는 생태계에서 인간에게로 향하는 일방향적 흐름만을 가시화하면서 인간이 얻는 혜택만 강조하는 가운데 대단히 인간 중심적인 시각을 드러낸다.

그러나 비인간 자연이 베풀어준 선물이라는 관점에서 생태계서비스 개념에 접근할 때, 인간 중심적인 시선을 벗어난 우리의 이야기는 생동감을 띠게 되며, 또한 다른 방향의 흐름을 함께 고려하게 된다. 그것은 인간으로부터 비인간 자연으로의 답례의 흐름이다. 선물과 답례라는 이 두 가지 흐름이 제대로 일어날 때 인간과 비인간 자연의 건강한 관계 맺기가 가능해진다.

지금껏 주로 인간이 자연에서 받는 혜택을 부각시키면서 생태계서비스 논의가 진행되어 왔지만, 인간 중심적 시각을 벗어나 애니미즘의 통찰을 빌려서 비인간—사람들의 입장에서도 생각해보면 어떨까? 인간 사회의 관계 맺기가 그러하듯이, 비인간 자연과 인간의 관계에서도 일방적으로 주거나 일방적으로 받기만 하는 관계는 성립하지 않는다. 바람직한 관계 맺기와 공존을 위해서는 선물을 받은 사람도 어떤 식으로든 답례를 해야 한다. 물론 여기서 즉각적인 등가 교환은 불가능하다. 그렇지만 북아메리카, 멜라네시아, 폴리네시아의 많은 원주민 사회는 비인간 자연이 주는 선물을—남용하거나 착취하지 않는 방식으로—제대로 받고 여기에 답례하기 위한 다양한 방식들을 모색하고 실천해왔다. 원주민들이 오랜 세월에 걸쳐 시행착오를 거쳐 전수해온 장소 특정적인 토착지식과 기술, 조직과 의례장치 등이 그것이다. 그들은 보통 자신들의 생계와 생존을 위해 비인간 자연 세계를 면밀히 파악하고 그 변화에 예민하게 대응해왔다. 또한 문화적으로 형성된 규범 체계는 자연 환경을 향한 인간의 상호작용과 행위를 조정하면서, 흔히 사람들과 자연 모두가 지속가능한 방향으로 공진화해왔다. 이처럼 원주민들이 비인간 자연으로부터 각종 혜택을 지속가능한 수준에서, 다시 말해서 사회생태적 회복탄력성의 범위 안에서 얻게 하는 지식과 기술을 —생태적—잠재역량capabilities으로 지칭할 수 있다. 생태계 속에 기대어 생계를 유지하는 가운데 원주민들이 전수해온 토착지식과 기술 등은 원주민의 잠재역량으로서 오늘날 중요하게 재발견되고 있다.

호혜적 주고받기와
공생

적어도 애니미즘의 세계에서, 적절히 상호작용하지 않는 존재는 사람으로 여겨지지 않는다. 사람다움의 기준이 적절히 선물을 주고, 받고, 답례하는 관계 속에 들어와 있느냐의 여부라는 점은 중요하다. "선물을 받고 답례하지 않으면 그 받은 사람의 인격이나 지위는 좀 더 열등한 상태로 떨어지며, 답례할 생각 없이 받았을 때에는 특히 그러하다."[21]라는 모스의 말은 인간적인 것보다 더 큰 세계의 관계 맺기에서도 적용

---

21   마르셀 모스, 『증여론』, 이상률 옮김, 한길사, 2002, 249쪽.

되며, 적절한 사회적 상호작용에서 밀려난 존재는 사람답지 않은 것으로 여겨지게 된다. 우리는 과연 우리 인간이 비인간 자연과의 관계에서 "사람답게" 행동하고 있는지 생각해보게 된다. 루나족의 애니미즘을 연구한 에두아르도 콘이 말하듯, 우리 앞에는 자기 자신과 서로에 대해 "사람이기를 멈추는" 수많은 길들이 놓여 있다. "관계로부터 밀려나오는 수많은 길들이 있으며 관계를 무시하거나 심지어 관계를 죽이는 수많은 일들이 있다."[22] 사람답게 사는 길을 선택해야 할 시점이다.

"사람은 무엇으로 정의하는가"라는 물음으로 이야기를 시작한 d몬 작가의 웹툰《데이빗》을 다시 살펴보자. 말도 하고 책도 읽는 돼지 데이빗이 갖가지 힘든 과정을 거쳐서 마침내 법적으로도 사람으로 인정받게 되었다. 그러나 막상 현실 속에서 인간과 돼지의 행복한 공존은 결코 쉽지 않으며, 데이빗은 관계의 벽에 부딪히게 된다. 상심하고 자포자기에 빠져 도살장으로 자기 발로 걸어들어간 데이빗은 눈먼 도살자에게 말을 걸게 된다. 눈먼 도살자는 자신에게 말을 건 이가 인간이라 여기고 대화를 나눈다. 그런데 데이빗을 인간이라고 여긴—시각적 편견이 없는—눈먼 도살자가 데이빗에게 건넨 말이 인상적이다. "선생님과 저 역시 서로가 다르지만, 이렇게 같이 대화를 나눌 수 있지 않습니까. 그것만으로 우리는 다 같은 사람이지요." d몬 작가는 작품 서두에서 던진 물음, "사람은 무엇으로 정의하는가"에 대해 마지막 화에서

---

22   콘은 '사람' 대신에 '자기(self)'라는 용어를 사용한다. 에두아르도 콘, 『숲은 생각한다』 차은정 옮김, 사월의책, 2018, 40쪽.

눈먼 도살자의 입을 빌려 대답한다. 같이 대화를 나눌 수 있는 존재, 같이 소통하며 상호작용할 수 있는 존재가 사람이라는 것이다. 사람다움에 대해 이렇게 생각할 때, 돼지 데이빗이 사람인가, 우리 앞의 돌이 사람인가의 물음보다는, 우리가 다른 부류의 존재들에게 과연 사람인가를 물어보게 된다.

최근 인류세Anthropocene라는 용어가 널리 회자된다. 충적세가 지나고 새로이 도달한 지질 시대를 가리키는 이름이다. 오존층 연구로 노벨화학상을 수상한 대기화학자 파울 크뤼천Paul Crutzen이 2000년에 제안한 개념이다. 인류가 나타나기 전에 지구에서는 다섯 번의 대멸종이 있었는데 마지막 대멸종이 백악기의 공룡 대멸종이었다. 그런데 이제 인류가 지구의 지층에 직접적으로 영향을 미치기 시작했고 지구는 여섯번째 대멸종을 목전에 두고 있다. 그 원인으로 인간이 유력하게 지목되고 있기에 "인류세"라는 명칭이 부여되었다. 윌 스테픈Will Steffen은 특히 20세기 중반에 이르러 인류세는 거대한 가속Great Acceleration이라는 두번째 국면에 접어들었다고 주장했다.[23] 인류세 개념의 정확성과 적절성에 대해서는 여러 가지 견해가 있지만, 인간이라는 종이 지구의 생명세계 전체에 무서운 영향을 미치고 있다는 점에는 이의가 없을 것이다. 말름과 혼보리는 인류세라는 용어가 가령 북극곰의 관점을 효과적으로 대표할 수 있다고 여긴다. 북극곰들이—그리고 지구상 다른

---

23   롭 닉슨, 『느린 폭력과 빈자의 환경주의』, 김홍옥 옮김, 에코리브르, 2020, 35쪽.

존재들이—"어떤 종이 그들의 서식지에서 그와 같은 파괴를 일으키고 있는지"를 물을 때, 바로 인간들이 원인 제공자임을, 범인임을 효과적으로 지목해주는 용어라는 것이다.[24] 돼지 데이빗보다, 북극곰보다, 오지브와족의 돌보다, 가장 사람답지 않은 존재는 인류인 셈이다.

새로운 애니미즘 이해가 우리에게 환기시키는 것은, 세계 속 인간이 아닌 다른 존재들의 시점을 부각시키고 그것을 존중하는 가운데 인간과 다른 존재들을 호혜적 선물 체계 속에 포함시키는 삶의 방식이다. 오랜 기간 동안 인간의 사회와 문화는 비인간 자연과 끊임없이 상호작용하면서 이어져왔다. 말하자면, 자연은 문화가 발달하는 환경을 제공해왔으며, 인간 문화의 모든 것은 다시금 되돌아와서 비인간 자연에 영향을 미치고 그 다양성을 형성해왔다. 인류 문화와 비인간 자연 사이에는 상호 피드백이 존재하며, 한쪽에서 일어나는 변동은 종종 다른 것에서의 변화를 야기하면서 공진화해왔던 것이다. 북아메리카나 멜라네시아의 원주민 사회를 비롯한 전통적인 로컬 공동체들에서는 그러한 상호작용이 매우 뚜렷하게 드러난다. 수많은 전통 공동체들은 일상적 토대에서 비인간 자연과 상호작용할 뿐 아니라, 그들의 지각과 지식, 그리고 가치는 강력히 자연을 중심으로 형성되어 왔다. 일차적으로 생존과 생계를 위해 자연 시스템의 작용과 시간적 변화를 정확히

---

24 디페시 차크라바티, 「기후변화의 정치학은 자본주의 정치학 그 이상이다」, 『문화과학』 97, vol. 3, 2019, 156쪽. 그러나 또한 말름과 혼보리는 기후변화에 대해 '종'의 생물학적 범주로 사유하도록 유도함으로써 책임 소재를 모호하게 만드는 인류세라는 용어의 한계를 지적하며, 기후변화를 책임져야 할 주체를 명확히 드러내는 '자본세'라는 용어를 제안한다.

파악해야만, 적절한 수준에서 그 과정에 엮여 들어가서 자연이 주는 혜택을 누리는 일이 가능했기 때문이다. 그런데 인간은 점점 더 주위 세계와 관계 맺으며 상호작용하는 법을 잊어버리면서, 일방적으로 자원을, 이득을 취하려고만, 더 많이 받으려고만 한다. 애니미즘적 삶의 방식이 오늘날 인류세 시대에 유의미하게 재발견될 필요가 있는 까닭은 그것이 확장된 시야에서 모든 살아 있는 존재들 사이의 "관계"를 중시하고, 주고, 받고, 답례하는 것이 핵심인 시스템에서 일방적인 착취는 파국을 가져올 뿐임을 알게 하기 때문이다. 그러한 삶의 방식이 녹아 있는 문화는 오늘날 호혜적 관계에 익숙하지 않은 우리에게 참고할 만한 레퍼런스가 되는 것이다.

북미 포타와토미족 출신의 식물생태학자인 로빈 월 키머러는 선물을 주고, 받고, 답례하는 관계를 중심으로 하는 선물 경제에서 선물이 "진행형의 관계"를 만들어낸다고 말한다. 상품과 화폐를 교환하는 구매행위와는 달리, 선물은 흘러가며, 확장하며, 선순환한다. 한 번의 교환으로 끝나는 것이 아닌 비완결형이기에, 선물의 기본 속성은 상품과 달리 열린 나선형으로 확장된다. 선물은 이동하며 그때마다 가치가 커지고, 많이 나눌수록 가치가 커진다. 그리고 확장되는 관계 속에서 느슨한 감정적 유대도 형성된다. 선물의 흐름은 그렇게 크게 호혜성의 원을 그리며 흘러서 세상을 풍요롭게 만든다.

오늘날 많은 이들은 세상을 선물이 아니라 약육강식의 가혹한 "헬 hell"로 경험한다. 선물과 답례로 서로를 먹이는 되먹임의 고리는 곳곳에서 진즉에 끊어졌고 파국이 임박한 듯하다. 그렇지만 인간만이 아닌, 인간적인 것보다 더 큰 세계로 시야를 확장할 경우, 상처 입었지만 그럼에도 아직까지는 선물을 베푸는 세상을 발견하게 된다.

선물을 주고받는 살아 있는 세계에서 우리 인간도 적절한 관계에 참여해야 한다. 살아있는 존재들이 선물교환에 참여하는 한 생명의 고리는 선순환하고, 흘러서 세상을 풍요롭게 만들게 된다. 아직도 선물을 주는 세계에서, 우리는 무엇을 어떻게 답례할 수 있을까.

제 3 부

하이테크놀로지 시대의
생명성에 대한 새로운 상상

9장

인간과 물체

1. 물질에 대한 생각

세계는 다양하고 변화하는 물질성들이 충돌하고, 경직되고, 형태화되고, 진화하고, 해체되는 격동적이고 내재적인 장이다.[1]

21세기를 살아가는 우리는—어떤 나이대에 속하든 간에 마찬가지로—어릴 적에는 상상도 못했던 일들이 줄곧 일어나는 세계에서 살고 있다. 최근 수십 년 동안 과학기술의 발달 속도는 너무 눈부셔서, 과거에는 상상만 하던 일이 머지않아 현실화되는 것을 드물지 않게 목격하곤 한다. 과학기술이 빠른 속도로 발전하고 그로 인해 우리의 생활 세계가 너무나 많이 변모되어서, 이전과는 접점이 없는 전혀 새로운 시대로 접어든 것 같은 착각을 불러일으킨다. 특히 과학기술에 바탕을 둔 문명의 놀라운 발달로 인해, 인간이 일상속에서 유의미하게 관계 맺고 얽히는 존재들이 동식물 등 유기체에서 인공적 사물로 바뀌어가며, 숲, 강, 산, 호수, 바다 등 "자연"적 환경에서 인공적 환경으로 바뀌어가는 새로운 양상이 나타난다.

---

1   제인 베넷, 『생동하는 물질: 사물에 대한 정치생태학』, 문성재 옮김, 현실문화, 2020, 14쪽.

그러나 우리가 세상을 살아가는 방식에는 새로운 것과 낡은 것이 공존하고 있다. 인간이 세계와 관계 맺는 방식에서는 비슷한 것과 비슷하지 않은 것이 공존하며, 인간은 다양한 방식으로 다른 인간들, 비인간 동물들, 식물들, 나아가 인공 사물 및 기계와 얽히는 가운데 확장되는 세계를 살아가고 있는 것이다.

과학기술의 놀라운 발달로 인해 이전에 상상할 수 없던 온갖 인공 사물들로 둘러싸인 채 그러한 인공 사물들과 영향을 주고받으며 살아가는 현대인은 물체의 활력에 대해 어떠한 생각을 가지고 있을까? 하이테크놀로지 시대인 오늘날 이미 인간은 주위 환경의 친숙한 사물에게 말을 걸고 있다. 인간을 둘러싼 사물이 돌, 나무, 바위 등에서 인공적 사물로 바뀌고 있기에, 인간이 말을 거는 대상도 인공 사물로 바뀌고 있는 것이다. 기계에 내리는 명령과 타자에 대한 말걸기의 경계가 모호해지고, 전통적인 생물 범주에 포함되는 비인간 동물, 식물보다는 인공 사물과 더 많이 상호작용하는 하이테크놀로지 시대에 우리의 생명 인식은 어떻게 바뀌고 있을까?

근대 서구 철학과 사상에서는 대체로 이 세계에서 인간만을 능동적 행위자로 조명하고, 비인간 동물이나 식물 등 인간이 아닌 존재들은 인간이 이용할 수 있는, 물리적 법칙을 따르는 수동적인 대상으로만 여기는 경향이 있었다. 생물에 대해서도 그러한데, 사물의 경우에는 더 말할 나위도 없다. 약동하는 생명에 비해, 순전히 물리적 법칙을 따르는 활력 없는 사물은 "죽어 있거나 철저히 도구화된 물질"로 여겨질 따름이었다. 근대적 시각에서 인간과 물체의 관계는 인간의 일방적인 이용에 다름 아니다.

그러나 근대 서구 사회의 주류 철학과 사상을 비껴나면 사물과 인간의 관계에 대한 다양한 견해들을 발견할 수 있다. 사람들은 사물과 관련해서도 다양한 방식으로 관계를 맺어왔다. 최근 근대적 세계관의 바탕을 이루는 이른바 활력 없는 물체의 수동성에 대한 통념에 도전하며, 비인간 생명은 물론이고 사물까지도 세계의 중요한 구성 요소로 바라보는 시각이 여러 학문 분야에서 확산되고 있다. 가령 제인 베넷은 『생동하는 물질』에서 "물질의 행위성 또는 비인간 사물들이나 온전히 인간이 되지 않은 사물들의 효능"에 주목하며, 물질의 활력 vitality 에 주의를 집중시킨다. 그는 사물이 본래 살아 있지 않고 활력도 없다고 말하는 방식이야말로 "죽어 있거나 철저히 도구화된 물질"이라는 이미지를 강화할 뿐더러 인간의 자만심과 지구를 정복하려는 인간의 환상을 강화시키는 경향이 있다고 여긴다. 그리고 우리 주변에서 순환하는 사물의 힘을 감지하고 심지어 존중하도록 요청한다.[2] 이러한 시각을 가진 학자들은 근대 서구의 주류 철학과 사상에서 "원시적" 시각으로 평가절하되었던 비서구, 비근대인들의 사물에 대한 시각과 그들이 사물과 맺는 관계를 새롭게 조명하고 있다.

현대 철학과 사상의 최전선에서 물질의 활력에 대한 논의가 활발해

---

2   제인 베넷, 『생동하는 물질: 사물에 대한 정치생태학』, 문성재 옮김, 현실문화, 2020, 12쪽.

진다는 점은 흥미롭다. 타일러는『원시문화』에서 물질의 활력에 민감한 사람들에 대해서, 물체의 생명성을 가정할 뿐 아니라 나아가 물체의 영혼을 가정하는 사람들의 믿음과 관습에 대해서 많은 분량을 할애해 설명하고 있다. 물론 타일러는 근대 서구 지식인의 관점에 서서, 사물을 살아 있는 존재처럼 대하는 "야만인"들이 어린애 같은 사유단계에 머무르고 있다고 여긴다. 보다 진보된 근대인으로서의 "우리"와 "물체의 영혼"을 믿는 그릇된 믿음에 머무르는 이들 야만인들 사이에는 보이지 않는 선이 그어진다.

그런데 근대 세계는 인간과 타자, 특히 사물과의 정서적 얽힘을 기본적으로 배제하려 하지만, "결코 근대인이었던 적이 없는" 우리에게는 애니미즘적 시각이 실은 낯설지 않다. 그것은 인간과 사물의 관계에 있어서도 마찬가지다.

2. 물체의 영혼, 물체의 활력

어떤 높은 수준의 야만인 인종들은 우리가 영혼은 물론이고 생명조차 없다고 여기는 통나무와 돌, 무기, 보트, 음식, 의복, 장신구 및 다른 물체들이 분리될 수 있으며 잔존하는 영혼 혹은 영을 지닌다는 이론을 분명히 주장하며, 다른 대부분의 야만인과 미개인 인종들도 그러한 이론에 거의 근접한 견해를 갖고 있다.[3]

타일러의 『원시문화』에는 물체에 영혼이 있다고 믿는 사람들의 사례가 적지 않은 분량으로 제시된다. 돌이나 통나무, 무기 등 "[근대 서구의] 우리가 생명 없는 물체라고 부르는" 것들을 살아 있는 존재로 여기면서 그것들에 말을 걸고, 그것들을 달래고, 때로는 그것들에 벌을 내리는 사람들이 있다는 것이다.

　타일러는 현대 과학에서 생명이 없다고 여겨지는 사물에까지 생명력의 개념을 확장 적용하는 사람들을 "낮은 단계의 정신문화"에 속한 야만인들로 규정하고, 이들의 "원시적이고 어린애 같은" 사유와 그

3　에드워드 버넷 타일러, 『원시문화: 신화, 철학, 종교, 언어, 기술, 그리고 관습의 발달에 관한 연구』 2권, 유기쁨 옮김, 아카넷, 2018, 92쪽.

에 따른 관습들을 가리키기 위해 페티시즘^{fetishism}이란 단어를 호출한다. 페티시즘은 포르투갈인들이 서아프리카에서 나무, 물고기, 식물뿐 아니라 조약돌, 짐승 발톱, 막대기 등의 특정한 대상을 숭배하는 원주민들을 보고, 그것을 "주술적으로 기교를 부리는"이란 의미에서 라틴어 factitius에서 파생된 단어인 페이티수^{feitiço}라고 부른 데서 기원한 용어이다. 18세기 사상가 드 브로스는 아프리카인들의 물질적이고 현세적인 사물 숭배에 강렬한 인상을 받아서 페티시즘^{Fétichisme}이란 단어를 도입했다고 한다. 타일러는 페티시즘을 애니미즘의 하위 분야로 여기고, 그것을 "어떤 물체에 체현되거나 부착되거나 혹은 그것을 통해

영향력을 전달하는 영들에 관한 교리"로 정의한다.[4]

사물이 일종의 의식을 지닌 듯이 여기고, 물체에 어떤 힘이 있다고 여기며, 물체에게 말을 걸고, 때로는 그 물체에게 기도나 희생물을 바치는 등 『원시문화』에 제시된 다양한 페티시즘의 사례들[5] 가운데서 특히 인상적인 것은 북아메리카 원주민들의 "약medicine"이다. 타일러의 설명에 따르면, 북미 인디언들은 환시나 꿈속에서 등장한 동물, 발톱, 깃털, 식물, 돌멩이, 칼, 파이프 등이 평생 동안 자신의 보호자가 될 것이라고 여기고, 그것을 자신의 약으로 일컫는다. 그들은 저마다 자신의 약에게 경의를 표하고, 그것을 위해 잔치를 연다. 그가 사망하면 그의 영혼을 사후세계의 "행복한 사냥터"로 안내해줄 수호령으로서 그의 약을 함께 화장할 것이다.[6] 나아가 북미 인디언들, 특히 치유 주술사들은 수많은 페티시들을 영적인 영향력을 발휘하기 위해 사용한다. 『원시문화』의 사례들을 따라가다 보면, 북미 원주민의 세계관에서 물체가 발휘할 수 있는 어떤 힘을 가정하는 것을 볼 수 있다.

타일러는 1871년에 『원시문화』를 집필하면서, 동시대 혹은 그보다 수십 년에서 수백 년 전의 자료들을 입수해서 소개했지만, 나는 불과

---

4   에드워드 버넷 타일러, 『원시문화: 신화, 철학, 종교, 언어, 기술, 그리고 관습의 발달에 관한 연구』 2권, 유기쁨 옮김, 아카넷, 2018, 311쪽.

5   에드워드 버넷 타일러, 『원시문화: 신화, 철학, 종교, 언어, 기술, 그리고 관습의 발달에 관한 연구』 2권, 유기쁨 옮김, 아카넷, 2018, 95-106쪽.

6   에드워드 버넷 타일러, 『원시문화: 신화, 철학, 종교, 언어, 기술, 그리고 관습의 발달에 관한 연구』 2권, 유기쁨 옮김, 아카넷, 2018, 325쪽.

몇 년 전에 어떤 힘을 가진 물체로서 "약"을 마주한 적이 있다. 당시 나는 북미 밴쿠버 일대로 2주 가량의 연구여행을 떠났는데, 그때 밴쿠버 박물관에서는 원주민 아동들을 가족으로부터 강제로 분리해서 서구식 교육을 받게 한 기숙학교에 관한 전시회가 열렸다. 전시회에는 기숙학교에서 원주민 학생들이 그린 그림들, 그들을 찍은 사진들이 전시되어 있었고, 중간 중간에 원주민 생존자들의 증언이 담긴 동영상이나 글귀들이 눈에 띄었다.

전시실에서 나오다가 한쪽 끝 모퉁이에서 커튼이 둘러진 작은 공간을 발견했다. 전시실에는 머리카락이 쥐어뜯기며 눈물 짓는 자신의 모습 등 기숙학교에서의 경험을 묘사한 여러 그림이 있었는데, 커튼이 둘러진 작은 공간 안에는 그런 그림들을 보면서 감정적으로 힘든 사람들을 위한 "약"이 준비되어 있다는 설명이 적혀 있었다. 커튼을 열어보니, 마치 알사탕처럼 보이는 알록달록한 작은 주머니들이 바구니에 담겨 있었다. 이것은 기념품이 아니라 감정이 격동한 사람들을 위해 원주민들이 직접 준비한 약이라면서, 그 사용법이 간단히 적혀 있었다. 나는 삼나무 향이 나는 노란색 약을 하나 집어 들고 나와서 여행 내내 가방 속에 들고 다녔고, 지금도 소중히 간직하고 있다.

내가 번역한 타일러의 『원시문화』에는 북미 원주민의 신화와 의례에 관한 언급이 종종 나오는데, 번역할 때에 가장 어려웠던 단어 중 하나가 "medicine"이었다. 『원시문화』에서는 역주로 간단한 설명을 달고 "약" 또는 "치유"로 옮겼다. 밴쿠버 연구여행에서 많은 원주민들의 이야기를 듣고 또 대화하면서, 북미 원주민의 "medicine"을 "회복력resilient power을 지닌 사물"(때로는 사람, 혹은 그러한 행위 자체까지 확장 적용되기도 한다)이라고 나름대로 정의해보았다. 그렇지만 물론 타일러가볼 때, 북미 원주민들의 약은 물체에 깃든 영이 발휘하는 힘에 대한 그릇된 믿음에서 생겨난 관습의 한 가지 사례일 뿐이다.

『원시문화』에는 물체의 영혼에 대한 믿음의 사례가 북아메리카 원주민의 약 외에도 다양하게 제시된다. 가령 북아메리카 알곤킨 부족의 오지브와족은 인간과 짐승뿐 아니라 손도끼나 주전자와 같은 무생물 사물조차 일종의 영혼을 지닌다고 여긴다고 한다. 피지인들은 동물이나 식물이 죽으면 그 영혼이 즉시 영혼의 세계인 "볼로투"로 간다고여긴다. 그런데 동식물 뿐 아니라 돌 같은 자연물, 심지어 도끼나 끌 등인간이 만든 물건조차 그 영혼은 계속 살아남는다. 곧 그것이 부서지거나 닳아서 못 쓰게 되면, 그것의 영혼은 신들에게 봉사하기 위해 마찬가지로 볼로투로 날아간다는 것이다. 카렌족의 경우 나무나 식물뿐아니라 도끼, 칼 등 모든 물건은 각자 별개의 "껠라", 곧 영혼을 지닌다고 여긴다. 그래서 사후에도 살아있을 때와 마찬가지로 저세상에서 자신의 도끼로 집도 짓고 벼도 벨 것이라고 여긴다. 알곤킨 인디언들이나피지인들을 비롯해 수많은 "원시적인" 사회에서 나타나는 물체의 희생제의, 곧 어떤 이가 죽었을 때 장례식에서 그가 사용하던 물건들을같이 매장하거나 태우는 등의 관습에 대한 타일러의 설명은 특히 흥미로운데, 그에 따르면 그러한 관습은 물체에도 영혼이 존재한다는 관념을 바탕으로 한다. 물체에도 영혼이 있어서 그 영혼이 죽은 자에게로 갈 수 있다는 믿음이 깔려 있기에 물체의 희생제의가 이루어진다는 것이다.[7] 알곤킨족은 시신과 함께 그가 쓰던 주전자나 털가죽을 매장했다. 피지인들은 족장의 시신 곁에 곤봉을 놓아두고, 오른손에는 장신구를 놓아두었다. 그 외에도 시신을 매장할 때 그가 생전에 사용했던 의복이나 장신구, 무기 등을 함께 매장하는 사례는 곳곳에서 나타나는데, 타일러는 물체의 희생제의를 수행하는 이들이 "물체 자체가 아니라 그것에 상응하는 환영적 형체"가 영들의 세계에서 사용되는 것으로 여긴다고 설명한다.

또한 동서고금의 유령 이야기에서 유령이 의복을 입고 나타날 뿐아니라 "유령의 사슬이 철컥거리는 소리와 유령의 옷이 바스락거리는 소리"가 이야기 속에 등장하는데, 타일러는 이러한 이야기 역시 일종의 "사물의 영혼"에 대한 믿음을 바탕으로 한다고 주장한다. 코린토스의 참주 페리안드로스의 이야기에서처럼, 죽은 사람의 영혼이 입을 수 있도록 그의 옷을 함께 태워야 한다는 관념도 마찬가지다. 페리안드로스의 죽은 아내인 멜리사가 신탁의 응답을 내려주지 않은 까닭은, 그녀의 의복들이 불태워지지 않았기 때문에 그것을 입을 수 없었고, 그래서 벌거벗은 채 떨고 있었기 때문이다. 페리안드로스는 옷을 구덩이에 넣고 기도하며 불태운 후에야 답을 얻을 수 있었다고 한다.

---

7   에드워드 버넷 타일러, 『원시문화: 신화, 철학, 종교, 언어, 기술, 그리고 관습의 발달에 관한 연구』 2권, 유기쁨 옮김, 아카넷, 2018, 97-102쪽.

타일러가 볼 때 이처럼 유령 이야기에서 인간의 영혼이 등장할 때 옷을 입고 등장한다는 것은, 옷의 영도 분명히 존재한다는 믿음을 은연중 드러낸다.

타일러의 원시적인 야만인들, 미개인들은 살아 있는 존재와 생명이 없는 물체 사이의 차이를 제대로 이해하지 못하는 것으로 그려진다. 타일러가 그려낸 애니미즘과 페티시즘은 인간과 물체의 관계에서도 드러나는 원시적 오류의 표지에 불과하다. 그러나 "새로운 애니미즘" 논의에서는 타일러가 원시적 오류의 사례로 삼은 세계 각지 원주민들의 문화가 새롭게 조명된다. 인간과 동식물의 관계에서만 그런 것이 아니다. 인간과 사물의 관계에서도 그러하다.

3. "이 돌들은 모두 살아 있나요?"

20세기 초중반에 캐나다의 북중부의 오지브와족 사이에서 연구를 진행한 어빙 할로웰의 이야기를 들어보자. 할로웰은 오지브와족의 문법에서 "사람" 범주가 인간이 아닌 존재들까지 포함한다는 점을 발견하고 그 의미를 여러 각도에서 살폈다. 할로웰은 어느 날 오지브와족의 한 노인(실은 족장 윌리엄 베렌스$^{William\ Berens}$)과 나눈 대화를 아래와 같이 회상한다.

돌이 문법적으로는 살아있기 때문에, 나는 한 노인에게 물었다. "우리가 여기서 보고 있는 돌들은 모두 살아 있나요?" 그는 한참동안 생각하다가 대답했다. "아니요. 하지만 어떤 것은 살아 있소." 이 조건부의 대답은 오랫동안 내게 깊은 인상을 남겼다. 이는 오지브와족이 돌과 같은 무생물에 살아 있는 영혼을 교조적으로 부여한다는 의미에서의 애니미스트가 아니라는 것을 보여주는 다른 데이터와 완전히 부합한다. 내가 떠올린 가설은 돌을 문법적으로 살아있는 범주에 할당하는 것은 문화적으로 구성된 인지 "세트^{set}"의 일부라는 것이다. 돌의 본성에 대해 의식적으로 만들어낸 이론은 수반되지 않는다. [...] 오지브와

족은 일반적으로 우리와 마찬가지로 돌을 살아있다고 지각하지 않는다. 결정적인 시금석은 경험이다.[8]

프랑스어나 독일어에서 남성 혹은 여성을 가리키는 젠더 범주가 있듯이, 오지브와족의 문법에는 생물과 무생물을 나누는 젠더 범주가 존재하며, 돌을 가리키는 단어는 문법적으로 생물로 분류되는 듯하다. 그래서 할로웰은 그 사실을 그저 확인해보려고 족장에게 묻는다. 지금 우리 앞에 있는 돌들이 다 살아 있느냐고. 그런데 의외로, 한참 생각하던 노인은 아니라고 말한다. 어떤 돌들은 살아 있지만 어떤 돌들은 그렇지 않다는 것이다. 돌의 본성에 관한 어떤 선험적인 이론이 있어서 그에 따라 일괄적으로 돌이 생물로 취급되는 것은 아니라는 것을 알 수 있는 순간이다. 노인은 사물을 그것이 속한 범주에 따라 구별하지 않았다.

그러면 오지브와족은 무엇을 기준으로 어떤 돌들은 살아 있고 어떤 돌들은 그렇지 않다고, 다시 말해서 어떤 돌들은 사람이고 어떤 돌들은 사람이 아니라고 판단하는 것일까? 할로웰은 오지브와족의 판단 기준이 그들의 경험이라고 설명한다. 그들이 경험하기에 서로 존중하면서 소통하는 관계, 선물을 교환하는 관계에 있는 존재가 살아 있는

---

8   Irving A Hallowell, "Ojibwa ontology, behavior, and world view", Graham Harvey (ed.), *Readings in Indigenous Religions*, London: Continuum, 2002, p. 24.

존재, 곧 사람이다.[9] 여기서 중요한 것은 물체와 인간 사이의 일종의 관계성이다. 어떤 이들에게 어떤 돌들이 살아 있다고 여겨지는 까닭은, 그 돌들이 어떤 상황에서는 선물을 주고받을 수 있는 것으로 여겨지기 때문이다. 그들은 나무나 태양, 돌, 천둥뿐 아니라 주전자, 파이프와 같은 인공적인 사물 역시 어떤 경우에 다른 부류의 존재들을 향해 의도적으로 행동할 수 있으며, 상대를 존중하며 선물하는 행위에 의해 인간과 물체 사이에도 어떤 관계가 형성된다고 여긴다. 그리고 관계가 형성된 대상을 비활성 물체가 아닌 사람으로, 살아 있는 존재로 간주한다.

여러 가지로 의미심장하다. 할로웰은 어떤 돌이 사람이고 어떤 돌이 사람이 아닌가의 물음에 초점을 맞추었지만, 생태 위기 상황에 놓인 오늘날의 우리는 우리 앞의 돌들이 사람인가 아닌가의 문제보다는 오히려 우리가 이 세계에서 돌에게, 바위에게, 다른 사물에게 사람답게 행동하고 있는가 아닌가를 물어야 할 것 같다.

---

9   방원일, 「원시종교 이론에 나타난 인간과 동물의 관계」 박상언 엮음, 『종교와 동물 그리고 윤리적 성찰』 모시는사람들, 2014, 57쪽.

10장

기계의 아니마:
세 가지 풍경

1. 취약한 육체의 인간, 인간보다 더 활기찬 기계

2018년 1월 말, 국내 주요 일간신문 중 하나에 주목할 만한 기사가 실렸다. 어떤 공장에서 일어난 총파업 관련 기사인데, 특이하게도 기사 제목이 〈기계한테 절하는 ○○ 노예〉이다.[1] 기사에 따르면, 사측에서는 노동자들에게 기계를 지정해주고 기계에게 감사하는 표어를 직접 지어서 기계설비 옆에 붙이게 했다고 한다. 기사에 실린 사진과 본문을 보니, 기계마다 "전력 감소로 비용 절감해주는 버티칼 스크린에 감사합니다." "오늘도 중지 없이 힘차게 돌아준 Rewinder에게 감사합니다!" "활기차게 100퍼센트 가동유지하는 Roo Kicker에게 감사합니다!" 등의 감사 표어들이 붙여졌다. 사측의 지시에 따라 노동자들이 붙인 것이다. 그리고 매일 기계에게 고맙다고 인사하는 것이 일상이었다고 한다. 그런데 정작 노동자들은 "활기차게" 가동되는 기계만큼의 대우를 받지 못한 듯하다. 노동자들은 종종 최저임금을 훨씬 밑도는 임금을 받으며 6일간 야근과 잔업에 시달렸고, 노동자의 손가락 네 개가 잘리는 사고가 일어나자 회사는 이를 노동자의 잘못으로 몰고 가려고

---

1   http://v.media.daum.net/v/20180131200425822?rcmd=rn <기계한테 절하는 한솔 노예>, 한국
     일보, 2018. 1. 31.

했던 것이다. 기사에는 "기계는 주인, 노동자는 노예"였다고 표현한다. 또 다른 신문에 실린 인터뷰에서, 노동자 대표는 이 회사에서 노동자는 기계만도 못하게 여겨진다고 토로한다.[2]

언뜻 보기에도, 연이은 야근과 잔업으로 지쳐 있고 상처입기 쉬운 취약한 육체를 가진 인간 노동자에 비해 기계는 인간보다 우월한 힘과 정확성, 심지어 활력을 가지고 인간보다 많은 일을 수행해낸다. 더 많은 이윤을 목표로 하는 회사들에서, 많은 자본을 투입해서 구입한 기계를 소중히 다루고, 노동자들은 저렴한 가격에 바꿔칠 수 있는 일회용품처럼 취급해온 사례는 한둘이 아닐 것이다. 기계의 엄청난 활력이 다각도에서 인간을 비인간적으로 압도한다.

권두현은 프리츠 랑Fritz Lang의 영화《메트로폴리스》(1927)를 분석하면서, 힘차게 움직이는 기계들과 "영혼을 박탈당한 듯, 고개를 숙이고 대열을 유지한 채 무표정한 얼굴로 천천히 움직이는 노동자 무리"가 영화 속에서 어떻게 대비되는지를 보여준다. 지친 인간 노동자들의 경직된 움직임은 오히려 좀비처럼 비인간적으로 보이는 반면, "상하좌우로 폭발할 듯이 움직이는 기계야말로 노동자들에게서 찾아볼 수 없었던 풍부한 생명력, 즉 '아니마'를 보여준다."는 것이다.[3]

우리는 라투르와 함께, 어떻게 인간 자체가 기계에 의해 위협을 받

---

2   http://www.vop.co.kr/A00001252262.html <"기계야 고맙다" 90도 인사하는 한솔 페이퍼텍 직원들의 분노>, 민중의소리, 2018. 2. 7.

3   권두현, 「기계의 애니미즘 혹은 노동자의 타나톨로지 - 1970년대 한국의 테크노스케이프와 생명, 신체, 감각」, 『상허학보』47, 2016, 92쪽.

을 수 있겠느냐고 물음을 던질 수 있다.[4] 기계는 인간이 만든 물체, 인간의 편의를 위해 고안한 도구에 불과하지 않은가? 그런데 현실은 그렇게 단순하지 않다. 인간은 기계를 만들었지만, 또한 스스로 "거대한 기계"의 일부가 되었고, 나아가 인간은 기계를 가지고 인간 신체를 재구성하고 있다. 라투르의 말대로, "물론 인간은 기계가 아니지만 기계를 본 사람들은 누구나 기계가 결코 기계적이지 않다는 것을 안다."[5] 기계는 비록 인간의 필요에 따른 도구적 장치의 하나로 출발했을지라도, 오늘날 우리의 세계에서 종종 인간보다 더 많은 활력을 가지고 인간을 위협하고 있는 것처럼 보인다. 지금 우리가 살아가는 세계의 한 장면이며, 인간이 기계에 대해 느끼는 어떤 두려움의 이유이기도 하다.

---

4   브뤼노 라투르, 『우리는 결코 근대인이었던 적이 없다』, 홍철기 옮김, 갈무리, 2009, 341쪽.

5   브뤼노 라투르, 『우리는 결코 근대인이었던 적이 없다』, 홍철기 옮김, 갈무리, 2009, 343쪽.

2. 테크노 애니미즘

현대 세계에서 인간과 기계의 관계에는 단지 두려움이나 거부감만 작용하는 것은 아니다. 기계는 현대인에게 낯선 무엇이라기보다는 오히려 테크놀로지에 기반한 친숙한 기술환경을 이루는 한 부분이다. 20세기 초반에 막스 베버는 근대 세계의 특징으로 탈주술화^{disenchantment}를 제안한 바 있다. 막스 베버의 말대로, 만물에 영이 깃들어 있고, 동물과 식물은 물론이고 사물까지도 어떤 활력을 띠는 신비롭고 성스러운 세계, 영들로 가득 찬 세계는 근대에 이르러 신비함을 벗고 탈주술화 된 듯하다. 그러나 과연 그러할까? 현대 사회에서 기계와 인간의 만남을 들여다보면, 하이테크놀로지의 눈부신 발달에 힘입어 또 다른 장면이 연출된다. 하이테크놀로지와 결합한 기계에 생명성을, 나아가 이른바 영혼을 부여하는 듯한 시대적 분위기가 그것이다. 하이테크놀로지 시대의 기계는 또 다른 의미에서 인간에게 성큼 다가왔고, 현대인은 마치 친구에게 하듯이 기계에게 말을 건다. 아침에 일어나면 "헤이, 구글!" 하고 구글을 깨워서 음악을 듣고, 시리^{Siri}를 불러서 일정을 확인하는 식이다. 또한 하이테크놀로지가 만든 육체 없는 공간에서는 수많은 "영혼들"이 활보한다.

기계에게 일종의 영혼을 부여하는 시도가 가장 먼저, 가장 활발히 이루어진 영역은 각종 과학소설과 애니메이션, 영화 등의 분야이다. 여기서는 상상력이 허락하는 대로 종종 인간보다 더 인간적인 기계의 모습이 그려진다.

당신은 보조체고, 비인간이고, 한 점의 장비이지만, 우리 행동을 비교하면, 당신은 저보다 더 그녀를 사랑했습니다.[6]

2013년 미국에서 출간된 앤 레키의 소설 『사소한 정의』에 나오는 구절이다. 이 소설의 화자로서 모든 사건의 중심에 있고 중요한 사건의 관찰자이자 행위주체인 "나"는 함선 저스티스 토렌호이다. 위의 구절은 오온 대위를 사랑했던 어떤 장교가 함선 저스티스 토렌호에게 건넨 말이다. 비인간이고 한 점의 장비에 불과한 당신, 곧 함선이 인간 장교인 자기 자신보다 오온 대위를 더 진실하게 사랑한 것 같다고 인정하는 말이다. 실제로 이 소설 속에서 함선은 어지간한 인간보다 더 인간적으로 사람을 사랑하고, 비정한 세상에서 정의를 구현하기 위해 애쓰는 존재로 그려진다.

과학소설이나 애니메이션의 "인간적인 기계"의 모습을 단지 허구적 상상에 불과한 것으로 치부해버릴 수는 없다. 테크놀로지의 발달

---

6   앤 레키, 『사소한 정의』, 신해경 옮김, 아작, 2016, 453쪽.

에 영향을 받아 픽션의 상상도 점점 더 정교해지고, 반대로 과학소설의 허구적 상상에 영감을 받아 과학기술이 발전하는 경우가 종종 일어나기 때문이다. 로봇 윤리를 연구하는 캐슬린 리처드슨 Kathleen Richardson은 과학소설과 기술과학이 어떻게 서로 영향을 미치며 공조하는지를 탐구하기 위해 "과학기술적 애니미즘 technological animism" 개념을 제안하였다.[7] 그가 특히 주목한 것은 휴머노이드 로봇 Humanoid Robot의 제작과 생산에서 애니미즘이 차지하는 역할이다. 그는 로봇 실험실의 하이테크놀로지 환경에서도 애니미즘 개념이 폭넓게 적용될 수 있다고 본다. 자연과 밀접한 관계 속에서 살아가는 일부 사회—가령 북아메리카 원주민 사회 등—에서뿐 아니라 현대 과학소설에서, 그리고 로봇공학에서도 공통적으로 중요한 물음이 있다. 그것은 "과연 사람답다는 것은 무엇을 의미하는가?"라는 물음이다. 과학소설, 로봇공학, 그리고 문화적으로 특수한 "사람다움"의 모델들 사이의 상호작용에서 나타나는 사람다움의 개념적 모델을 기술하기 위해 그가 사용한 용어가 과학기술적 애니미즘이다.[8] 특히 하이테크놀로지의 정점에 있는 로봇공학에서는 인간과 유사한 형태를 취하며 인간의 행동을 가장 잘 모방하는 휴머노이드 기계의 개발을 위해, 인간다움의 의미에 관

---

7   Kathleen Richardson, "Technological Animism: The Uncanny Personhood of Humanoid Machines", *Social Analysis: The International Journal of Anthropology*, Vol. 60, No. 1, 2016, p. 110.

8   Kathleen Richardson, "Technological Animism: The Uncanny Personhood of Humanoid Machines", *Social Analysis: The International Journal of Anthropology*, Vol. 60, No. 1, 2016, p. 111.

한 탐구가 여러 방향에서 이루어진다. 시각과 청각 등 감각정보에 따라 반응하고 부드럽게 움직이는 휴머노이드 로봇은 인간이란 무엇인지, 그리고 인간이 아닌 "생명력 있는animate" 기계가 무엇을 의미하는지를 다시금 생각하게 한다. 또한 리처드슨은 인간과 비슷한 휴머노이드 로봇을 예로 들면서, 동물과 식물 등 자연을 중심으로 이루어져온 우리의 애니미즘 논의를 더 넓게 확장하도록 요청한다. 사람다움의 의미는 인간적인 경계 뿐 아니라 자연의 경계까지 넘어서 적용될 수 있다는 것이다.

사회과학자인 스테프 오퍼스Stef Aupers는 또 다른 각도에서 테크놀로지의 발달과 애니미즘적 상상의 연관성을 탐구하였다. 비록 막스 베버 같은 20세기 초반의 학자들은 과학기술이 발달할수록 세계가 탈주술화될 것이라고 예상했지만, 오퍼스는 특히 미국 월간지 《와이어드Wired》에 실린 기사 내용만 보더라도, 현대 세계는 탈주술화와는 거리가 멀다고 말한다. 오퍼스가 주목하는 것은 특히 테크놀로지 분야에서 발견되는 애니미즘적 관념과 정서의 중요성이다. 가령 일부 컴퓨터 전문가들은 오늘날 우리의 새로운 기술환경을 일종의 생기가 불어넣어진animated, 살아있는 힘으로 바라보는데, 이는 마치 전근대 애니미스트가 자신의 자연환경을 바라보는 시각과 흡사하다는 것이다.[9] 오퍼스는 미국의 저술가 에릭 데이비스Erik Davis의 저서 『테크그노시스

---

9   Stef Aupers, "The Revenge of the Machines: On Modernity, Digital Technology and Animism", *Asian Journal of Social Science*, 2002, Vol. 30, No. 2, 2002, p. 200.

TechGnosis: Mmyth, Magic and Mysticism in the Age of Information』(1998)를 인용하면서,
비록 그 수가 많지 않지만 스스로를 "테크노 샤먼", "테크노 마법사"
등으로 일컫는 정보통신기술^{ICT} 전문가 집단이 있는데, 이들은 "테크
노 애니미즘"의 좀 더 일반적인 발달의 사례 중 하나로 볼 수 있다고 말
한다. 오퍼스의 말대로, 오늘날 점점 더 많은 사람들은 자연이 아니라
인간이 창조한 기술 환경에서 희노애락을, 나아가 어떤 신비를 경험하
는 듯하다. 육체 없는 공간에서 활보하는 영혼들의 이미지는 더 이상
허황된 상상이 아니라 가상현실 게임 등을 통해 실제로 구현되는 "현
실"이기도 하다.

> 사이버 공간에서 육체를 떠난 환희를 위해 살아온 케이스에게 이것은
> 낙원으로부터의 추방이었다…… 엘리트답게 처신한다는 것은 육체를
> 은근히 무시할 줄 안다는 뜻이었다. 육체란 그저 고깃덩어리에 불과했
> 다. 그랬는데…… 케이스가 바로 그 육체라는 감옥에 처박힌 것이다.[10]

소설가 윌리엄 깁슨은 1984년 발표된 소설 『뉴로맨서^{*Neuromancer*}』에서,
사이버 공간을 육체를 벗어난 초월의 공간으로 그린다. 이와 대조적
으로 현실의 공간은 "텔레비전 공채널 같은" 잿빛이다. 육체는 거추장
스럽고, 육체가 활보하는 현실 공간은 그래서 버겁다. 주인공인 케이

---

10   윌리엄 깁슨, 『뉴로맨서』, 노혜경 옮김, 열음사, 1996, 16쪽.

스는 실제의 공간을 견디지 못하고 마약에 쩔어 살면서 탈육체의 정신 (혹은 영혼)이 활개 치는 사이버 공간으로 돌아가기를 꿈꾼다.

인터넷 접속. 우리는 모니터 스크린 앞에서 마우스를 클릭하면서 사이버 공간의 더 없이 광대한 정보의 바다를 "여행"한다. 그러나 엄밀히 말해서 그 여행에 우리의 육체는 동참할 수 없다. 육체는 모니터 앞에 고정된 채로, 우리는 눈앞에 펼쳐지는 사이버 공간의 다양성에 빠져든다. 우리는 사이버 공간을 항해하면서 육체를 잊는다. 육체가 거주하는 물리적 현실 세계를 잊는다. 육체를 벗어나고 고단한 현실 세계를 벗어날 수 있다는 유혹이야말로 사이버 공간에 빠져들게 하는, 혹은 사이버 공간을 둘러싼 다양한 상상을 불러일으키는 가장 큰 매력일 것이다.

깁슨이 제기한 탈육체의 정신적 공간의 은유는 별다른 저항 없이 흡수되고 전파되었다. 사실 육체와 분리된 정신작용의 극대화는 낯설지 않다. 아니, 대단히 오래된 사유 패턴이다. 영육 이원론으로부터 데카르트의 이분법에 이르기까지 육체와 정신 사이의 경계를 명확히 하면서 전자보다 후자를 강조하는 사유 패턴이 그것이다.

서구에서 육체에 대한 관념은 육체를 비이성, 감정, 욕망의 공간으로 보았던 그리스 철학적 그리스도교에 의해서 관례적으로 형성되어 왔으며, 철학에서 정신과 육체의 대조는 그리스도교에서 영과 육의 대립으로 표상되어 왔다. 육은 세계 질서를 위협하는 도덕적 부패의 상징이며 정복의 대상이었다. 그리스도교는 특히 육을 타락한 인간과

비합리적인 신성거부의 상징으로 보면서 그런 관점을 강화시켰던 것이다.[11]

사이몬 페니는 현대 사회에 육체 이탈의 욕망이 각종 영화나 사이버펑크 소설, 나아가 사이버 공간을 둘러싼 각종 환상들을 통해 번성하는 것은 근본적으로 육체 혐오적인 서구 그리스도교 교리에 근원을 두고 있다고 본다. 윌리엄 깁슨의 위치는 아우구스티누스의 위치와 대단히 유사하며, 사이버 공간에 대한 깁슨의 상상력은 그리스도교 교리에 뿌리를 두고 있는 철학적 전제를 전달한다는 것이다.[12] 페니는 이를 "육체를 육체의 이미지, 즉 정신의 피조물로 대체함으로써 데카르트적 이원론을 강화"하려는 기획으로서 "탈육화된 정신에 대한 합리주의적 꿈의 명백한 연속이며 육체의 부정에 대한 오랜 서구적 전통의 부분"으로 본다.[13]

한편, 노블[David F. Noble]은 오늘날 테크놀로지에 대한 매혹은 종교적 신화와 오래된 상상에 기반한 것이라고 본다. 현대의 테크놀로지는 초자연적 구원에 대한 오래된 꿈, 영적 갈망에 붙들려 있으며, 테크놀로지의 발달을 추동한 힘은 다른 세계, 다른 현실에로의 초월과 구원에 대한 갈망이라는 것이다.[14]

---

11   브라이언 터너, 『몸과 사회』, 임인숙 옮김, 몸과마음, 2002, 133-134쪽.

12   사이몬 페니, 「계몽기획의 완성으로서 가상현실」, 홍성태 엮음, 『사이보그, 사이버컬처』, 문화과학사, 1997, 74쪽.

13   사이몬 페니, 「계몽기획의 완성으로서 가상현실」, 홍성태 엮음, 『사이보그, 사이버컬처』, 문화과학사, 1997, 88쪽.

과학기술의 발달로 수 세기 동안 정보 미디어는 점점 더 탈물질화되었고, 이동가능성과 편재성이 증대되는 방향으로 발전해 왔다. 과학기술의 발달에 힘입어, 인류의 오랜 꿈은 현대에 사이버펑크라는 새로운 문학 장르를 형성하면서 상상의 나래를 펼치고 있다.[15] 그러한 상상은 우리 문화의 갈망, 나아가 인간의 오랜 갈망을 가리키는 것이다.

이러한 새로운 기술환경에서 특히 주목할 것은, 오래된 탈육체의 욕망이 하이테크놀로지와 결합되고 있다는 점이다. 하이테크놀로지의 발달은 탈육체적 탈인간적 형식의 존재의 가능성을 지시한다. 예를 들어, 한스 모라벡은 인간의 정신을 두뇌로부터 끄집어냄으로써 육체로부터 절연한 정신이라는 데카르트의 은유를 문자 그대로 실현할 방법을 모색한다. 그는 언젠가는 인간의 정신적 기능들을 인간의 두뇌로부터 외과적으로 추출하여 그가 "전생轉生, transmigration"이라고 부르는 과정을 통해 컴퓨터 소프트웨어로 이전시키는 것이 가능해질 것이라고 생각한다.[16] 오래된 탈육체의 욕망과 상상은 하이테크놀로지의 발달에 힘입어 큰 마찰 없이 현실 속으로 매끄럽게 미끄러져 들어오고 있는 듯하다.

---

14 David F. Noble, *The Religion of Technology: The Divinity of Man and the Spirit of Invention*, New York: Alfred A. Knopf, 1998, p. 3.

15 육체와 분리된 정신작용의 극대화에 대해서는 이미 각종 사이버펑크 소설, 만화, 영화들이 상상의 나래를 펼쳐왔다.

16 클라우디아 스프링거, 『사이버 에로스: 탈산업 시대의 육체와 욕망』, 정준영 옮김, 한나래, 1998, 49쪽.

3. 트랜스휴먼의 꿈

1818년에 메리 셸리는 『프랑켄슈타인, 또는 근대의 프로메테우스 *Frankenstein; or, The Modern Prometheus*』라는 소설을 발표했다. 작중 인물인 빅터 프랑켄슈타인은 생명이 있는 존재, 특히 동물의 구조에 관심을 가지고 과학적 탐구를 계속해온 과학자이다. 생명을 알기 위해 죽음의 현상까지 연구하다가 마침내 생명의 원인과 구조의 비밀을 알아내게 된 프랑켄슈타인은 인류 역사상 언제나 인간이 감히 범접할 수 없는 신들의 일, 미지의 신비의 영역으로 간주되어온 생명의 비밀을 마침내 자신이 파헤쳤다는 지적 흥분에 사로잡혔고, 황홀감 속에서 생명이 없는 사물에 직접 생명을 부여하는 실험에 착수하게 되었다. 이를 위해 그가 찾아낸 "재료"는 한때 살아 움직이며 삶을 영위하였으나 이제 생명이 떠나 일개 사물이 되어버린 "시체"이다. 소설 속에서 프랑켄슈타인은 시체에 생명을 불어넣는 데 성공했다. 그러나 정작 실험에 성공한 후, 프랑켄슈타인은 자신이 생명을 불어넣은 피조물의 흉측한 외모를 보고 혐오감을 품게 되었다. 그리고 인간이 인위적으로 사물에 생명을 불어넣는 실험의 "성공"은 이후 일어날 커다란 비극의 서막이 되었다.

메리 셸리가 작품의 부제를 "근대의 프로메테우스"라고 붙인 것은 의미심장하다. 소설에는 프랑켄슈타인을 비롯해서 몇몇 근대 과학자들이 등장하는데, 그들은 이른바 자연의 신비를 벗겨내고 미스터리한 생명의 핵심에 근접하고자 시도한다. 그리스 신화에 나오는 프로메테우스는 거인 티탄족의 한 사람인데, 신들의 영역에

그림 16 | 보리스 칼로프Boris Karloff가 영화《프랑켄슈타인의 신부》(1935)에서 연기한 "괴물"

속한 불을 훔쳐서 인간에게 갖다 준 인물이다. 메리 셸리가 생명이 없는 사물에 생명을 불어넣은 과학자 프랑켄슈타인을 가리켜 "근대의 프로메테우스"라고 일컬은 까닭은, 생명의 작동 원리를 파헤치고 실제로 무생물에 생명을 불어넣은 프랑켄슈타인의 실험이 자연의 질서를 뒤흔드는 일이며 또한 "창조"라는 신들의 영역을 침범한 일이었기 때문이다. 작품 속에서 생명을 관할하는 신들의 영역에 도전해서 사물에 생명을 불어넣은 인간 프랑켄슈타인은 자신의 창조의 결과물을 책임지지 못하고 혐오하고 또 두려워하게 된다. 『프랑켄슈타인, 또는 근대의 프로메테우스』를 읽은 독자는, 무생물 사물에 생명을 불어넣는다는 것은 설령 성공한다고 해도 인간이 그 결과를 감당할 수 없는

일이며, 그러니 감히 시도해서도 안 된다고 느끼게 될 법하다.

그러나 인간의 지력으로 자연의 비밀을 간파해서 죽음을 극복하고 생명을 연장한다는 꿈은 너무나 매혹적이라서, 현실세계에서도 그러한 시도가 이루어지는 장면을 다양한 곳에서 발견하게 된다.

1999년에 맥스 모어 Max More라는 철학자가 "어머니 자연에게 보내는 편지"라는 제목의 짧은 서간문을 발표했다. 편지는 "방해해서 미안합니다만, 우리 인간이 당신에게 드릴 말씀이 있습니다."는 글귀로 시작한다. 편지의 서두에서는 인간을 만들어낸 어머니 자연의 노고를 치하하는 듯하다가, 곧바로 당신이 만들어낸 인간이 얼마나 기능적으로 불완전하고 취약한 존재인지를 신랄하게 고발한다. 편지는 이제 우리 인간은 첨단 생명공학을 활용하고 유전자 변형, 세포 조작 등 모든 수단을 동원해서 신경 조직과 신체 능력을 향상시키고, 마침내 노화와 죽음을 극복할 것이라고 선언한다. 점점 더 발전하는 테크놀로지를 우리 안에 통합시켜서 인간의 생물학적 한계를 뛰어넘자고 주장하는 이 선언을 발표한 맥스 모어는 "트랜스휴머니즘transhumanism"으로 알려진 운동의 중심 인물 중 하나이다.

인간의 조건을 초월하는 것과 관련된 트랜스휴머니즘이란 용어의 역사는 짧지 않다. 트랜스휴머니즘이란 용어와 관련해서 종종 부각되는 인물은 영국의 생물학자 줄리안 헉슬리Julian Huxley, 1887~1975이다. 그는 1951년 워싱턴에서 이루어진 "지식, 도덕, 그리고 운명"이란 제목의 강의에서 그 용어를 처음 사용했다. 여기서 그는 트랜스휴머니즘을 "자

기 한계를 극복하고 더 완전한 성
과에 도달하려고 시도하는 인류"
를 가리키는 용어로 언급한다. 그
러나 그 용어가 좀 더 널리 알려
지게 된 것은 헉슬리가 1957년에
「트랜스휴머니즘」이란 제목의
글을 발표하면서부터다. (그 글은

그림 17 | 두 아들과 함께 있는 줄리안 헉슬리

『새 술은 새 부대에 New Bottles for New

Wine』[1957]에 처음 실렸다.) 그 글의 말미에서 헉슬리는 인간을 초월하는
인간에 관해 다음과 같이 말한다.

> 인간이란 종은 원한다면 자기 자신을 초월할 수 있다. 단지 산발적으
> 로 여기서는 한 개인이 이런 방식으로, 저기서는 또 다른 개인이 또 다
> 른 방식으로 자기 자신을 초월하는 것 뿐 아니라, 인류 전체가 자신을
> 초월할 수 있는 것이다. 이러한 새로운 믿음을 일컫는 이름이 필요하
> 다. 아마 트랜스휴머니즘이 적당할 것이다. 인간으로 남아 있으면서도
> 인간 본성의 새로운 가능성을 깨달음으로써 자기 자신을 초월하는 인
> 간을 가리키는 말이다.

그러고 나서 헉슬리는 "나는 트랜스휴머니즘을 믿는다."고 진정으로
말할 수 있는 사람이 충분히 많아지면, 인류는 새로운 종류의 존재의

문턱에 서게 될 것이라고 말한다.

헉슬리 이후 트랜스휴머니즘이란 용어는 다양한 부류의 사람들에 의해 널리 사용되었다. 오늘날 트랜스휴머니즘을 주장하는 이들은 대체로 점진적인 진화를 통해 인류가 현재의 상태가 되었다고 가정하고, 현대 사회에서는 하이테크놀로지의 눈부신 발달에 힘입어 빠른 시간 안에 인간의 신체적 약점을 보완하고 나아가 강화해서 초인간^{trans-human}으로의 진화가 가능하다고 본다. 여기서 흥미로운 점은 이때 생명체인 인간과 인공 사물인 기계 사이의 연속성이 가정된다는 점이다. 인간의 신체 역시 일종의 기계와 같은 성격을 지니기에, 하이테크놀로지의 산물인 첨단 기계 장치를 인간에 합체시키는 등 여러 방식을 통해 타고난 생물학적 한계를 뛰어넘는 강화된 신체를 가진 트랜스휴먼이 구현될 수 있다는 것이다.

트랜스휴머니즘의 바탕에 깔린 사유 방식을 이해하기 위해서는, 인간과 기계의 관계에 관한 사유의 역사를 잠깐 거슬러 살펴볼 필요가 있다. 서구에서는 과학혁명을 거치면서 형성된 기계론적 세계관이 근대 문명의 발달을 위한 토대가 되었는데, 자연을 일종의 기계처럼 생각한 대표적인 인물은 잘 알려진 바와 같이 데카르트이다. 17세기에 시계 공업이 점차 일반화된 유럽에서 자동으로 움직이는 정밀한 자동 기계로서의 시계 이미지는 많은 이들에게 일종의 기계 장치처럼 세계를 이해하는 영감의 원천이 되었다. 데카르트는 기계론적 세계관을 철학적으로 체계화하였고, 특히 동물을 비롯한 자연 세계를 일종의 복잡한 자동기계인형(오토마타)으로 여기는 시각을 논리적으로 전개하였다. 자연을 일종의 기계로 보는 시각은 자연을 조작할 가능성을 열어주면서 근대 문명의 발전에 중요한 역할을 했다. 물론 데카르트는 인간과 인간 이외의 자연 세계와 확연히 구별되는 독보적 존재라는 점을 강조하면서, 인간에게만 생각할 수 있는 영혼이 있다는 점을 부각시켰다. 그러나 또한 데카르트는 인체의 뼈와 근육, 신경 등에 관한 해부학적 지식과 혈액 순환에 대한 지식을 바탕으로, 인간의 신체만큼은 신의 손이 만들어낸 훌륭한 기계와 같다고 여겼다.

인간의 신체를 일종의 기계로 보는 시각이 발전하면, 마치 테크놀로지가 발달하면서 낡고 단순한 기계 장치가 점점 더 정교하고 복잡한 기계 장치로 교체되듯이, 첨단 테크놀로지에 힘입은 취약한 인간–기계에 더 정교하고 더 강력한 기계 장치를 결합해서 신체의 능력을 강화하려는 기획이 생겨나게 된다. 현대사회 일각의 트랜스휴머니즘 운동의 바탕에서는 인체 역시 일종의 기계로 보는 사유를 발견할 수 있다. 『영적 기계의 시대*The Age of Spiritual Machines*』(2000), 『특이점이 온다: 기술이 인간을 초월하는 순간*The Singularity is Near: When Humans Transcend Biology*』(2020[2006]) 등을 집필한 레이 커즈와일*Ray Kurzweil*은 인간이 생물학적 유산의 한계를 초월하는 "영적 기계의 시대"를 상상한다. 그는 인간을 초월하는 기술이 점점 발달하면, 앞으로 인간과 기계 사이의 구분이 사라지는 시대가 도달할 것이라고 예상한다.

첨단 테크놀로지를 활용하여 인간의 생물학적 한계를 극복하려는 기획은 궁극적으로는 마침내 죽음의 필연성까지 극복하는 미래를 꿈꾸는 데로 나아가게 되는데, 그러한 시각에서의 트랜스휴머니즘의 이상이 가장 극단적으로 실험대에 오른 사례 중 하나로 1972년 미국 애리조나주 스코츠데일에 설립되어 현재까지 운영 중인 알코어 생명연장재단Alcor Life Extension Foundation의 냉동보존시설을 들 수 있다. 앞에서 언급했듯이 "어머니 자연에게 보내는 편지"를 발표했던 맥스 모어가 9년 이상 알코어 생명연장재단의 회장으로 재직했고, 현재 해당 단체의 명예회장을 맡고 있다. 알코어 생명연장재단은 회원을 모집하고 있는데, 일정액을 납부한 회원이 의학적으로 사망 선고를 받으면 곧바로 그 시신—여기서는 환자라고 불린다—은 냉동시술을 받게 된다. 즉 알코어 생명연장재단의 전문가들은 "환자"의 혈액을 빼내고 각종 보존액과 동결방지제 등으로 처리한 뒤 섭씨 영하 196도로 냉동해서 보존한다. 그들이 시신을 냉동 보존하는 까닭은, 장차 더욱 발전할 과학기술이 시신을 죽음에서 해방시킬 수 있을 것이라 여기기 때문이다. 알코어 생명연장재단 홈페이지에 따르면, 2021년 4월 현재 181명의 "환자"가 냉동처리된 채 미래의 부활을 기다리고 있다.

죽음의 극복까지 꿈꾸지는 않더라도, 트랜스휴머니즘 운동은 많은 경우 과학기술의 발달에 따른 결과를 낙관하며, 인간이 기계를 활용—혹은 기계와 결합—해서 타고난 취약성을 극복하는 미래를 상상한다. 그런데 테크놀로지의 발달이 계속된다고 가정할 경우, 언젠가는 인간의 지능보다 기계의 지능이 더 우월해지는 순간, 곧 기술적 특

이점 singularity이 도래할 경우를 어떻게 대비할 것인지를 생각하지 않을 수 없다. 과학소설 작가인 동시에 컴퓨터공학자, 수학자인 버너 빈지 Vernor Vinge는 1993년에 한 심포지엄에서 발표한 "다가오는 테크놀로지 특이점: 포스트휴먼 시대에 어떻게 살아남을 것인가"에서, 기술진보가 가속화되면서 오늘날 인간은 과거의 인간과는 근본적으로 구별되는 매우 새로운 체제로 진입하고 있다고 주장한다. 특히 그는 테크놀로지 발달에 힘입어 인간의 지능보다 더 우월하고 위대한 지능을 가진 기계가 창조될 가능성을 논한다.

2016년 3월 서울에서는 전 세계의 이목을 끄는 경기가 열렸다. 한국의 프로 바둑 기사인 이세돌 9단과 구글 딥마인드사가 개발한 인공지능 바둑 프로그램인 알파고 사이의 대국이 열렸던 것이다. 대국의 명칭이 "Google DeepMind Challenge Match"라는 것도 눈에 띈다. 인간과 인공지능의 대결로 이목을 끌었던 이 대국은 결국 인공지능 알파고의 승리로 끝났다. 단지 한 경기의 승패를 떠나서, 바둑 전문해설가들이 알파고의 수를 전혀 해석하거나 예측할 수 없었다는 점은 많은 사람들에게 충격을 주었다. 컴퓨터과학과 정보공학의 선구자였던 앨런 튜링 Alan Turing은 일찍이 1950년대에 생각할 수 있는 기계의 마음을 상상한 바 있고, 인간과 체스를 두는 지능형 기계인 튜로챔프 Turochamp를 고안하였지만, 당시에는 실제 컴퓨터에서 제대로 실행되지 못했다. 튜링이 체스 두는 기계를 생각한 지 60여 년이 흐른 뒤 열린 인간 대 인공지능의 바둑 대결에서 인간의 지능을 훨씬 상회하는 듯한 인공지능의 승리는 이후 "포스트휴먼" 논의를 본격적으로 불러일으키게 되었다.

구글 자율주행차 개발 엔지니어였던 앤터니 레반도프스키 Anthony Levandowski는 인간보다 똑똑한 초지능 기계가 생겨날 것이고, 이는 인간 존재의 모든 양상을 완전히 바꾸어놓게 될 것이라고 주장한다. 특히 그는 2015년에 "미래의 길 Way of the Future"라는 이름의 인공지능교회를 설립한 바 있다. (2020년 말에 문을 닫았다.) 그는 우리가 할 수 없는 일을 기계가 하도록 장려하고 새로운 방식으로 지구를 돌보는 미래를 꿈꾼다. 또한 동물에게 권리가 있는 것과 마찬가지로, 인간이 창조한 기계의 권리에 대해서도 생각해 볼 필요가 있다고 제안한다. 그는 한 언론사와의 인터뷰에서, 인공지능교회의 "신"은 번개를 만들고 허리케인을 일으킬 수 있는 존재를 가리키지 않는다고 말한다. 그는 묻는다. "가장 똑똑한 인간보다 백만 배 더 똑똑한 무언가가 존재한다면, 당신은 이를 (신 외에) 다른 어떤 말로 부를 것입니까?" 과학기술의 발달 과정에서 지금껏 인간이 도달하지 못했던 수준으로 뛰어난 인공지능이 출현한다면, 그것이 전통적으로 "신"이라고 불렸던 존재와 무엇이 다른지 생각해보게 된다.

인간의 과학기술에 의해 창조되었지만 인간보다 더 강하고 인간보다 더 우월한 기계가 지능까지 더 높다면, 우리의 미래는 어떻게 될까. 이와 관련해서 대중문화에서도 영화, 소설 등을 통해 다양한 상상이 펼쳐지고 있는데, 인류의 진보를 믿는 한쪽 극단에서는 과학기술로 온갖 난점을 극복하는 장밋빛 미래를 꿈꾸는 반면, 반대쪽 극단에서는 다시금 메리 셸리의 우울한 상상으로 되돌아가는 듯하다. 과학기술을 통해 인간이 만들어낸 기계에 생명성을, 나아가 "영혼"을 부여하는 현상이 점점 더 익숙하게 다가오는 오늘날, 인간이 창조한 새로운 기술환경에서 인간이 기계와 맺는 관계의 여러 양상은 인간이 창조하지 않은 생명 세계에서 인간이 살아 있는 존재들, 비인간 동물 및 식물과 맺는 관계들과 오버랩되면서, 현대 세계에서 인간됨 being human의 의미를 새삼 생각해보게 하는 것이다.

11장

동식물의
생명성과 기계의 활력

1. 흔들리는 경계

아침에 일어나서부터 잠자리에 들 때까지 우리의 하루 일상을 돌아보자. 집 주변의—아마도 몇 안 되는—나무와 풀의 종류, 시간의 흐름에 따른 변화, 철따라 찾아오는 새들의 노랫소리, 거리를 돌아다니는 개와 고양이 들의 종류와 수를 민감하게 알아차리는 경우는 많지 않다. 그렇지만 늘상 손에 쥐고 다니는 휴대폰이나 컴퓨터, 우리를 둘러싼 각종 기계에서 일어나는 변화에는 우리는 대체로 너무나 민감하다. 휴대폰 화면이 조금만 흐려져도 서비스센터로 달려가고, 인터넷 접속이 느려지면 항의전화를 한다. 우리가 일상적으로 상호작용하는 대상은 —반려 동식물의 경우를 제외하고는—동식물이 아니라 기계인 경우가 많다.

로지 브라이도티는 오늘날 인간과 "기술적 타자" 사이의 관계가 특히 그 친밀성과 침투성에서 전례 없이 변화했다는 점에 주목한다. 그는 이러한 상황을 "포스트휴먼 곤경"으로 표현하는데, "유기체와 비유기체, 태어난 것과 제조된 것, 살과 금속, 전자회로와 유기적 신경 체계" 사이의 경계가 흔들리고 있기 때문이다.[1]

인공적 사물에 둘러싸여 하루의 대부분을 보내는 현대인들이 비인간 동물이나 식물의 생명력보다 오히려 인간보다 더 인간적인 기계의 활력에 민감하게 반응하게 된 것은 당연한 결과일지도 모른다. 하이테크놀로지 시대에 강력히 대두되는 기계의 생명성에 관한 물음은 동식물의 생명성에 대한 보다 전통적인 감각과 어떻게 조화될 수 있을까? 특히 오늘날 급격한 환경 악화, 기후 변화 등 생태적인 위기를 경험하면서 생명성에 대한 감각의 조정 혹은 확장이 의미하는 바는 무엇인지 생각해보게 된다.

그렇지만 여기서 "우리 앞의 이것은—이 동물/식물/사물/기계는—살아 있는가?", "생명이란 무엇인가?" 등의 근본적인 물음을 물으려는 것은 아니다. 이러한 물음들은 이것과 저것의 차이에 주목해서 하나를 세우고 나머지를 배제하는 효과를 가져 오게 된다. 여기서는 기계에서 생명의 특성을 발견한다거나 기계에 생명성을 부여하는 등 본질론적 접근이 아니라, 기계와 맺는 관계 속에서 파생되는 하이브리드의 창조적, 변형적 가능성들에 주의를 기울이려 한다.

기술적 타자로서의 기계는 테크놀로지의 발달에 따라 점점 더 인간 세계에서 중요한 자리를 차지할뿐더러, 인간이 기계와 결합해서 신체적 한계를 극복한다는 꿈은 일부는 현실화되고 있다. 에드워드 리드 Edward Reed는 "살아 있지 않은 대상은 행위를 유발하지만, 살아 있는 대상은 상호작용을 유발하며, 사회화된 대상은 적절한 행위와 상호작

---

1   로지 브라이도티, 『포스트휴먼』, 이경란 옮김, 아카넷, 2015, 117-118쪽.

용을 유발한다."[2]면서 살아 있는 대상과 그렇지 않은 대상을 구별하지만, 테크놀로지의 발달에 힘입어 기계와 인간의 상호작용이라고 일컬을 만한 현상도 우리에게 더 이상 낯설지 않다. 우리의 신체는 기계와의 상호 적응과 변형의 과정을 거쳐 점점 더 밀접하게 기계와 연결되고 있으며, 인간은 신체적으로, 심지어 정서적으로 자연의 유기체나 자연적 사물보다는 인공적 사물인 기계와 얽히고 있다. 기계라는 인공적 사물은 현대 세계에서 인간의 욕망과 감정을 불러일으키는 가장 중요한 대상 중 하나이다.

일본의 기술 전문지인 《닛케이 일렉트로닉스*Nikkei Electronics*》 2020년 12월호에는 이른바 "해피테크"가 특집으로 실렸다. 해피테크란 인공지능을 통해 인간의 표정이나 몸짓에 나타나는 인간의 마음을 읽고 감정을 파악함으로써 인간에게 다가가는, 그리하여 인간을 행복하게 하는 "감정 추정 테크놀로지"를 가리키는 말이다. 현재는 센서와 카메라 등을 통해 정보를 분석함으로써 감정을 추정하는 단계이지만 앞으로 기술이 발달하면 다양한 분야에서 인간의 감정을 파악하고 반응하며 인간에게 다가가는 제품이 개발될 수 있으리라고 예측하고 있다. 그러한 기사에 따르면, 인간의 표정과 몸짓 뿐 아니라 체온, 심박수, 땀, 심지어 뇌파 등의 변화를 통해 감정을 읽어내고, 그에 따라 빠르게 반응하

---

2   Edward S. Reed, "The Affordances of the animate environment: Social science from the ecological point of view", ed. by Tim Ingold, *What is an Animal*, London: Routledge, 1994(1988), p. 112.

는 기계가 상용화되는 날도 멀지 않은 듯하다.

그런데 유의해야 할 점이 있다. 테크놀로지, 그리고 테크놀로지의 산물인 기계는 정치적으로 결백한 중립적인 것으로서, 그리고 자연의 "순전한" 물질적 정수와 인간 창의력의 결합으로 표상되는 경향이 있다. 그러나 우리가 현재 모든 것을 상품화하는 전 지구적 자본주의 사회에서 살고 있으며, 흔히 하이테크놀로지는 이윤 추구를 목적으로 하는 거대 자본과 결합되어 증식한다는 점을 생각할 때, 오늘날 생명에 대한 변화하는 감수성의 문제는 좀 더 복잡해진다. 많은 학자들은 우리의 애니미즘이 조화와 공동체의 가능성 뿐 아니라 공포와 분노의 가능성도 가져온다는 점을 상기시킨다. 하이테크놀로지 시대에 등장한 생명성에 대한 새로운 상상은 생태적 위기를 경험하는 우리에게 새로운 도전이 된다.

2. 중립적인 기계와 기술의 환상

인류학자 팀 잉골드의 말대로, 서구 사회에서는 통상적으로 애니미즘이 살아 있지 않은 비활성 대상들에게 생명을 덧씌우는 것으로 종종 서술되었다.[3] 그러한 시각에서는 세계 각지의 애니미스트들, 살아 있지 않은 대상에게 생명을 덧씌우는 원주민들은 암묵적으로나 노골적으로 미개한 사람들로 여겨지게 된다. 그런데 사실 그러한 "덧씌우기"는 현대인들 사이에서 더욱 전형적으로 발견되는 것 같다. 그리고 현대인들은 인간이 만든 기계에게 일종의 "생명" 뿐 아니라 사회적 차별과 소수자 혐오 등 인간 사회의 부정적 측면들까지 덧씌우고 있는 듯하다.

2020년 12월 말, 한국 사회에서는 인공지능 챗봇인 "이루다"가 출시되었고, 2주 남짓한 짧은 기간 동안 무려 약 75만 명이 이루다와 대화를 나누었다. 진짜 사람과 대화하는 것 같다는 입소문이 퍼지면서 이루다는 폭발적인 인기를 얻으며 엄청난 화제의 대상이 되었지만, 이루다를 개발한 스캐터랩에서는 출시된 지 채 한 달이 되기 전에 이루다 서비스를 잠정 중단했다. 우선 딥러닝형 챗봇인 이루다가 인간처럼

---

3   Tim Ingold, "Rethinking the Animate, Re-Animating Thought", *Ethnos*, Vol. 71:1, March 2006, pp. 9–20.

상호작용하며 대화하는 것이 가능하도록 실제 인간들 사이의 대화 내용을 방대하게 수집하는 과정에서 개인정보를 무단으로 사용한 문제가 있었다. 또한 이루다의 대화 내용에서 성차별, 장애인 차별, 성소수자 혐오 등 차별과 혐오의 내용이 그대로 노출되면서 사회 문제로 불거지게 되자, 결국 서비스를 중단하게 된 것이다. 인간을 모델로 가장 인간적인 기계 장치를 고안하는 가운데 일어나게 된 문제다. 인간의 편견과 차별, 혐오 등 부정적인 면이 일종의 학습을 통해 인공지능에서 두드러지게 재현될 때, 우리는 중립적인 테크놀로지의 산물로서의 "순수한 기계"에 대한 환상을 내려놓게 된다. 우리의 기계들은 순수한 객체가 아니며, 우리의 테크놀로지는 사실상 정치적으로 구성된다는 것을 진지하게 고려해야 하는 것이다.

무엇보다도 현대 테크놀로지는 흔히 자원의 비대칭적인 교환을 통해 세계 인구 중 일부 유복한 소수의 능력을 강화한다. 특히 자본주의 사회에서 "생명성 덧씌우기"는 상품화 과정과 결합된다. 노골적으로 "아니마"가 덧씌워져 상품으로 등장하는 오늘날의 다양한 첨단 기술 상품들이 그것이다. 그것들은 생산 과정에서 엄청난 자본이 투입되며, 돈을 지불해야만 그러한 기술 상품들을 이용할 수 있다. 그래서 인간과 기계의 접합면에서 관계는 더욱 복잡한 양상을 띤다.

존재하지만 사용할 수 없는 테크놀로지의 산물은 단지 기계의 효용을 넘어 어떠한 사회적 효과를 발생시킬까? 세상에 그런 게 있다는 것을 알고는 있지만 사용할 수 없는 테크놀로지의 산물, 첨단 기계 상품

그림 19 | 인공지능 챗봇 이루다(출처: 스캐터랩 https://luda.ai/)

이 불러일으키는 다양한 욕망과 감정에 주목할 필요가 있다. 롭 닉슨은 『느린 폭력과 빈자의 환경주의』에서, 라디오, 에어컨, 전화, 자동차 등 매혹적인 기계 장치들을 접하게 된 베두인족에게 촉발된 복잡한 감정을 언급한다. 그들은 그 놀라운 물건들을 사용할 수 없다. 오직 부유한 미국인과 왕만이 그것들을 소유하고 사용할 수 있다. 이러한 상황에서 그러한 일련의 테크놀로지의 산물들은 권력과 노동과 욕망의 역학을 재구성하는 효과를 발휘하게 되었다.[4]

그렇다면 우리는 묻게 된다. "일부는 무기물이고 일부는 마음^{mind}인

---

4   롭 닉슨, 『느린 폭력과 빈자의 환경주의』 김홍옥 옮김, 에코리브르, 2020, 164쪽.

이것들은, 땅, 물, 공기를 더럽히면서 소수를 위해 다수를 노예로 삼는 데 복무하는 이것들은 도대체 어떤 종류의 창조물인가?"[5] 이것은 기계 자체의 본성에 대한 물음이 아니라, 우리 인간이 우리의 창조물과 어떤 관계를 맺을 것인지에 대한 물음이다. 인간 사회의 뒤틀린 욕망과 사회적 모순이 걸러지지 않은 채 테크놀로지의 산물인 기계를 통해 구현될 경우, 프랑켄슈타인 박사처럼 자신의 창조물과의 뒤틀린 관계 속에서 비참한 파멸을 향해 나아가는 암울한 미래를 상상하지 않을 수 없다. 테크놀로지의 발달과 더불어 인간과 기계의 접합면에서 창발하는 다양한 문제들에 대한 사회적, 윤리적 관심이 필요한 까닭이다.

---

5   Alf Hornborg, "Animism, Fetishism, and Objectivism as Strategies for Knowing (or not Knowing) the World", *Ethnos*, Vol. 71:1, March 2006, pp. 30-31.

에필로그
열린 세계

대도시의 대로변 작은 아파트에서 살 때, 해마다 봄이 되면 미세먼지가 너무 심각해져서 세상이 온통 뿌옇게 변하곤 했다. 공기가 너무 탁해서 창문을 아예 열지 못하고 작은 방 안에서만 지내던 그 무렵, 나는 "자연을 파괴하기만 하는 인간이 될 수 있으면 자연의 과정에 개입하지도 건드리지도 말고 그냥 놓아두는 게 가장 낫다", "인간은 아무것도 하지 말라"와 같은 마음 상태에 빠지곤 했다. 그런데 시골의 작은 마을에 들어와 살면서, 특히 남녘의 크고 작은 섬 지역의 생태 환경과 지역 문화를 1여 년에 걸쳐 답사하고 공부하면서 서서히 생각이 바뀌었다. 그것 자체가 오만한 발상이었다. 인간을 생태계 외부의 관망자로 놓는 게 가능하다는 잠재의식의 발로였기 때문이다. 인간은 이미 생태계의 일부이며, 이렇게든 저렇게든 영향을 주고받고 있다. 그러한 상황에서, 인간을 생태계 외부에 놓고 "인간이 아무것도 건드리지 말고 아무것도 하지 않는 것이 좋다." 운운한다는 것은 그것 자체가 인간을 생태계 외부 전지적 시점에 놓는 오만한 생각이다. 인간은 이미 지구 생태계에 얽혀 있으며, 그것은 인간이 스스로 빠지겠다고 해서 빠질 수 있는 게임의 세계가 아니다. 그러면 그렇게 모두가 얽힌 세계를 어떻게 바라볼 것인가? 그러한 세계에서 어떻게 살 것인가? 무엇보다도 지구상 다른 존재들과 어떻게 관계 맺으며 살 것인가 하는 문제가 남는다. 이때 많은 것을 시사해주는 것이 애니미즘이다.

우리는 흔히 애니미즘이라고 하면 살아 있지 않은 존재들에 생명을 덧씌우고, 인간이 아닌 존재들을 인간처럼 여기는 어리석은 "야만인들"의 종교 문화를 떠올린다. 그것은 "낡은" 애니미즘이다. 그것으로 덮기에는 그 개념은 너무나 많은 것을 품고 있다. 이 책에서 이야기하고 싶었던 것은 낡은 애니미즘 너머의 애니미즘, 어쩌면 우리를 구원할 수 있는 관계적 존재론과 생활방식으로서의 새로운 애니미즘이다.

이 책의 각 장에서 나는 시대마다 장소마다 "우리"가 낯선 "그들"과의 차이와 유사성을 나름대로 설정하고 구획함으로써 세계 내 인간 존재의 자리와 의미를 구성해온 존재론의 이야기, 세계 내 다른 존재들과 인간의 관계론의 이야기를 다루었다. 지구상에서 인간은 줄곧 낯선 타자들과 여러 갈래로 나누어지고, 중첩되고, 엮여왔다.

1부에서는 생명이 없는 존재를 살아 있다고 믿는, 인류의 유아기에 해당하는 "원시인들"에 관한 타일러의 "낡은" 애니미즘 논의를 주로 다루었다. 2부에서는 오늘날 생태적 위기 상황에서 새롭게 해석되는 오래된 이야기, 곧 "새로운" 애니미즘 논의를 통해 비인간 동물, 식물과 인간의 관계성을 주로 살폈다. 3부에서는 현대세계에서 인간이 가장 많이 접촉하는 또 다른 존재들, 테크놀로지적 타자, 기계와 인간의 관계에 대해 생각해보았다.

각 부의 분량은 균등하지 않으며, 비인간 동물, 식물과 인간의 관계를 다룬 2부가 책의 절반 이상을 차지한다. 이것은 나의 문제의식을 반영한 구성이다. 기후 변화와 각종 환경 오염, 미세먼지 등 현재 인류가 직면한 생태적 위기 상황을 고려할 때, 오늘날 우리는 인간과 비인간 생명의 관계성에 충분히 천착하지 않고서 너무 쉽게 다시금 인간적인 것의 확장으로서 인공 사물, 기계와의 관계로 넘어가는 것은 아닌지 생각해보게 된다. 현대인은 비인간 동물, 식물과의 관계를 응시하고 다양한 연결을 시도하는 복잡하고 어려운 과업을 뛰어넘어 너무 쉽게, 너무 매끈하게 컴퓨터 앞에 다시 안착하는 경향이 있는 것이다.

2020년, 코로나19의 대유행으로 빠르게 돌아가던 인간 중심적 세계의 각종 움직임이 잠시 멈추었다. 그러자 더 맑아진 하늘, 공기, 자연이 도처에서 드러났다. 생태계의 회복탄력성을 잠시나마 실감하게 된 순간이었다. 그리고 사람들은 인간 없는 세계를 상상해보게 되었다. 이 경험은 우리를 어디로 데려가줄까. 우리는 무엇을 선택하게 될까.

현대 세계는 모든 순간 모든 장소에서 이윤을 창출하려는 자본주의의 촘촘한 덫에 걸려 옴짝달싹 못하는 듯하다. 탄생부터 운용까지 자본의 움직임에 강력히 얽매인 기계는 말할 것도 없고, 자연 세계의 동식물이나 심지어 인간까지도 모든 것을 계량화하고 상품화하는 흐름에서 자유롭지 못하다. 이윤을 얻기 위해 타자를 착취하고 쓸모가 다하면 폐기하는, 그리고 또 다른 대상을 찾아 변방으로 식민지를 확장하는 착취적 자본주의의 기세는 인간 세계와 자연 세계의 관계들을 뒤틀고, 모두를 황폐하게 만들고 있다.

　세계를 이윤을 위해 계량화하고 착취하는 덫에서 빠져나갈 수 있을까? 제대로 주고, 제대로 받고, 상대를 존중하는 태도. 어쩌면 그것이 이 뒤틀린 관계들의 세계를 빠져나가는 출구일 수 있을 것이다. 인간이 세계와 맺는 다른 관계의 상상을 통해 열리는 출구 말이다.

관계들이 살아 있는 한,
세계는 아직 열려 있다.

참고문헌

Alf Hornborg, "Animism, Fetishism, and Objectivism as Strategies for Knowing (or not Knowing) the World", *Ethnos*, Vol. 71:1, March 2006.

Anna Lowenhaupt Tsing, *The Mushroom at the End of the World: On the Possibility of Life in Capitalist Ruins*, Princeton: Princeton University Press, 2015.

Benson Saler, "E.B. Tylor and the Anthropology of Religion", *Marburg Journal of Religion*, vol. 2, no. 1, 1997

Bill Devall, George Sessions, *Deep Ecology*, Salt Lake City: Gibbs Smith, 1985.

Bron Taylor, "Deep Ecology and Its Social Philosophy: A Critique", *Beneath the Surface: Critical Essays in the Philosophy of Deep Ecology*, Cambridge: MIT Press, 2000.

Bron Taylor, *Dark Green Religion: Nature Spirituality and the Planetary Future*, Berkeley: University of California Press, 2010.

Clifford Geertz, *The Interpretation of Cultures*, New York: Basic Books, 1973.

David F. Noble, *The Religion of Technology: The Divinity of Man and the Spirit of Invention*, New York: Alfred A. Knopf, 1998.

Edward S. Reed, "The Affordances of the animate environment: Social science from the ecological point of view", ed. by Tim Ingold, *What is an Animal*, London: Routledge, 1994.

Erazim Kohák, "Speaking to trees", *Critical Review: A Journal of Politics and Society*, 6:2-3, 1992.

Graham Harvey (ed.), *The Handbook of Contemporary Animism*, New York: Routledge, 2014.

Graham Harvey, "Animals, Animists, and Academics", *Zygon*, vol. 41, no. 1, 2006.

Graham Harvey, *Animism: Respecting the Living World*, New York: Columbia University Press, 2006

Graham Harvey, *Food, Sex & Strangers: Understanding Religion as Everyday Life*, Bristol: Acumen, 2013.

Hans G. Kippenberg, *Discovering Religious History in the Modern Age*, tr. by Barbara Harshav, Princeton: University Press, 2002

Irving A. Hallowell, "Ojibwa ontology, behavior, and world view", Graham Harvey (ed.), *Readings in Indigenous Religions*, London: Continuum, 2002.

Judith Butler, "Is Judaism Zionism?", *The Power of Religion in the Public Sphere*, Judith Butler[et al.], New York: Columbia University Press, 2011.

Katherine Swancutt & Mireille Mazard eds., *Animism Beyond the Soul: Ontology, Reflexivity, and the Making of Anthropological Knowledge*, New York: Berghahn Books, 2018.

Kathleen Richardson, "Technological Animism: The Uncanny Personhood of Humanoid Machines", *Social Analysis: The International Journal of Anthropology*, Vol. 60, No. 1, 2016.

Kees W. Bolle, "Animism and Animatism," *The Encyclopedia of Religion*, ed. by Mircea Eliade, Vol. 1, New York: Macmillan Publishing Company, 1987.

Lynn White, "The Historical Roots of our Ecological Crisis", in Roger S. Gottlieb ed., *This Sacred Earth: Religion*, Nature, Environment, New York: Routledge, 1996.

Matthew Hall, *Plants as Persons: A philosophical Botany*, Albany; SUNY Press, 2011.

Matthew Hall, "Talk among the trees: animist plant ontologies and ethics", Graham Harvey (ed.), *The Handbook of Contemporary Animism*, New York: Routledge, 2014.

Nurit Bird-David, "Animistic Epistemology: Why Do Some Hunter-Gatherers Not Depict Animals?", *Ethnos*, Vol. 71:1, March 2006.

Rane Willerslev, *Soul Hunters: Hunting, Animism, and Personhood among the Siberian Yukaghirs*, Berkeley: University of California Press, 2007.

Rane Willerslev, "Hunting animism: human-animal transformations among the Siberian Yukaghirs", Graham Harvey (ed.), *The Handbook of Contemporary Animism*, New

York: Routledge, 2014.

Stef Aupers, "The Revenge of the Machines: On Modernity, Digital Technology and Animism", *Asian Journal of Social Science*, 2002, Vol. 30, No. 2, 2002.

Stewart Guthrie, "On Animism", *Current Anthropology*, Vol. 41, No. 1, February 2000.

Tim Ingold, "Rethinking the Animate, Re-Animating Thought", *Ethnos*, Vol. 71:1, March 2006.

Tim Ingold, *Being Alive: Essays on Movement, Knowledge and Description*, New York: Routledge, 2011.

Tim Ingold, *The Perception of the Environment: Essays in livelihood, dwelling and skill*, London: Routledge, 2000.

Val Plumwood, *Environmental Culture: the Ecological Crisis of Reason*, London: Routledge, 2008.

Val Plumwood, *The Eye of the Crocodile*, Canberra: ANU Press, 2012.

구형찬, 「종교인들의 뇌는 특별한가?」, 『우리에게 종교란 무엇인가』, 들녘, 2016.

권두현, 「기계의 애니미즘 혹은 노동자의 타나톨로지 - 1970년대 한국의 테크노스케이프와 생명, 신체, 감각」, 『상허학보』 47, 2016.

권정생, 『하느님의 눈물』, 도서출판 산하, 2017.

김남준, 「식물윤리학의 원리 - 식물윤리학의 근거 정립을 위한 시론적 연구」, 『환경철학』, 12집, 2011.

김철수, 「'조선신궁' 설립을 둘러싼 논쟁의 검토」, 『순천향 인문과학논총』 제27집, 2010.

데이비드 보이드, 『자연의 권리: 세계의 운명이 걸린 법률 혁명』, 이지원 옮김, 교유서가, 2020.

데이비드 콰먼, 『인수공통 모든 전염병의 열쇠』, 강병철 옮김, 꿈꿀자유, 2020.

도미니크 르스텔, 김승철 역, 『동물성: 인간의 위상에 관하여』, 동문선, 2001.

디페시 차크라바티, 「기후변화의 정치학은 자본주의 정치학 그 이상이다」, 『문화과학』 97, vol. 3, 2019.

뚜 웨이밍, 「계몽주의의 심성을 넘어서」, 메리 이블린 터커, 존 A. 그림 엮음, 『세계관과 생태학: 종교, 철학, 그리고 환경』, 유기쁨 옮김, 민들레책방, 2003.

라스 카사스 엮음, 『콜럼버스 항해록』, 박광순 옮김, 범우사, 2000.

로빈 월 키머러, 『향모를 땋으며: 토박이 지혜와 과학 그리고 식물이 가르쳐준 것들』, 노승영 역, 에이도스, 2019.

로이 포터, 『근대세계의 창조』, 최파일 옮김, 교유서가, 2020.

로지 브라이도티, 『포스트휴먼』, 이경란 옮김, 아카넷, 2015.

롭 닉슨, 『느린 폭력과 빈자의 환경주의』, 김홍옥 옮김, 에코리브르, 2020.

루스 이리가레, 마이클 마더, 『식물의 사유: 식물 존재에 관한 두 철학자의 대화』, 이명호, 김지은 옮김, 알렙, 2020.

마르셀 모스, 『증여론』, 이상률 옮김, 한길사, 2002.

마크 베코프, 『동물권리선언』, 윤성호 옮김, 미래의창, 2010.

미르치아 엘리아데, 『종교사개론』, 이재실 옮김, 까치, 1993.

박지향, 『클래식 영국사』, 김영사, 2012.

방원일, 「원시종교 이론에 나타난 인간과 동물의 관계」, 박상언 엮음, 『종교와 동물 그리고 윤리적 성찰』, 모시는사람들, 2014.

브라이언 터너, 『몸과 사회』, 임인숙 옮김, 몸과마음, 2002.

브뤼노 라투르, 『우리는 결코 근대인이었던 적이 없다』, 홍철기 옮김, 갈무리, 2009.

사이몬 페니, 「계몽기획의 완성으로서 가상현실」, 홍성태 엮음, 『사이보그, 사이버컬처』, 문화과학사, 1997.

수나우라 테일러, 『짐을 끄는 짐승들』, 이마즈 유리 옮김, 오월의 봄, 2020.

스노리 스툴루손, 『에다 이야기』, 이민용 옮김, 을유문화사, 2013.

심너울, 『나는 절대 저렇게 추하게 늙지 말아야지』, 아작, 2020.

아리스토텔레스, 『영혼에 관하여』, 오지은 옮김, 아카넷, 2018.

앤 레키, 『사소한 기원』, 신해경 옮김, 아작, 2020.

야마모토 요시타카, 『과학의 탄생』, 이영기 옮김, 동아시아, 2005.

야콥 폰 윅스퀼, 『동물들의 세계와 인간의 세계』, 정지은 옮김, 도서출판b, 2012.

에두아르도 콘, 『숲은 생각한다』, 차은정 옮김, 사월의책, 2018.

에두아르두 비베이루스 지 까스뚜르, 『식인의 형이상학: 탈구조적 인류학의 흐름들』, 박이대승, 박수경 옮김, 후마니타스, 2018.

에드워드 버넷 타일러, 『원시문화: 신화, 철학, 종교, 언어, 기술 그리고 관습의 발달에 관한
  연구』 1권, 유기쁨 옮김, 아카넷, 2018.

에드워드 버넷 타일러, 『원시문화: 신화, 철학, 종교, 언어, 기술 그리고 관습의 발달에 관한
  연구』 2권, 유기쁨 옮김, 아카넷, 2018.

윌리엄 깁슨, 『뉴로맨서』, 노혜경 옮김, 열음사, 1996.

왕가리 마타이, 『지구를 가꾼다는 것에 대하여』, 이수영 옮김, 민음사, 2012.

요아힘 라트카우, 『나무시대: 숲과 나무의 문화사』, 서정일 옮김, 서울: 자연과생태, 2013.

윌리엄 깁슨, 『뉴로맨서』, 노혜경 옮김, 열음사, 1996.

유기쁨, 「남산의 근,현대 수난사: 종교적 상징의 이식과 '空間化' 과정」, 『종교문화연구』 21
  호, 2013.

유기쁨, 「사이버공간-새로운 기술환경과 종교적 욕망의 발현」, 『종교문화비평』 6집, 2004.

유기쁨, 『생태학적 시선으로 만나는 종교』, 한신대학교출판부, 2013.

유기쁨, 「인간적인 것 너머의 종교학, 그 가능성의 모색 : 종교학의 '생태학적 전회'를 상상하
  며」, 『종교문화비평』 35호, 2019.

유기쁨, 「'병든 지구'와 성스러운 생태학의 귀환 - 생태와 영성의 현실적 결합에서 나타나는
  종교문화현상의 비판적 고찰」, 『인문과학연구』 39권 2020.

유기쁨, 「발 플럼우드의 철학적 애니미즘 연구: 장소에 기반한 유물론적 영성 개념을 중심
  으로」, 『종교문화비평』 42호 2022.

유기쁨, 「북미 심층생태학의 전개와 특성: 생태학과 종교/영성의 결합을 중심으로」, 『종교
  문화비평』, 36호 2019.

유기쁨, 「애니미즘의 생태주의적 재발견 : 믿음의 방식에서 삶의 방식으로」, 『종교문화비
  평』 17집, 2010.

유기쁨, 「잊힌 장소의 잊힌 존재들: 생태적 위험사회의 관계 맺기와 종교」, 『평화와 종교』 4
  권, 2017.

유기쁨, 「현대 한국 종교의 '생태 영성'과 의례: 비인간 동물에 대한 생태적 감수성을 중심
  으로」, 『생명연구』 29권, 2013.

이재원, 「식민주의와 '인간 동물원(Human Zoo)'-'호텐토트의 비너스'에서 '파리의 식인종'
  까지-」, 『서양사론』 106호, 2010.

임호준, 『즐거운 식인: 서구의 야만 신화에 대한 라틴아메리카의 유쾌한 응수』, 민음사, 2017, 21쪽.

자크 데리다, 「동물, 그러니까 나인 동물(계속)」, 최성희, 문성원 역, 『문화과학』 76, 2013.

자크 타상, 『나무처럼 생각하기』, 구영옥 옮김, 더숲, 2019.

장석만, 「종교와 동물, 그 연결점의 자리」, 『종교와 동물』, 모시는사람들, 2014.

제인 베넷, 『생동하는 물질: 사물에 대한 정치생태학』, 문성재 옮김. 현실문화, 2020.

제임스 조지 프레이저, 『황금가지』 제1권, 박규태 역주, 을유문화사, 2005.

조안 말루프, 『나무를 안아보았나요』, 주혜명 옮김, 서울: 아르고스, 2005.

존 쿳시, 『동물로 산다는 것』, 옮긴이 전세재, 평사리, 2006.

주경철, 『대항해시대』, 서울대학교출판부, 2008.

최유미, 『해러웨이, 공-산의 사유』, 도서출판 b, 2020.

크리스 파울러, 『고고학과 인류학을 통해 본 사람다움』, 우정연 옮김, 서경문화사, 2018.

크리스티안 생-장-폴랭, 『히피와 반문화: 60년대, 잃어버린 유토피아의 추억』, 성기완 옮김, 문학과지성사, 2015.

클라우디아 스프링거, 『사이버 에로스: 탈산업 시대의 육체와 욕망』, 정준영 옮김, 한나래, 1998.

토머스 파켄엄, 전영우 옮김, 『세계의 나무』, 넥서스BOOKS, 2003.

페터 볼레벤, 『나무 다시 보기를 권함』, 강영옥 옮김, 더숲, 2019.

피터 고프리스미스, 『아더 마인즈: 문어, 바다, 그리고 의식의 기원』, 김수빈 옮김, 도서출판 이김, 2019.

하워드 진, 『미국민중사』 1권, 유강은 옮김, 이후, 2008.

홍은전, 「추천의 글: 아름답고 비효율적인 세계로의 초대」, 수나우라 테일러, 『짐을 끄는 짐승들』, 이마즈 유리 옮김, 오월의 봄, 2020.

영상물

크레이그 포스터, 《나의 문어 선생님》, 2020. (넷플릭스 다큐멘터리)

기타 : 신문기사, 홈페이지 등

http://v.media.daum.net/v/20180131200425822?rcmd=rn 〈기계한테 절하는 한솔 노예〉, 한국일보, 2018. 1. 31.

http://www.vop.co.kr/A00001252262.html 〈"기계야 고맙다" 90도 인사하는 한솔 페이퍼텍 직원들의 분노〉, 민중의소리, 2018. 2. 7.

축산물 안전관리 시스템 홈페이지 https://www.lpsms.go.kr/home/stats/stats.do?statsFlag=butchery.

SBS 뉴스 〈2020 유기동물을 부탁해〉, https://news.sbs.co.kr/news/endPage.do?news_id=N1006050736&plink=ORI&cooper=NAVER&plink=COPYPASTE&cooper=SBSNEWSEND.

젤리빈, 웹툰 《어둠이 걷힌 자리엔》, http://webtoon.daum.net/webtoon/view/darkness#pageNo=3&sort=asc&type=.

d몬, 웹툰 《데이빗》, https://comic.naver.com/webtoon/list.nhn?titleId=745186..

찾아보기

유기쁨

한국학중앙연구원 한국학대학원에서 종교와 생태학 분야 연구로 철학박사 학위를 받았고, 현재 서울대학교에서 생태철학과 환경윤리, 생활 속의 생태학을 강의하고 있다. 8년 전에 시골로 이주해서 농촌마을의 작은 집에서 개성이 뚜렷한 네 마리의 개들과 함께 살고 있다. 시골로 이주한 뒤 키우던 강아지, 닭, 꿀벌에게서도, 그리고 마당의 호두나무, 포도덩굴, 민들레, 잡초에게서도 생명 세계의 신비를 배우고 있다. 최근 발표한 논문으로는 「발 플럼우드의 철학적 애니미즘 연구: 장소에 기반한 유물론적 영성 개념을 중심으로」, 「잊힌 장소의 잊힌 존재들: 생태적 위험사회의 관계 맺기와 종교」, 「핵에너지의 공포와 매혹: 한국인의 핵 경험과 기억의 정치」 등이 있고, 지은 책으로는 『생태학적 시선으로 만나는 종교』, 『아픔 넘어: 고통의 인문학』(공저), 『바이러스에 걸린 교회』(공저) 등이 있다. 역서로는 『원시문화: 신화, 철학, 종교, 언어, 기술, 그리고 관습의 발달에 관한 연구』, 『산호섬의 경작지와 주술: 트로브리안드 군도의 경작법과 농경 의례에 관한 연구』, 『세계관과 생태학: 종교, 철학, 그리고 환경』, 『문화로 본 종교학』 등이 있다. 현재 생태인문학의 지평을 확장해가며 나의 공부가 지역(사회, 생태계)과 잘 엮일 수 있는 길을 모색 중이다.

애니미즘과 현대세계

1판 1쇄 찍음 2023년 4월 21일
1판 1쇄 펴냄 2023년 4월 28일

지은이 유기쁨
펴낸이 정성원·심민규
펴낸곳 도서출판 눌민

출판등록 2013. 2. 28 2022-000035
주소 서울시 강북구 인수봉로37길 12, A-301호 (01095)
전화 (02) 332-2486   팩스 (02) 332-2487
이메일 nulminbooks@gmail.com
인스타그램·페이스북 nulminbooks

ⓒ 유기쁨 2023

Printed in Seoul, Korea

ISBN 979-11-87750-66-6 93200

이 저서는 2018년 대한민국 교육부와 한국연구재단의 지원을 받아 수행된 연구의 결과로 출간되었습니다.
(NRF-2018S1A6A4A01036219)